八重山離島の葬儀

古谷野　洋子

榕樹書林

RYUKYUKO LIBRARY 32

墓の口開け

（波照間島　二〇一四年）

撮影　古谷野 昇

旗と葬列

（与那国島　二〇一二年撮影）

龕の準備（与那国島　2012）

喪家の帰島（竹富港　2018）

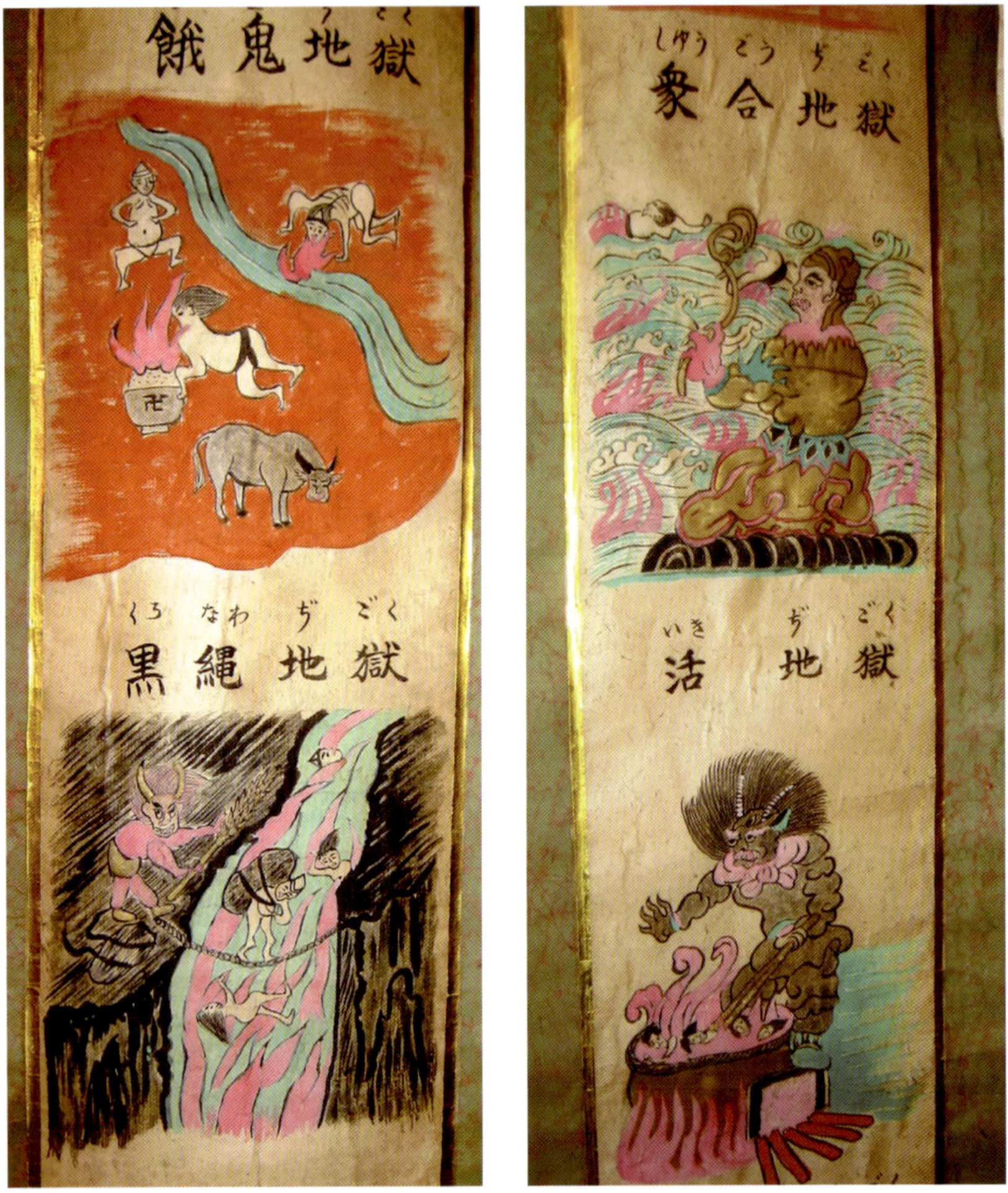

上瀬頭亨氏の描いた地獄図（喜宝院所蔵）

はじめに

ここでは沖縄県（以下、沖縄と記す）の葬送儀礼（葬儀）に関する従来の研究を概観し、本書の立場を述べたい。なお、奄美地域と沖縄の間には葬送文化に多くの共通性が認められるために（赤嶺 二〇〇二 二）、奄美地域を扱った研究にも多少目を向けた。

沖縄の葬儀に関する研究は昭和二（一九二七）年の伊波普猷「南島古代の葬制」（発表時のタイトル「南島古代の葬儀（及補遺）」）に始まる。同論文は南島で行われていたと考えられる風葬の習俗について記し、さらにそこから発展した墳墓の変遷、及び別れ遊びを含めた葬儀に関する習俗について報告している。

沖縄の葬制及び墓制（以下、葬墓制と記す）は沖縄研究の中でも関心を集め、それに関連して霊魂観や他界観についても論じられてきた。一九八九年には沖縄県地域史協議会によって「シンポジウム南島の墓：沖縄の葬制・墓制」が行われ、その報告書である『シンポジウム南島の墓 ― 沖縄の葬制・墓制』が発行された。同書は葬制よりも墓制についての論考が多くみられるが、巻末の玉木順彦「史料に見る沖縄の葬墓」は、それまでの葬墓制に関する記録や研究史をまとめている。沖縄の葬墓制について精力的に調査を行った研究者としては名嘉真宜勝が挙げられ、多くの報告書や論考を残している（「沖縄の葬送儀礼」一九八九b ほか）。酒井卯作は『琉球列島における死霊祭祀の構造』（一九八七）で、沖縄の葬送習俗から見た死生観についてさまざまな面から詳細に論じている。これらの研究は主に火葬の導入や葬儀社の利用が行われる前の沖縄の葬送習俗を論じたものといえよう。

沖縄県では火葬の一般化や葬儀社の利用、本土復帰以降の若年層の都市移住などによって葬儀や墓制は大きな変化を余儀なくされた。赤嶺政信は「奄美・沖縄の葬送文化―その伝統と変容―」（二〇〇二）で、「火葬の普及やそれに伴う洗骨習俗の形骸化が葬送を巡る人々の意識に大きな変化を生じさせたであろうことも容易に想像がつく」と記しているが、近年の沖縄・奄美の葬制研究はこのような葬儀の変化に注目している。尾崎彩子「洗骨から火葬への移行に見られる死生観―沖縄県国頭郡大宜味村喜如嘉の事例より―」（一九九六）は火葬の受容について述べたものであり、洗骨改葬から火葬への変化の中にも、死生観の伝統がみられることを述べている。加藤正春『奄美・沖縄の火葬と葬墓制―変容と持続―』（二〇一〇）は、火葬が奄美・沖縄の伝統葬法の中に取り入れられていく過程と葬儀の変容について論じたものであり、変容の中に潜む伝統要素の持続の存在を指摘している。同書の中で加藤は、それまでの地域社会の自主的な規範によって行われていた儀礼行為が、外部の規範をもった専門家（専門業者）によって担われるようになることを葬儀の外部化と呼んだ（加藤　二〇一〇　五三）。

津波高志「奄美における葬送儀礼の外部化」（二〇一二）は奄美における火葬の受容について論じながら、奄美の「自葬」の伝統の根強い存在を指摘した。奄美の「自葬」については、酒井卯作（一九八七）や先田光演（一九九九）も論じているが、葬儀の外部化という視点から「自葬」を取り上げたのは津波である。津波は葬儀の外部化と「自葬」を相反する概念として捉えている。「自葬」とは、僧侶や神官などの宗教者や葬儀社などの外部機関の関与しない葬儀と捉えられるからである。現代沖縄の葬儀を論じる際にも、津波の指摘した「自葬」という分析概念は重要と考えられる。

葬儀（祖先祭祀行事も含む）の外部化の要因について論じたのは、前述の加藤（二〇一〇）と津波（二〇一二）、そして武井基晃（二〇一五）であり、地域の過疎高齢化と自動車社会化が、葬儀の外部化の一因となっていると指摘している。また、越智郁乃『動く墓　沖縄の都市移住者と祖先祭祀』（二〇一八）は副題にあるように、沖縄県の祖先祭祀を人々の都市移住と祖先祭祀という視点から捉えている。

また、離島の葬儀の外部化に関しては、保健衛生や高齢者介護、終末ケアの視点から医学及び福祉の分野でも研究が進められてきた（古謝他二〇〇三、古謝二〇一三）。

本書は、八重山地方の離島の島々（以下、八重山離島と記す）の庶民の葬儀の変化と現状について述べたものであり、主にこれまでの筆者の発表論文と口頭発表をまとめたものである。本書で扱った時代は、庶民の葬儀に僧侶が関与しなかったと考えられる琉球国時代からであり、その後龕による葬列という葬儀の形式が成立し、さらにその葬儀の形式が葬儀の外部化の中でほとんど消滅した現在までを扱った。このような変化と現状を、「死者を送る人」（第一部）と「死者を送るモノ」（第二部）に焦点を当てて報告し、さらに「葬儀の外部化における「自葬」の伝統」（第三部）という視点から論じたものである。

本書では八重山諸島（以下、八重山と記す）の石垣島以外の島々を八重山離島と呼ぶが、なぜ本書が八重山離島にこだわったかについて述べたい。まず離島という言葉について筆者の考えを述べる。沖縄本島からみれば、宮古島、石垣島も離島であるが、宮古島は宮古諸島の、石垣島は八重山諸島の中心となる島であり、宮古諸島（宮古地方）や八重山からみれば離島ではない。このように、離島の概念自体が入れ子構造になっていて、自分たちの住む地域によって離島は異なる。本書では主に八重山について述べるが、石垣島は八重山では離島ではなくあくまでも中心となる島なのである。島々での暮らしは、中心となる島と周辺の島々とのネットワークから成り立っている（ただし、与那国町は一島一町として独立していること、遠距離〈最西端〉に位置することから事情は多少異なる）。特に離島では生活面において、中心となる島との繋がりが強く、現在の八重山離島の葬儀は中心となる石垣島でほとんど行われる。石垣島と八重山離島では葬儀の様相が明かに異なるのである。八重山離島の葬儀は島それぞれのやり方や事情がみられたが、現在では石垣島での画一化された葬儀に収斂しているといえよう。そのため、本稿ではあくまでも八重山離島にこだわった。

本書の調査は筆者が八重山調査を始めた二〇〇二年前後から二〇一八年現在までであり、本書の完成までには八重山の多くの方々から教えを受けた。その中にはすでに鬼籍に入られた方も少なくない（もし、お会いできれば、「グショーはこんなだったよー」と筆者に語ってくださるかもしれない）。本書を八重山離島の葬儀について筆者に教えてくださった皆様に捧げたい。もし、本書に間違いや足りない部分などがあれば、それはすべて筆者の責任である。なお、本稿の記述や掲載写真に関しては個人情報やプライバシーに配慮した。本書に掲載した写真は、特にことわりがない限り、筆者が撮影したものである。本書の図は、古谷野洋平が製作した。

《凡例》

八重山、八重山離島、石垣などの地名の記述について

八重山諸島及び八重山地方は、特別な場合を除き八重山と統一して記す。「はじめに」でも述べたが、八重山離島とは八重山地方の石垣島を除いた有人島のことであり、文脈によっては単に離島とも記す。石垣とは石垣島、あるいは石垣市のことであり、文脈によっては石垣島、石垣市と記す。

シマについて

沖縄の人々は自分たちの集落をシマと呼ぶ。シマという言葉には、自らの集落を一つの閉じた体系とみなした観念が背景にはある。シマの死生観とはシマを一つの閉じた体系としてみたてた死生観である。現在では諸々の理由でシマの死生観はなりたたなくなってきているが、かつてはそれぞれの集落がシマの死生観をもっていたものと考えられる。

方言とその表記について

方言はカタカナで記すが、その表記はあくまでも目安である。島によっては中舌音などがみられるが、特別な表記はしない（というか、筆者にはそのような能力はない）。島によって発音の多少異なる場合はその島の発音に従った。

例　グソー、グショー、グズ（あの世のこと）

八重山離島の葬儀／目次

第一部　死者を送る人

康熙五二（一七一三）年に琉球王府によって編纂された『琉球国由来記』には「葬儀の引導者は僧」と記されているが〔外間・波照間編著　一九九七　一一八〕、葬儀で僧侶の引導があったのは士族や一部の金持ちだけであったものと考えられる。

明治五（一八七二）年六月、「自葬は許さず、葬儀は神官・僧侶に頼むべし」という太政官布告第一九二号が発せられたが、葬儀における引導者の問題は沖縄県でも明治政府の関心事の一つであった。宮古地方に残る「明治十七年旧慣調査」によると（残念ながら、八重山地方にはこの記録は残っていない）、「人死スレバ、（中略）僧ヲ請スルカ。僧、幾人ト定リアルカ」という質問がある。「僧の人数は分限に応じて」と答えているが〔宮古島市教育委員会文化振興課　二〇〇八　一七〕、葬儀に僧侶を呼べる家は限られていたようである。大正二（一九一三）年三月一五日の「沖縄毎日新聞」には、「上流になると引導者がいないと亡者が気まり悪がる」という理由で、僧侶が不在のときに教員がフロックコートを着て戊申詔書を奉読したという記事がある〔平良市史編さん委員会　二〇〇三　七三五〕。大正時代になると金持ちの葬儀には引導者がいないと格好がつかないという風潮になったようだが、僻地や離島では、葬儀社が関与するまでは葬儀に僧侶がかかわることはほとんどなかったものと考えられる。

本書では、葬儀に際して死者をあの世に送るための行為を専門に司る職能者を、〈死者を送る人〉とする。ここでは過去と現在の葬儀のありかたを報告しつつ、波照間島の自宅葬の頃のサイシ（念仏者《ニンブチャー》）、現在の与那国島の霊的職能者ムヌチ、離島の布教所の僧侶、それぞれの死者の送り方を述べる。

第一章　波照間島のサイシ（念仏者《ニンブチャー》）、その受容と葬儀の変化

はじめに

『琉球国由来記』には、浄土宗の袋中上人が渡来して、[1]「仏経文句」を俗にやわらげて那覇の人民に伝えたことが念仏のはじめであると記されている〔外間・波照間編著　一九九七　一三二〕。しかし、実際に庶民に念仏を広めたのは、ニンブー、ニンブツァ、ニンブチャー、チョンダラーなどと呼ばれた人々であった[2]（以下、念仏者と記す）。彼らは首里の行脚村《アンニャ》に住み、門付け芸人でもあり、人形芝居とともに万歳系の芸能を携えて行脚していたといわれる。[3]普段は物乞いをしていたが、ひとたび葬式があると、首里・那覇はいうに及ばず近隣の村々まで出かけて行ったという〔池宮　一九九〇　二二〕。

佐喜真興英『シマの話』（一九二五）によると、宜野湾市新城では葬式には念仏者を迎えに首里か那覇まで行った。念仏者は卑しめられた存在であり、一般には乞食の頭領くらいに考えられていたという。念仏者は死人の家で小屋か雨戸を立てかけて作ったところに鉦を吊し、ケンケンケンと鉦を打ち、時折死人の枕元に来て彼世《（ママ）》の案内めいたことを語った。鉦を打ちながら葬列の末に加わり、墓でもいわゆる念仏をやった。島人はこれを著しく功徳のあるものと信じ、僧侶の読経は欠くことはできても、これは無くてはならぬものとされたという〔佐喜真　一九二五　九五〕。

念仏鉦の習俗は、尚家の葬儀でも行われていた。昭和十（一九三五）年九月二四日に行われた野嵩御殿こと

尚祥子の葬儀の新聞報道（昭和十年九月二三日）「奥庭に響く念佛鉦に哀愁こめる尚家邸　古式さながらの厳かな儀式に　明日・厳かな葬儀行る」では、葬儀の前日、尚家の奥から念仏鉦が響いたという。[4]

念仏者の主な研究には、宮良當壯『沖縄の人形芝居』（一九八〇）、新城敏男「沖縄仏教史における念仏者の位置」（二〇一四ａ）、島尻勝太郎「ネンブチャー　民間念仏者」（一九七八）、池宮正治『沖縄の遊行芸　チョンダラーとニンブチャー』（一九九〇）、田場由美雄「沖縄のニンブチャー・チョンダラー」（一九九二）などがある。従来の念仏者に関する研究は、主に彼らの唱える念仏の研究、あるいは彼らの漂泊する存在自体であったといえよう。また、いくつかの沖縄県の市町村史や字史にも葬儀に関与した念仏者の記述をみることができる。

では、八重山における念仏者の受容はどうだったのか。喜舎場永珣「八重山列島の葬礼習俗」（一九七七）、宮城文『八重山生活誌』（一九八二）、森田孫榮「葬制」（二〇〇七）、新城敏男「八重山の仏教の伝幡と信仰」（二〇一四ｂ）、および各字史によると、八重山でも念仏者による念仏鉦の風習があったと記されている。石垣島ではニンブジガニ（念仏鉦）は各字に備えてあって、それを叩く人も各字に一人ずつ指定されていたという（宮城一九八二　四六二）。

波照間島では、一九九〇年代まではサイシが葬儀に鉦を叩いたという。サイシはボーズ、ネンブツ、ニンブツなどとも呼ばれていた。つまりサイシは念仏者であった。本論では波照間島の念仏者であるサイシが、島の葬儀にどのような役割を果たしていたのか、葬送の儀礼と習俗からみていきたい。さらに、念仏者の関与によって葬儀がどのように変化したのかについても考えたい。サイシの役割を検討し、従来の葬送儀礼や葬送習俗の中で、サイシが何を引き受け、何を引き受けなかったかを考察することによって、八重山の島々で念仏者がどのように受容されたかの一端がわかるものと考えられる。

一　八重山の念仏者

八重山における仏教の受容と念仏者について、琉球国時代の記録から述べ、さらに明治以降の八重山の念仏者について記す。

（1）八重山における仏教の受容と念仏者

八重山が琉球国の実質的な支配下に入ったのは一六世紀初頭の「オヤケアカハチの乱」以降といわれる。以後、八重山の人々の精神生活においても王府からの指導・干渉などが行われた。先島（宮古・八重山諸島）に寺院ができたのは、薩摩侵攻以後のことである。薩摩藩は侵攻後、琉球全土の検地を行ったが、「寺もなく人々は宗旨の何であるかも知らなかった」という先島の検使の報告から、先島に寺院を建立するように王府に命じた〔外間・波照間編著　一九九七　一九四〜一九五〕。

八重山の役人の記録『参遣状抜書《まいりつかわし》』の中には、八重山の桃林寺の住持についての記述をいくつかみることができる。康熙二六（一六八七）年の条には、王府から派遣された八重山の僧侶が三年交代から五年交代になったこと、僧侶の交代の費用は地元の負担とされていたことなどがわかる〔石垣市総務部市史編集室　一九九五　一三〕。その翌年の同二七年の条では、八重山では生霊が折々出るので、祈念や占いをしたり、お守り札などを出してくれる真言宗の僧侶の派遣を、役人が王府に希望している〔石垣市総務部市史編集室　一九九五　一四〜一五〕。僧侶が官僧であったこと、またどのような役目を期待されていたかがわかる。

八重山における葬儀についての記録は、王府から八重山に布達されたいくつかの文書にみることができる。光緒元（一八七五）年に布達された『富川親方八重山島諸締帳』では、派手に行われるようになった焼香・荼毘の簡素化を命じ、荼毘のとき牛・豚を殺して酒肴とするのを禁止している（石垣市総務部市史編集室　一九九一　三四～三五、五三）。また、同帳には「葬礼定之事」が設定してあり、坊主を招請する場合は頭以下目差までは二～三人、若文子以下役についてない奉公人は一人に限るとあり、百姓で坊主を招請する場合は一人のみ、生活に困っているものは坊主を呼ばず経巾だけで済ますこととある（石垣市総務部市史編集室　一九九一　六九～七〇）。

　琉球国時代、首里の文化を八重山に伝えたのは主に八重山と首里を往復した士族たちだった。念仏を八重山に伝えたのも士族であるといわれている。『山陽姓家譜』[6]には、順治一四（一六五七）年に公用で首里に赴いた宮良長重が念仏を稽古して伝えたという「王府時稽古、村々為伝授念仏法従是始也」という記述がある（石垣市総務部市史編集室　一九九四　一二）。宮良長重は順治四（一六四七）年に八重山最高位の役職である「頭職」を拝命した人物である。新城敏男は、宮良長重によって招来された念仏を浄土系念仏と考え、伝来の初期には講による布教がなされ、政治的配慮をも加味しながら各離島にまで広がり、念仏者は公的なものとして集落に存在することとなったという。そして、葬儀における念仏者の意義は、請来当時の供養から訃音告知という本来の意図から離れて解釈されるまでに至ったが、その時点においてもなお後生への引導、あるいは仲介の意味を含んでいたという（新城　二〇一四b　四四五）。

　また、石垣島登野城村の宮良善勝が首里王府に出仕した際、首里郊外のアンニャ村にいってチョンダラーから盆行事にうたう浄土宗の教えの道を説いた念仏を稽古して、これを少々改良改曲して伝えたのが八重山の無蔵念仏であるという（喜舎場　一九六七　一一〇）。新城は八重山における念仏者の存在は、王府の政策的なものではなかったかという。石垣島各字の伝承では、真栄里、川平を除いて各字に一人ずつ念仏者がいたという。各字の念仏者は人頭税、公事が免除されていて、葬式に参加する報酬としては、多くの場合各字所有の念仏田を耕作しその収穫物を得ていたという（新城　二〇一四b　四三八）。

(2) 石垣島の念仏者

以下、石垣島の念仏者についてみていきたい。森田によると、昭和十五(一九四〇)年頃までは死者の出た家ではニンブジィ(念仏者)と称する者へ念仏鉦叩きを依頼していたという。念仏者は二番座の正面庭や門口近くに幔幕や板などで日覆を作り、その内に鉦を吊るし、出棺間際まで、時々、間をおきつつ鉦を叩いた。さらに、葬列の後方から鉦を叩きながら墓所まで従った〔森田 二〇〇七 四五二〕。鉦は二〜三分おきに鳴らされ、人々はその音色で何字(何村)かも聞きわけた。八重山では葬式を「ピーピトイヌミチ」(一度しかない最後の日)といって重要視していた。念仏鉦の音を聞くと遠方まで尋ねあてて、普段交際のない家の葬式にも加わるという伝統的風習があったという。それは、会葬人の行列の長さで、葬式を価値づけ、某家の葬式の行列は墓場から家までも届くほどの会葬人だったなどと評されたからである〔宮城 一九八二 四六二・四七三〕。新城・森田・宮城も指摘しているが、念仏鉦の音は極楽を祈るための道具であったが、上述のように死亡通知の役割もはたしていた。

石垣島大川の宮良当房氏(一九二〇年生まれ)は、念仏者が鉦を叩く様子を次のように語った。

(亡くなった=筆者注)翌日の朝から鉦を叩いたんじゃないかな。外に日陰作って座って、ダビの日に一日中鉦を叩いた。そういう専門家が、商売にしてるのがおった。商売でしょう、手間もらうから。各字におったんじゃないかね、一日中、叩いておってね。葬式の日、出棺するまでさ。入り口に小屋掛けして、その日だけの念仏小屋、あっちで叩いておった。だからダビのある日は朝早くから叩いてよ、それで合図みたいに、「今日はどこのダビかねー」って、うまくできておったよ。(「叩くのはみんなに知らせるため?」

＝筆者）そうでしょ。（「叩く人はナムアミダブツといいましたか？」＝筆者）わからん、子供の頃叩くの見ただけで、いうかも知れんね、最初にいったかもしれんね。お墓まで付いてきたと思う。お墓に着いても叩いていたと思うよ。坊さんもダビがすむまで、お墓に行くまでずっと。はっきりは覚えておらんけど。

この宮良当房氏の言葉からは、念仏者のいた頃の葬儀の様子が伝わってくる。このように僧侶が葬儀に関与していても、念仏者は鉦を叩き墓まで送った。墓まで付いてきた念仏者は墓の口を開ける前に土願いを行い、また閉じるときにも行ったという。同じ大川の事例で、墓口を開けるときの願いの言葉を記す〔新城二〇一四b　四三七〕。

サリー、サーリ、サーリ	〈呼びかけの言葉〉
ウートツ、クートツ	〈上土、底土〉
ウートゥクル、クートゥクル	〈上の処、底の処〉
カミカラ、シンリ、マンリヒビクカニウタバ	〈カミカラ千里、万里ひびく鉦うたば〉
キムウドゥルギ、ムニウドゥルギ	〈肝おどろき　胸おどろき〉
シートーランクニシ	〈したまうことなく〉
キューヌ、リッパニアンリ	〈今日を、立派にあらせて〉
シメートーリ	〈下さいますよう〉

また、石垣島大浜では、念仏者は墓口を開ける儀礼として、次の念仏経を唱えたという。「キイ香、カイ

香、クダキ香、タタキ香タカバ、受取リタボリ、肉ヤ地神地ヌ土ナリ、骨ヤ石神地ヌ石トゥナリ、目玉ヤ天ニ上リ南無アミダ仏、南無アミダ仏、南無アミダ仏」〔森田　二〇〇七　四五五〕。僧侶が庶民の葬式に参加するようになっても、まだ念仏者のいた集落では、念仏者が墓の門口で土願いをしてから開き、僧侶の読経の後、また念仏者が願い事をして閉めたというが、葬式と念仏者の願い事が密接な関係を持っていたことを示すと考えられるという〔新城　二〇一四b　四三八〕。

昭和に入り公的な火葬場の出現に伴い、石垣島では鉦や龕の使用も生活改善の対象になった。鉦による供養は昭和十五（一九四〇）年頃に廃止され、以来、葬式の知らせは貼紙や新聞広告に改められるようになったという〔宮城　一九八二　四六三〕。

(3) 離島の念仏者

「念仏は政策的配慮をも加味しながら各離島にまで広がった」と新城は記しているが、実際、石垣島以外の島々における念仏者の存在はどうだったのだろうか。

前述の『富川親方八重山島諸締帳』には、「生活に困っているものは坊主を呼ばず経巾だけで済ますこと」とあった。では、経巾とは何か。沖縄では手拭のことをティサージと呼び、手巾と記す。つまり、経巾とはお経を書いた布のことであり、それで死者の顔を覆ったと考えられる。寺が遠いという理由などで僧侶を呼べない人々が、本来僧侶の念仏がわりに用いたものであろう〔経巾については本書第二部第一章参照〕。このように、『富川親方八重山島諸締帳』には僧侶と経巾については言及されているが、念仏者についての言及はない。念仏者の習俗は役人の関知しない習俗であったのか、あるいはごく当たり前の習俗であり、あえて記すに値しないと考えられていたのか、不明である。

以下、八重山の他の島々の念仏者について記す。運動武三『黒島誌』（一九八八）には「昭和一五年頃までは念仏鐘を叩いて部落民に死を知らせた」という記述がある（運動　一九八八　一四三）。黒島の東筋集落では、「葬式にはナムマイダはない。坊さんは来ない」というが、「昔は廊下で鉦をずっと叩く人がいた」という。當山米子氏（一九三一年生まれ）によると鉦を打つ専門の人は、黒島では伊古集落にいたという。ウクヤーのモイリザァーといい、葬式のときはいつも呼ばれていたという。遺体を二番座に寝かせ、その周囲には白黒の幕を張り巡らしたが、その幕のそばぎりぎりのところの廊下に紐で鉦を吊るして叩いたという。大工として葬式では棺作りにかかわったという神山善助氏（一九三六年生まれ）によると、鉦を叩く人は廊下の真ん中に座って、幕の外から内に向かって鉦を叩いたという。氏によると、鉦を叩くのは葬式をやるという合図であり、鉦の音を聞いてソウシキヤーだと人々は知ったという。「あれ響くよ。これ、また打つ人決まっとったからよ。専門家よ。名前はもうわからない。カネタタキと呼んでおった。昔から同じ人が打っているから。もう自分が叩くっていう、しょっちゅう叩いているよ。（鐘の音は＝筆者注）そんなにうるさくない」と氏はいう。氏によると、鉦の音は「坊さんがお経を読むのと同じ意味」だといい、カネタタキには御礼というのも別になかったという。黒島の葬式は、「墓を作るのも棺を作るのも造花を作るのもみんなボランティアで、お金は一銭もかけなかった」からだという。カネタタキは墓場までは行かなかった。墓での願いは別の人がしたという。願いの内容は、「墓を閉めるから迷わず極楽に成仏してください、上等に子や孫を見守ってください」だという。

一九四八年八月十三日の「八重山タイムス」には、黒島の念仏鉦に関する記事がある。[7] この記事からは、以前は伊古集落の伊古氏が葬式のとき念仏鉦を叩いていたこと、念仏鉦には特別の威力があると考えられていたことがわかる。伊古集落は、八重山でカツオ漁が盛んになった頃、糸満系漁民の進出によってできた集落であり、その歴史は新しい。

黒島では、カネタタキは墓場までは行かなかったというので、石垣島の念仏者のように墓における儀式には関与しなかったようである。しかし黒島でも、墓を閉めるときに墓で願う人がいたという。では誰が墓地で願いをしたのか。東筋集落や仲本集落では、男性神役のチジリが願いをしたという。最近ではツカサが願いをしたこともあったという。「ツカサやチジリは神役なので葬式には関係しない」という人もいるが、「願いの言葉はできる人がやればいい」という人もいる。

竹富島では、「念仏は死骸を囲った幕の外側で鐘を打ちお経をあげる」(亀井 一九九〇 三八五)という。また、入棺後の告別式では、「部落ごとに置かれた念仏係が念仏を唱え、念仏鉦をならして弔った」(上勢頭 二〇一三 一二八)というが、一九五一年頃に廃止されたという。葬儀は集落単位で役割分担(墓の掃除・家の掃除・料理など)をして行うが、念仏鉦だけは同じ人が担当していた。念仏鉦を叩く人には公民館から謝礼があったかもしれないという。

小浜島でも、昭和十五、十六(一九四〇〜一九四一)年頃まで葬列が通るときに、お経を上げながら鉦を叩いた人がいたという。小浜島の黒島時男氏(一九二五年生まれ)によると、小浜島では鉦をションコンといい、葬儀でションコンを叩く人を坊主さん、あるいは坊さんと呼んだ。氏が、四〜五歳のとき、ションコンのお返しにお米を重箱いっぱい(五合くらい)持って行った記憶があるが、それは今のお布施にあたるという。氏によると、別れの盃の終わった後、お墓までションコンを叩いたというが、通夜では叩かなかったという。小浜島ではお盆に家を一軒一軒回って念仏を行うが、お盆のときの念仏とションコンのとき唱える念仏は違うものだという。

西表島の干立では公民館が中心となり村あげて葬式を盛大に行うが、「昔からナミアミダブツも鉦もない」という。

与那国島では、現在でも特別な理由がない限り葬儀に僧侶が関与することはほとんどない。葬儀は死者を送る霊的職能者であるムヌチに依頼する（第一部第二章参照）。念仏者が関与したという話は聞かない。

二　波照間島の念仏者、サイシ

石垣島では、昭和十五（一九四〇）年頃には生活改善のため念仏鉦の風習はなくなったといわれる。黒島、竹富島、小浜島でも、一九四〇年代から一九五〇年代のはじめ頃にはなくなっている。しかし、波照間島では一九九〇年代くらいまで、サイシと呼ばれる念仏者が鉦を叩いていた。サイシは鉦を叩くだけでなく、葬式や法事全般にかかわった。勝連文雄氏（一九一七年生まれ）は、「現在、波照間島で葬式をやれなくなった理由のひとつはサイシがいなくなったからだ」という。波照間島のサイシについて筆者の聞書きと文献から探ってみたい。

(1) 波照間島の精神生活にかかわった人々

波照間島は日本最南端に位置する有人島であり、周囲約十五キロメートル、面積約十三平方メートルの島である。波照間島には人々の精神生活にかかわった人々がいた。もちろん、それで生計を立てていたわけではないが、島の生活にとって不可欠の存在であった。このような人々は、トキ、ヤブー、ユタ、ムヌシリなどであった。トキは波照間の暦トークルオンで結婚式や葬式などの日や時間を選んだ。ヤブーは医者であり、ブー（苧麻）で作った紐で病人の手や足を縛り、首にもかけ、願いの言葉を唱えた。ユタは〈ホトケ（死者）とものいう人〉といわれた。死者のいう言葉をそのまま人々に伝えたという。ムヌシリとは諸々の知識をもっていた人であろう。

そのような人の中にネガイピトゥという願い事のできる人々がいた。勝連文雄氏によると、お墓の清掃をするとき、お墓の口を開けるとき、家を建てるとき、工場を造るとき、事故を起こしたときには、「オッサレー」と三回唱え、眠っている土の神を起こし、「今日は〜の日です」と申し上げ、行事を行うという。このような願いのできる人をネガイピトゥと呼んだという。特異な死に方をした人の慰霊にたずさわったネガイピトゥもいた。人が海で死んだときには、浜で竜宮の神に供物を供え、ネガイピトゥが願いをして、死者の魂を呼び寄せて墓に入れた。さまざまな行事において願いをする人を、波照間島ではネガイピトゥと呼んだのであろう。葬儀にかかわるサイシもネガイピトゥの一員と見做すことができよう。[8]

報酬については、個人的に依頼者が支払ったと考えられるが、アウエハントによると、サイシには、後に公民館が現金で報酬を支払うようになったという〔アウエハント　二〇〇四　三二四〕。[9]

(2) 島の葬儀の専門職能者としてのサイシ

波照間島のサイシという呼称は比較的新しい。この呼称は、念仏者の後継者を探す際に公民館によって付けられたものである。勝連文雄氏によると、次の後継者がみつからなかったときに、サイシという呼称になったという。「ボーズといったら卑しいからサイシとなった。まつりの司だな。昇格させたわけさ。これが学問の力。これやらないとみんな「いや」というから、ボーズといわんでサイシとさせた」という。では、どのようにしてサイシを選んだのか。勝連文雄氏によると、「波照間の人は葬式をやれる立派な人間性の人をボーズに選ぶんですよ。そういう人を選んで葬式の第一の案内役とする」という。サイシは鉦を叩き、念仏〔ネンブチと呼ばれた〕を唱え、死者に語りかけた。念仏は節をつけて「ナムアミダブツ」〔ナムアミダンブツゥ、ナミダンブーツなどと聞こえたという〕と繰り返し唱えた。島では念仏の真似をすると口が曲がるといわれていた。

最初のサイシは内間眞志《まし》氏であり、一九五七年頃に内間眞志氏から津久登野真知《しんち》氏（一九二〇年生まれ）が引き継いだ。[10] コルネリウス・アウエハント、静子・アウエハント『写真集　波照間島—祭祀の空間』には、野原家の墓掃除の際に供物の前で手を合わせて願うサイシの姿が写っているが、この人物が津久登野真知氏であろう（写真1）。この写真は一九六五年に撮影されたものである。サイシの任期は七三歳で終わるが、後任者がみつからなかったので氏はその後もサイシの役を務めた。サイシによる最後の葬儀は、玉城功一氏（一九三七年生まれ）によると、一九九四年の氏の叔母の葬儀であったという。[11]

サイシは葬式や法事で念仏や願いの言葉を唱えただけではない。洗骨や墓の造成の際には、墓の土の神への願いもした。葬具の保管もサイシの役目であり、葬式に使用する幕や旗などはサイシの家で保管していた。死者を運ぶ龕（ガンダラゴー）の管理もサイシの仕事だった。波照間中学校の西のイラブの林（ガンダラゴー山と呼ばれていた）の中に龕を保管する石造りのガンヌヤーがある。ガンヌヤーは西を向いていて、その入り口は交差された二本の棒で閉じられている。[12] お盆の後のイタシキバラには、ガンヌヤーの掃除や龕の修繕が行われるが、サイシは供物（塩・酒・花米・線香）を供えてガンヌニゲー（「龕の願い」）をした。新城永佑氏（一九四八年生まれ）によると、願いの内容は「今日はイタシキバラですからガンヌヤーの掃除をします。あなたがここから動くということは島に不幸があるということです。ですからここから動かないでください。これは島の供物の中で一番よい供物です。どうぞお受け取りください」であった。

写真1：サイシの津久登野真知氏（中央）
『写真集　波照間—祭祀の空間』より

サイシが引退するときはミシィ（神酒）を作り、牛を殺してシュビヌニゲー（首尾の願い）をするが、[13] 津久登野真知氏のときは牛は殺さず牛肉を買って行ったという。氏が亡くなった後、公民館が後継者を探したが探しきれなくて現在に至る。やりたいという男の人もいたが、葬具などを家に保管するので家族が反対したという。現在では葬儀の幕やサイシの使用した鉦は、波照間公民館に保管してある。以上のことから、サイシは島の葬儀の専門職能者であったといえる。現在、サイシの役割は各集落で願いの言葉のできる年寄りが担当している。願いの言葉はスサリグチと呼ばれ、島の方言で語られる（本書では大意のみを記す）。

三　波照間島の葬儀とサイシの役割

現在、波照間島の住民は、石垣島の病院で亡くなる人がほとんどである。そのため、葬儀は石垣島で行われる。しかし、かつては島の中で島の人々の手によって葬儀は行われた。ここでは、島の人々がどのように死者を送ってきたのかについて記すとともに、サイシがどのような役割を担っていたのかをみていきたい。なお、文中の写真（2・3）は、島村修氏（一九二六年生まれ）が一九八九年のS家の葬儀で撮影したサイシ（津久登野真知氏）の写真である。

(1) 波照間島の葬儀とサイシの役割①―葬式―

波照間島では葬式はダビと呼ばれていた。この言葉は仏教の荼毘に由来するものと考えられる。波照間島ではあの世をグソー（あるいはグショー）という。仏教の後生に由来するものと考えられる。ダビもグソーも沖縄一帯で使われている言葉であり、波照間島固有の言葉ではない。

波照間島では、「死ぬ」はマラヒャン（目上のものに対して使う）、あるいはシニサン（目下のものに対して使う）である。[14]死を意味する表現としては「トウノスィマ　トゥーリサンオリャンマー」（唐の島に行ってしまった）、「カンナリオリャンマー」（神様になってしまった）がある。ここでは、島の人々からお聞きしたかつての波照間島における葬式について記す。

亡くなってから通夜まで

病人は三番座、あるいは裏座などに寝かせて看病していて、いよいよ亡くなりそうになると仏壇のある二番座に寝かせた。病人が亡くなると、その家の子供、主に長女が三番座、あるいは二番座の軒下のケタを掴んで、外に向かって亡くなった人を三回呼んだ。これをタマツァビー、あるいはタマチャビルという。母親が亡くなった場合なら、「アボー、アボー、アボー」（お母さん、お母さん、お母さん）と三回呼び掛けて、「アガヤー、マラヒャンオリャンマー」「アガヤー、マラヒャンマー」（ああ、亡くなられてしまった）といって泣き始めた。すると、その場に居合わせた人々も声を上げて泣き始めた。子供が死んだときは母親が子供の名前を呼んで、[15]「アガヤー、シニサンタリャー」「シニサネナバラー」（ああ、死んでしまったあ）といって泣いた。

亡くなってすぐ、三番座の角の軒下で親戚の女性二人が臼に何も入れず杵でコーンコーンコーンと三回だけ形式的に搗いた。これをシキニン（スキニン、スキニィー）といい、その音で隣近所は死者のでたことを知った。二番座の一番角の畳を上げて（仏壇に一番近い西側の畳といわれる）、[16]マーニ（コミノクロッグ）の葉を下に敷き、その上にムシロを敷いて盥を置き、遺体を洗った。洗うのは主に子供たちや嫁であり、サカサミズで洗った。サカサミズとは盥に冷水を入れておき、後からお湯を入れるものであり、使用した水は門の西側の人の踏まない場所に捨てた。

遺体は二番座の仏壇の前にきれいなムシロを敷き、その上に寝かせた。両手を組ませて膝を立てて縛っておいたが、膝を立てておかないと棺に入らなくなるからである。二番座の畳は四つ角を合わせて十文字になるように並べ変えた。[17]「お墓と仏壇は同じ」といわれていて、墓に棺を縦に入れるように、仏壇に対しても遺体は縦に寝かせた。だが、ムシロはほんの少し西のほうに傾けて敷かれた。枕元には餅、線香、茶、水を供えた。

カドゥの人が葬式のあることをサイシに伝えに行き、サイシの保管していた葬式の幕や旗を持ち帰った。カドゥの人とは、その日から数えて偶数の日（四、六、八番目）の生まれ年の人である。子や孫、親戚の親しい人から順に役割を決めていった。

亡くなった夜はユナショッコー、ユードマリ、ユナガムヌなどといい、身内が遺体のそばについていて、一晩中線香を絶やさなかった。死者の顔は白い布で覆われていたが、女性たちは交代しながら死者の顔を見て泣いた。年寄りが亡くなった時などは、遺体に寄り添って泣くことを儀礼のように行っていたという。

葬式の準備

葬式を手伝いあう組のようなものはなかった。島が過疎化になる前は島に親戚が大勢いたので、葬式の手伝いは親戚だけで充分だったという。葬式を指揮する者はソウシキヤー（喪家のこと、単にヌシとも呼ばれた）の長男などである。

女性の主な仕事は料理であり、主に餅やウセー（おかず）を作った。餅は死者の枕元や墓前に供える丸い餅であり、ウグルムチ（送りの餅）と呼ばれた。スツゥムチという小さな丸い生餅も作られたという。ウセーに使うトウフやカマボコも自分たちで作った。棺はカンオケ、カンバコ、あるいはクールと呼ばれた。棺を作るのは大工仕事のできる人だが、最初に手をかけるのはカドゥの人であった。棺はデイゴの木で作られた。

デイゴは虫が入らず、乾燥すると軽い。また、デイゴの木で作った棺の中に入れた遺体は腐りやすいという。[18]デイゴの木は畑の境などに植えてあり、死期の迫った老人のいる家では板にして保管していた。急に亡くなった場合は、他の家で準備してあったデイゴの板を借りた。遺体は寝かせて膝を立てたまま棺に入れたが、葬儀社から棺を購入するようになると足を延ばしたまま入れる棺になった。

年長者は紙で造花や提灯、行灯などの作り物を作った。造花はハナ、あるいはツクリバナと呼ばれ、紙を細工して作られた。ハナの色は白だが、亡くなった人が七三歳以上の場合は金と銀も使用した。位牌は二つ作った。墓に持っていくのと、焼香台の上に置いておくものである。位牌はイベーといい、葬式に作られる位牌はスィベー（白位牌）と呼ばれた。竹で骨組を作り、紙の筒を差し込んだものであり、「昭和〇〇年〇月〇日没　帰元〇〇〇〇之霊位」などと墨で書いた。位牌に墨書する時は、遺体の前に小さな机を置き酒を供えて、「〇〇〇〇さんが亡くなったので位牌を書きます」と唱えてから書いた。

旗は四つ旗、名旗、弔旗である。四つ旗とは四本旗ともいわれ、「佛　諸行無常」「法　是生滅法」「僧　生滅滅已」「寶　寂滅為楽」と書かれた四本の旗であり、サイシがその布を葬式の道具箱の中に保管していた。名旗と弔旗は晒を切って墨書して、竹に付けて作った。名旗は「故　〇〇〇〇之霊（あるいは霊位）」であり、長寿で亡くなった場合の名旗の色は赤である。弔旗は、「謹弔　〇〇〇〇之霊　婦人会」（婦人会で出した場合）などと書いた。弔旗は友人、同級生、婦人会などが出すので複数である。

七歳以下の子供は小さな箱に入れ、親が抱いて墓まで運んだが、七歳以上は龕に載せた。一日でも王様の乗るような乗り物に乗せるのだという。龕は葬式の日の朝に運んできて、一番座の外に置かれた。庭には、マーニの葉で覆った龕を置く場所が作られていた。龕を組み立て、[19]屋根の頂に紙で作った飾りを付けて宝珠とし、赤い紙で太陽と月の飾りを作って貼り付け、四隅には鳥の飾りを付けた。龕の前にはガブリイガシィ、あるいはティンゲーと呼ばれる木製の龍頭を付けた棒が立て掛けられる。龍頭の下には箱のようなものが付き、そこに袋状の白い布が取り付けられる。

入棺から出棺まで

遺体は長くは置けなかった。亡くなった時間にもよるが、普通は亡くなった翌日には葬式が行われた。葬式の日は死者に朝飼を供え、出棺までは線香を絶やさなかった。

勝連文雄氏の祖父母の時代は、朝から出棺まで女の人が三人くらいで交代で泣いていたという。「アガヤー、アガヤー」と泣きながらいい、泣くのを歌みたいにやっていたという。崎山千代氏（一九一八年生まれ）は、「女が泣くさ、男は泣かない」といい、泣く時間も決めてあったようだという。ものをいいながら泣くことをモノイイナチ、あるいはカンナキといった。ソウシキヤーからは、歌をうたっているような泣き声が聞こえてきたという。それはモノイイナチだったという人もいるが、実際に別れの歌をうたっていたという人もいる。一九二六年生まれの女性によると、身内の女の人が三人くらいで、クバの葉を扇にして死者を扇ぎながら歌をうたったという。

墓の口を開けることは墓の口開け、パカアゲー、あるいはゾーアギーと呼ばれた。葬式の日の昼過ぎ、満潮になるころに行われた。〈墓の口開け〉に際しては、墓の前に供物を供えて、サイシが墓の中にいるウヤピトゥに[20]、「肝驚き、胸驚きしないでください。今日はーの日です」と墓を開ける理由を述べ、「立派に墓を開けさせてください」と願った。

昼前には遺体を棺に入れる。棺を二番座に持ってくると、サイシは刃物を持ち棺の上で十字を切って、「この中には○○さんしか入ってはいけない。悪いものは出ていきなさい」と唱えた。棺に遺体を入れる間、サイシは鉦を叩き続けた。棺は一番座に移され、やはり縦に置かれた。このときもサイシは鉦を叩き続けた。入棺後には別れの杯が行われ、それぞれ思い思いに別れの言葉を掛けながら薬指に酒を少し付けて死者の唇を湿らせた。一九二一年生まれの女性によると（祖母の葬儀のとき五、六歳だったという）、祖母のいとこが棺の中の祖母の遺体の前で、「もうお別れ」と歌をうたっていた記憶があるという。「まだまだ葬式に行かないときによ、泣きながらうたわれてたよ」という。出棺前の最後の別れで、歌で死者を送る習俗があったのであろう。[21]

葬式は午後から始まる。昔は香典ではなく、重箱に三合くらいの米を入れて持って行き、重箱から米を三回つまんで器に入れた。これをコウマッスといった。

出棺・葬列・納棺・帰宅後の別れの儀礼

波照間島では、喪家から墓に行き、墓に納めるまでを葬式といい、「グソーチ　シケシンキャンマー」（お墓の葬式してきました）などといった。

棺は一番座から外に出して龕に入れる。[22] 棺を運ぶときに「ハコを取りかえなさい」といわれたが、これは棺の向きを変えなさいという意味だという。これによって遺体の向きが変わり、遺体の足が進行方向を向くことになる。棺を龕に入れた後、龕の周囲を白い布で巻くが、その布の結び方をサカムスビ、あるいはピナリ結びといった。出棺の際には、葬列の順に並んで家から出る。龕はナーフク（ヒンプン）を西回りに出るといわれるが、事情によってはその反対になるという。[23]

龕は一番身近な人が担ぐといわれた。白いタオルを被った四人が棒の前後を担ぎ、脇に龕を支える者が付いた。各集落では、御嶽や拝所の前を通らないように、葬式の道が決めてあった。これをウンジ道といった。戦前の葬式では、ウンジ道に面した家は二本の棒で門に×印をして、悪霊が入らないようにしたという。墓まで行く人は親戚だけで、故人と親しかった人は道で手を合わせて故人を送った。これをミツブリ（道送り）といった。このときサンを持つ人もいた。「送るけど、うちらにはさわるなよー」という意味だという。特に子供たちにはサンを持たせた。

　葬列の順は、先頭の人・旗・位牌・ガブリィガシィ・龕である。後列に料理（墓の供物）を持つ人が続き、一番最後に天秤棒で甕に入った水と酒が運ばれた。ハナや提灯などを持つ人の順番は特に決まっていなかったというが、旗の後に続いたようである。先頭はカドゥの人であり、鎌や包丁などの刃物と道香《みちこう》（線香）を持って行く。刃物と道香で魔物を祓ったという。また、牛が繋がれていて道を邪魔している場合は、その刃物で縄を切ったという。次に四つ旗、名旗、弔旗が続いた。[24]その後に喪主が位牌を持って歩いた。喪主には半開きにした傘をさしかけた。

　次に龕の一行が続く。龕の前にはガブリィガシィとサイシが歩いた（写真2）。サイシは鉦を叩き念仏を唱え、龕が道を曲がるときには「今から西へ曲がります」（西へ曲がる場合）などと死者に告げた。七三歳以上の場合は龕を中心にして白い布を張った。これを内幕といい、身内はこの幕の内側に入って歩いた。女性たちは「アガヤー、アガヤー」と号泣しながら龕に付いて行ったというが、浦仲浩氏（一九二四年生まれ）によると、号泣は「見苦しい」ということで後に廃止になったという。

　墓に着くと、名旗、弔旗を墓の周りに立て、[25]持ってきた供物を供え、サイシが墓の中のウヤピトゥたちに新しい死者が入る旨を述べた。

写真2：龕の前を行くサイシ

棺は死者の足の方から入れ、墓の門番として墓室の中央に置かれた。墓に入った人は、「あの世に引っ張られないように」と後ろ向きに出てきた[26]。

墓室の門を閉めることをゾートゥドゥミという。ゾートゥドゥミでは供物を墓の口の前に供え、全員で手を合わせた（写真3）。最後にサイシがスサリグチを述べるが、このときのスサリグチの内容は、阿利盛八氏（一九三四年生まれ）によると次のようであった[27]。墓にいるウヤピトゥに対しては、「新たに一人入れましたからよろしくお願いします。一緒にいて立派に守ってください」と唱え、新たに入れた死者には「ここがあなたのヤー（家）です。ここからは決して出てはいけません。あなたはもうウヤピトゥのところに行って守られています。もうここがあなたの居るところですから、どこにも出ないで、家族、親戚を守ってください」と唱えた[28]。これをトメのスサリグチという。最後に、「イーミツ、イーミツ、ソーミツ、ソーミツ、ラクミツ、ラクミツ、トォリオーリ、ナムアミダブツ、ナムアミダブツ、ナムアミダブツ」と唱えた。「いい道、正しい道、楽な道を通ってください」の意味である。また、勝連文雄氏によると、「人間は死んだら血は水になり土に吸い込まれていく、骨は石ころになる、肉は土になる、めんたま、魂は天国に上がる」とも唱えたという。願いの後、墓の庭ではなく、墓から少し離れたところで墓に供えた重箱の料理を食べた。

写真3：墓前でスサリグチを述べるサイシ

墓ですべての儀式を終えた後、喪家や近い親戚以外は浜辺に行って手を洗い、頭や体に波の花（潮水）を九回かけて身を浄めた。これをアメリィ、アメレー、あるいはアメショーラーといった。最後にマーニの葉で作ったアーチをくぐったという。このような浄めをする浜辺は集落ごとに決まっていた。帰りには、来たときと別の道を通って帰った。同じ道を通ると、死んだ人が付いて来るといわれていたからである。後には喪家の門に盥に塩水を入れた容器が用意されるようになり、浄めた後の水は門の西側に捨てた。

喪家に戻って祭壇に手を合わせ、回ってきた塩粥とスゥムチにほんの少し口をつけて食べるふりをした。崎山千代氏は、これを「生きている人との別れ」の儀式だという。その後、兄弟、いとこくらいまでが残って喪家でお膳をいただいた。人数が多いので部屋に入りきれず、軒下にまで座って、青竹で作った箸を使って食べた。[29] 乳飲み子が死んだときは、乳を飲みに帰ってくるかもしれないので、その夜家族は秘密裡に宿を移したという。

(2) 波照間島の葬儀とサイシの役割② ―焼香(法事)―

葬式の後には法事が続いた。法事は焼香、あるいは波照間の言葉でコッコーと呼ばれた。

ミダチィとナナゴーのコッコー

葬式の翌日、亡くなって三日目をミッカヌピンと呼ぶ。この日はミダチィとナナゴーのコッコーが行われた。ミダチィでは餅とウセーを入れた重箱、酒、水、茶を持って墓に行き、白い着物を付けた女性が石を三回墓に投げつけ、死んだ人の名前を三回呼んだ。そして、「ああもう死んでしまった」といって泣き始めた。死後三日目に墓の中で生き返ったという言い伝えがあるので確かめるためだという。[30] この役の女性はいとこなどのカドゥの人が担当した。

ミダチィをした人たちは喪家に戻り、喪家ではナナゴーのコッコーを行った。位牌の前にお膳と、酒・茶・水を供えて、「ナナゴーをしましたからみんな持って行ってください」と唱えた。酒井卯作によると、ミダチィの日に砂や灰などを芭蕉の葉に載せて門に置くと、死人が来たらその葉の上に足跡が残るといわれていたという。また、帰宅するときには、家の後壁を叩いてから家に入るものとされていたという〔酒井　一九五四　六〇～六一〕。

喪家の家族と身近な親戚の忌明けは、死後六日目である。集落ごとに決められた浜に行き、海の神様などに死んだ人をお願いしますと願ってから、潮水で手足を洗い、体を浄めた。その日は床の間をよく拭いて、床の間とヒヌカンの香炉の灰を変えた。

七日ごとの焼香（忌日法要）とタマシィバリ

葬式の後、四十九日までは仏壇を閉じておき、仏壇の前の祭壇に位牌、遺影、香炉、酒瓶などを置いておいた。七日ごとの焼香の際も、サイシがスサリグチを述べた。さらに、日を選んで死者の魂との最後の別れであるタマシィバリ（魂別れ）が行われた（四十九日とタマシィバリについては第三部第一章参照）。

以上の葬送の流れをみるに、死者、およびその魂との別れの儀礼は、亡くなってから四十九日までに、数回にわたって行われていることがわかる。①通夜から入棺・出棺をへて墓地に送り、棺を墓室内に入れるまでの儀礼、②墓地から帰り、家人がスツゥムチと塩粥を食べる儀礼、③三日後のミダチィ、④七日ごとの焼香、⑤タマシィバリの儀礼、である。サイシは、①と④の儀礼に関与したと考えられる。

四　サイシの役割とその意味

波照間島の葬儀におけるサイシの役割とその意味について考えたい。さらに、サイシが関与したことによって、葬儀はどのように変化したのか、サイシの関与と葬儀の変化などについても考えたい。

（1）葬儀におけるサイシの主な役割

サイシは鉦を叩き、念仏を唱えた。ではサイシはどのように念仏を唱えたのだろうか。勝連文雄氏は、「お経はみんなナムアミダブツさ」といい、「ナムアミダブツ、ナムアミダブツ、ナムアミダブツと音符をつけながら鉦を叩いた」という（「念仏の楽譜」参照）。しかし、念仏の文句についてはこれ以上覚えていないようである。島村修氏と玉城功一氏も「ナムアミダブツ、ナムアミダブツ」の繰り返しが多かったようだという。念仏の内容よりも、鉦を叩きながら「ナムアミダブツ」を唱えることが人々には大切だったのであろう。では、どのようなときに鉦を叩いたのか。勝連文雄氏と浦仲浩氏によると、鉦を叩き念仏を唱えるのは、入棺、出棺と送りのときであったという。

サイシは鉦を叩き念仏を唱えただけではない。新しい死者にはあの世のことを語り掛け、前から墓の中にいる死者には新しい死者を迎えてくれるように願った。最も大切なことは、「決して戻ってきてはいけない」というトメのスサリグチを新しい死者に述べることだった。

（2）サイシの役割の意味

人は死を目前にして、改めて生と死の境界の危うさを認識する。死は自らの隣り合わせに

念仏の楽譜

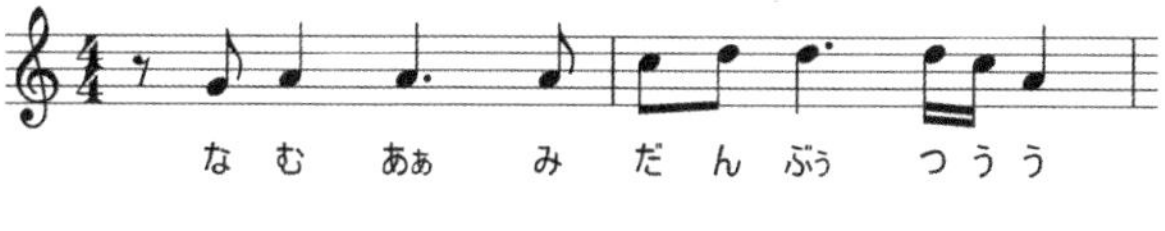

（島村修氏と玉城功一氏が記憶している念仏を楽譜化した）

あり、いつ死の世界に引き込まれるかわからないという生のもろさを感じる。そのため、生きている人々は死の世界に引き込まれないように、生と死の境界を強固にし、死者を順調に死の世界に送るためさまざまな儀礼を行ってきた。葬儀では、生と死の境界を明確にし（畳を組み替えて真っ直ぐにする、死者を囲む幕を張るなど）、呪力のあるもので防御行為（マーニの葉、サン、刃物の使用）をして、順調に死者を送る手続きとした。鉦を叩き念仏を唱えるのは、入棺、出棺と送りのとき、つまり死体の移動のときであった。[31] 移動という境界の最ももろいときに、鉦が叩かれ念仏が唱えられたといえる。

勝連文雄氏によると、特に葬列に際してはワルモノがやってきて、生きている人や亡くなった人に悪さをするという。そのため龕の前の龍頭は、ワルモノが死んだ者に悪さをしないように付けるという。葬列では米や塩を撒いたが、「ワルモノは乞食だから美味しいものがあると拾う」「お米を投げて通るとね、あれは細かいですよ。数が多いから、あれを拾っているうちに行列は無事に通るから」という。葬列で号泣しながら歩き続けるのも、鉦の音と念仏も、ワルモノに対する防御行為であったと考えられる。[32]

ではなぜ、鉦を叩き念仏を唱えることが、呪力を持つと考えられたのか。現在、波照間島の盆の後に行われるイタシキバラでは、ドラを叩きながら集落を回り、身寄りのないホトケやガキドモ（勝連文雄氏による）を追い払い、集落の厄払いと浄化を行っている。このように音を立てて集落を浄化する習俗は、八重山の他の島々でもみることができる。[33] 盆や節祭にはドラを叩きながら家々を回り、帰るべき魂を追い払うのである。目に見えないまがまがしいものは、大きな音を出すことによって追い払えると信じられていたのである。鳴り響く鉦の音と念仏も、そのような呪力を持つと考えられたはずである。

サイシは死者に語り掛ける役割も果たした。特に重要といわれるトメのスサリグチでは、「ここからは決して出てはいけません」と厳しい口調である。このような言葉は他の島の別れの言葉の中にも見ることができる。黒島では、「グソーの道をゆがまないで通って行ってください」「迷わないで極楽へまっすぐ行ってください」「振り向かないで極楽へ行ってください」という。小浜島でも「グソーの道をまっすぐ通ってください」などという。これらは、「まっすぐ行ってください。決して戻って来ないでください」という意味の言葉である。死者にこのような言葉を述べることは、死者を迷わずグソーに送る一種の呪術的行為であったともいえよう。波照間島では、最終的な墓の別れではサイシが代表して死者にこの言葉を述べた。

(3) サイシの関与による葬儀の変化など

では、サイシが葬儀に関与したことによって、葬儀はどのように変化したのか。

いくつかの葬送習俗の消滅には、サイシが関与していると考えられる。まず、女性たちの泣く、あるいは号泣するという行為、泣きながらうたうという行為について考えてみたい。女性たちのこのような行為は、通夜・入棺・出棺・墓地までの葬列のときのようである。ここでは墓地までの葬列を例にとってみたい。喜舎場永珣によると、その泣き方は一番先頭のものが「アガヤー」と泣き声を発すると、それに合わせて次の者たちも一同一様に「アガヤー」と泣き、交互に泣きながら墓所まで行ったという〔喜舎場　一九七七　六一九〕。おそらく波照間島でもそうだったのであろう。ここにみる女性たちの泣き方は、単なる悲しみの表出ではない。前述したように号泣しながら歩き続けることに意味があった。結果的には泣くという行為は見苦しいという理由で廃止になり[34]、サイシの念仏と鉦がそれに取って代わるようになった。葬儀の際に歌われる哭き歌も、おなじような理由で消滅したのであろう[35]。号泣、哭き歌の消滅には生活改善運動などの影響もあるであろうが、サイシの葬送への関与も大きな理由と考えられる。

サイシは最後のトメのスサリグチで、「まっすぐ行ってください。決して戻って来ないでください」と死者に述べる。このトメのスサリグチをかけることは、死者を迷わずグソーに送る呪術的な行為であったと考えられる。このようなトメの言葉は、本来、家族や親戚などの代表が述べたものと考えられる。サイシの葬儀への関与とともに、その役はサイシが代表して行うようになっていったのであろう。

また、サイシが葬送に関与したことによって、願いの職能者（ネガイピトゥ）の役割分担が変化した。波照間島では洗骨や墓の造営や廃棄でも、サイシが墓地で土の神に願いをした。新城は、「土まつり（土地神、土の神への願いであろう＝筆者）の司祭は（念仏の＝筆者）伝来以前から行われていたものが念仏と結びついたのではなかろうか。それは現在でも神人や年寄によって行われるヌジファや土まつりの考えと同根の思想であり、念仏者のいない現在でも行われているのである」という〔新城　二〇一四　四三八〕。波照間島でも、本来、サイシではない別のネガイピトゥが、墓地で土の神への願いを行っていたのであろう。ところが、サイシという葬送にかかわる職能者の登場によって、その役目はサイシに担われるようになったものと考えられる。

しかし、ミダチィとタマシィバリには、サイシは関与しなかったと考えられる。ミダチィは親族の女性が行う沖縄一帯で行われている古い習俗であった。[36] サイシが代行するということは考えられなかったのであろう。タマシィバリはユタによって行われていて、ユタの口寄せがあったものと考えられる。どちらも本来呪術的な習俗であった。

五　近代における葬儀の変化と八重山離島における念仏者の受容

波照間島の葬儀は、念仏者が関与したことによって変化した。では、念仏者はどのような理由で、何を契機として受容されたのだろうか。ここでは、念仏者の受容を、近代における葬儀の変化という視点からみてみたい。そして八重山離島における念仏者の受容について考えたい。

(1)明治三〇年代後半までの葬儀とその変化

波照間島では、明治三〇年代後半までは葬儀は近親者のみで行われていた。明治三七(一九〇四)年十二月十五日付の「琉球新報」に掲載された「波照間通信」は、同島の葬儀を次のように報じている。「死者を音ふ《ママ》者は必ずわが身の上に不幸来るものと迷信し大に之を忌避して他人は全く立寄らざる奇風あり」(竹富町史編集委員会ほか　一九九四　一六六)。このように同島の葬儀が変化したのは、明治三七年の日露戦争の戦死者の葬儀からだった。

日露戦争では開戦初期より戦死者(戦病死)の発生を予想して、予め地方団体の葬儀規定を制定する動きが現れていた(荒川　二〇〇八　五三)。波照間村事務所に残された「島庁通達綴」の「第九四五ノ一号」(一九〇四年六月六日受付)には、出征軍人名誉の戦死、または傷病死を遂げたるものの葬式では「同情ノ意ヲ表スル為メ」、最寄りの小学校教員または生徒のうち幾分かはなるべく会葬、間切吏員、間切会議員は必ず会葬のこととある(竹富町史編集委員会ほか　二〇〇九　一四〇)。波照間島では、日露戦争で銘苅真勢が戦死している。「波照間通信」によると銘苅真勢の葬儀は島庁通達により、島司、村頭の参列のもと島民あげての参列で盛大に行われたとある。また、この機会に葬儀の迷信打破を島の代表者たちを召集して説得したのでこのような弊習も打壊されたとある(竹富町史編集委員会他　一九九四　一六六)。本稿で述べたような自宅葬の頃の葬儀は、このような〈葬儀の迷信打破〉を契機として成立していったものと考えられる。

(2)八重山離島における念仏者の受容

筆者は八重山離島における念仏者の受容を、次のように考える。明治の近代国家によって、葬儀は親族のみで行われる葬儀から、一般会葬者を含む〈見せる葬儀〉に変わった。家族のみで行われていた葬儀が、人々に見せるための葬儀に変化したとき、引導者が必要とされ、念仏者が引導者の役割を担うようになったのではないか。八重山離島における念仏者の受容は、明治政府によってもたらされた葬儀の変化によるものであり、その契機となったのは戦死者の葬儀であった。

そして、波照間島では、サイシは島の葬儀の専門職能者として公の存在となり、葬儀に不可欠の存在となったのである。

まとめとして

八重山離島では、葬儀における念仏者の受容はさまざまであった。いくつかの島の事例をみただけであるが、どこの島の葬儀でも一律に念仏者が関与していたわけではなかった。また、念仏者の担った役割も島によって多少異なっていたようであるが、基本的には出棺前から野辺の送りの間に鉦を叩き念仏を唱えた。

波照間島では念仏者はサイシと呼ばれ、島の葬儀の専門職能者であったといえる。本稿では波照間島の葬儀とサイシの役割の詳細をみてきたが、サイシは単に鉦を叩き念仏を唱えるだけではなく、死者に語り掛けたり魔除けの行為をして死者をグショーに送るという役割を果たしていた。サイシが葬儀に関与したことによって、一部の葬送習俗は変化した。人々は、自分たちが行っていた死者への語り掛けや魔除けの習俗をサイシに託したのである。人は号泣しなくなり、うたわなくなり、以前よりも死者に語らなくなった。サイシの関与によって〈見せる葬儀〉としての体裁を整えたのである。また、他の願いの職能者が行っていたと考えられる土の神への願いもサイシが引き受けるようになった。

八重山離島で念仏者がいつごろ受容されたのかは不明である。しかし、念仏者の受容の背景には、戦死者の葬儀を契機とした近代国家における〈見せる葬儀〉の奨励があったものと考えられる。明治の近代国家によって、葬儀は親族のみで行われる葬儀から一般会葬者を含む〈見せる葬儀〉に変わった。その際、八重山離島では念仏者が受容され引導者の役割を担うようになったのではないかと考えられる。

サイシが代行できなかったのは、ミダチィやタマシィバリのような呪術的な習俗であった。このように、死に関する習俗には、いわゆる仏教民俗が代行できる習俗と代行できない習俗があることがわかる。しかし、これはあくまでも筆者の推論であり、人々の霊魂感、死に対する観念などの様々な視点から考えなければならない。

1　袋中上人は浄土宗名越派の僧で、琉球に三年間滞在し『琉球神道記』を著した。

2　袋中上人に帰依した儀間真常の後裔が、那覇市垣花を中心に広めた垣花念仏もある。

3　沖縄にこのような芸能者が入ってきたときから、チョンダラー系芸能とニンブチャー芸能は、両者わかちがたく混在していたと思われるという（池宮　一九九〇　三二二）。

4　新聞資料（新聞名不明）は、那覇市歴史博物館所蔵の清川安彦氏「新聞切り抜き」による。尚祥子は琉球国最後の国王尚泰の世嗣の尚典侯爵の正室である。「国王尚泰の御世嗣の正室だけに琉球王国時代さながらの古式に則りそれに時代に順応した儀式も加へて行われることになった」と新聞記事にはある。

5　『参遣状抜書』は、首里王府からの布達書である参状と、八重山蔵元からの報告・問合せなどの遣状からなる往復文書集である。

6　家譜とは家の系図で、その家の代々の功績などを記したものである。

7　同紙には、「話―念仏鐘の祟り」という見出しで次のような記事が掲載されている〔竹富町史編集委員会ほか二〇〇一　一〇二〕。

前に黒島で葬儀の際使用していた念仏鐘を伊古部落伊古氏宅に保管中の処、此の頃夜となく昼となく伊古氏宅に念仏鐘の音が聞え、「鼠もさはらぬのに毎日の如く鐘の音が聞えるのは念仏鐘のタタリに違いない」と恐れをなし、鐘の保管を部落に対して断ったことに端を発し、部落全住民は念仏鐘のタタリが現はれたと大騒動を演じているとか……。

8　行事によっては、その家の家長あるいは老人がネガイピトゥの役割をした。

9　公民館が報酬を支払うようになったのは、公民館がサイシを探す（選ぶ）ようになってからであろう。

10　アウエハントは津久登野氏の名前をタイゾーと記しているが、ここでは話者に従って真知と記した。

11　このとき、津久登野真知氏は、「後継者が生まれないが、これが最後になるはずだ」と言ったので、玉城功一氏は本人の了承を得て念仏を録音した。録音テープは公民館が保管し、その後何年かは葬儀の際に使用していたという。

12　龕のそばに行くときは、石を三個その周辺に投げてから近づいたが、それは悪いものがうろうろしているかもしれないので追い払うためだという。なお、現在、ガンヌニゲーは公民館役員が行っている。

13　このようなシュビヌニゲーはツカサの引退のときにも行われる。サイシが島の公のネガイピトゥであったことがわかる。

14　住谷一彦とクライナー・ヨーゼフは、「「生まれること」＝マラン、及び「死ぬこと」＝マラヒヤンは両方とも同じ語源とつながる語幹を持っているらしい。言い換えると、「生まれる」と「亡くなる」ということには、人間の霊《マブイ》がその定在形態Daseinsformを変えることなのだという共通の意味があるといってよい。それで両者には重要な通過儀礼 rites de passageが絶えずともなっている所為も理解しやすくなっている」と述べている〔クライナー・住谷一九七七 二六五〕。
15 シマナーのような、日頃、親しんでいた名前を呼んだ。
16 三番座で行ったという家もある。
17 葬式の際、畳をまっすぐに敷き変えることは他の島でも行われる。まっすぐ敷くということが死者をあの世にまっすぐ送ることにつながるからなのか。
18 杉板で棺を作ると死体は腐敗しにくいといわれている。
19 龕はキャーギ（イヌマキ）で作られ、組み立て式になっている。使用するときは四本の柱を立て周囲に板を巡らし屋根を載せた。
20 ウヤピトゥとは、その家ですでに亡くなった人や先祖をさす。
21 女性たちが泣きながら歌で死者を送ったのに対し、サイシは敬意を払った、しかも親しみをこめた言葉で、死因と親戚たちの最後の心遣いを述べた。そして、「今、あなたはウヤピィトゥになられたので、精一杯立派な葬式をおこなっています。私達はあなたを、後生への大いなる道、広い道、よき楽な道（グショーヌ　ブーミチィ、ピィスミチィ、イイミチィ、ラクミチィ）を通り、あなたのお墓（シンジュムトゥ）、ウヤピィトゥがいらっしゃる場所に送ろうとしています。どうか、安んじてよき葬式をしてもらい、何一つ迷うことなく送られて下さい」と語った〔アウエハント　二〇〇四　三二五〕。
22 一番座の前とは限らないという人もいる。家の構造にもよるのだろうか。
23 そのため、ナーフクと軒下の間は龕が入る広さにするといわれていた。

24　弔旗は戦前はなかったのではないかといわれる。棺を葬儀社から購入するようになってから入ってきたのではないかという。
25　旗はミーナンカ（二十一日）、四十九日、一周忌などで取り払う。
26　「墓に入るときは一方通行で入る」といわれ、前向きに入り背中から出るという。
27　スサリグチに詳しい阿利盛八氏は納骨や洗骨の際にスサリグチを依頼されている。阿利盛八氏によると、このときは決して墓とは言わずにヤー（家）というという。
28　アウエハントによると、墓室に棺を入れた後、サイシは次のように死者に語り掛けた〔アウエハント　二〇〇四　三二六〕。

グショーに関する限り、墓こそがグショーなのです（グショーア、マー、パカンドゥ、グショー）。あなたはそこから現れてはなりません。起き上がってあなたの家に行き、子孫達（ファーマ）に会ったり村に来てはなりません。さまよいあるいて（ザマドゥルン）はなりません。あなたは（もう）プトゥギなのです。あなたは今（他の）ウヤピィトゥの腕のなかで眠っています。今からはずっとどんなことがあっても自分の家族の暮しぶりを見にきてはけません。起きてはいけません。今からは、供養のときが来たらあなたを迎えに参ります。（それまでは）（他の）プトゥギの腕の中にいて極楽への生活を模範的に送ってください。

29　そのため、日頃は「軒下で食事をするものではない」といわれていた。
30　ミダチィまでは葬儀であるといい、ミダチィの後に墓の門を閉めたという〔仲本　二〇〇四　五五〕。ミダチィまでは仮に閉めておいたのであろう。
31　アウエハントは死体の移動（入棺後一番座に置かれる）によって時空の変換がすでに終わったことになり、死者の新しい生活が始まろうとしているという〔アウエハント　二〇〇四　三二四〕。

32　葬送では、〈たくさんのワルモノ〉が死者に悪さをしようと待ち構えているだけでなく、死者もまた、生きている人に災いをもたらすと考えられていたようである。そのため葬列では魔除けの習俗が行われた。喜舎場によると、葬列では念仏者はダンチクの枝葉で龕を叩いたという。その理由は、これらの植物は臭気が強いために魔除けができると信じられていたからだという〔喜舎場　一九七七　六二〇〕。石垣では、行列を見にいく子供たちは必ず藁のサンを持っていって、龕を目がけて投げつけ、「ウフウフ」といって魔除けをしたり、道端の家は門口に竹竿や庭箒を横たえたという〔宮城　一九八二　四六六〕。

33　このような音による厄払いと浄化の習俗は、沖縄一帯にあると考えられるが、筆者は実際に調査した八重山の事例のみをあげた。

34　「沖縄タイムス」の記事「内法に現れた琉球」大正十五（一九二六）年五月二十八日・五月二十九日、六月八日・六月十二日・六月十三日によると、葬儀における号泣は大正時代の村内法でも禁止されている。

35　島村修氏によると、氏の子供のころはソウシキヤーから歌をうたっているような声が聞こえてきたが、大人にそのことを告げると、「葬式に歌をうたっているはずがない」と叱られたという。当時の大人には哭き歌が見苦しいという認識があったようだ。

36　ナーチャミーとも呼ばれている。

第二章 与那国島の霊的職能者ムヌチ

はじめに

与那国島では「葬式に坊さんはいらない」といわれていて、今でもムヌチ、ニガイト、カミンチュなどと称する霊的職能者が、葬儀において死者を送る役割を果たしている。本論は与那国島の葬儀において死者を送る霊的職能者と、その役割について考察するものである。

沖縄における〈死者を送る人〉に関しては、どのような研究があるのだろうか。伊波普猷は「祭政一致時代には、葬式を司会するものは、もちろん祝《のろ》と称する神人であった。その遺風は今なお辺鄙な地方などでときたま見ることがある」と記し、勝連半島で僧侶を雇うかわりにノロにオモリ（オモロ）をうたわせることを聞いたと述べている〔伊波 一九八九a 三七〜三八〕。そして伊波は久米島君南風の葬式の時のオモリなどから神人の葬式の様子を推察し、「古くは神職の葬式の時ばかりでなく上は国王の葬送より下は庶民のそれに至るまで、オモリがうたわれたに相異ない」という〔伊波 一九八九a 四三〕。酒井卯作は、「僧侶などに死に関する一切のものを委ねる以前に、もし死者の魂を司る者が存在するとすれば、それは家庭の中の霊的に優れた女性たちであったり、さらにこの呪術行為をいっそう確かなものにするとすれば、ユタという職能者に頼むということになるだろう」と述べている〔酒井卯作 一九八七 五七二〕。酒井のいう〈死者の魂を司る〉ことが実際どのような行為を指すのかは明確ではないが、専門の職能者が関与する以前は家庭の中の霊的に優れた女性たちが死者を送る役割を担っていたことは考えられる。しかし、これらの研究で論じているのは、過去における〈死者を送る人〉についてである。本論では現在の与那国島の葬儀の事例から、現在における〈死者を送る人〉の役割をまとめ、なぜ今でも僧侶ではなく島の〈死者を送る人〉がその役割を担っているのかについて考えたい。

ところで、〈死者を送る人〉について考える際、忘れてはならないのは念仏者である。八重山離島では近年まで念仏者が存在し、彼らは葬儀には欠かせない存在であった。与那国島の〈死者を送る人〉と八重山離島の念仏者の役割を比較検討することによって、与那国島の〈死者を送る人〉がどのような役割を担っているのか、その役割はどのような死後の世界観に基づいているのかを考えたい。また、島で死者を送るという視点から与那国島の〈死者を送る人〉の存在についても考察したい。

一　与那国島の死者を送る霊的職能者

日本最西端にある与那国島は周囲約二八キロメートル、面積約二九平方キロメートルの孤島である。八重山の中心である石垣島から最も遠方にあり、天気のいい日には台湾の島影が見える。一島で与那国町を形成し、祖納・比川・久部良の三集落からなる。

琉球国時代から八重山には石垣島に桃林寺があった。しかし、石垣島から最も遠方に位置する与那国島では僧侶を呼んで葬儀を行うことは不可能に近かったであろう。現在でも与那国島には寺院はなく僧侶もいない[1]。葬式に際して僧侶を石垣島から招く家はあるが、ほとんどの家では〈葬式のときやってくれる人〉に依頼する。〈葬式のときやってくれる人〉とは同島の〈死者を送る人〉のことである。ここでは同島の葬儀について述べ、与那国島の〈死者を送る人〉について紹介する。

(1) 与那国島の葬送について

与那国島の葬送については、池間栄三『与那国の歴史』（二〇〇七、一九五九年初版）、伊藤良吉「八重山よなぐに島の葬制・墓制—調査ノートより—」（一九六九）、喜舎場永珣「八重山列島の葬送習俗」（一九七七）、植松明石・大沼美智子「人生儀礼」（一九八〇）、赤田光男「与那国島の葬墓制と祖先信仰」（一九八三）、原知章『民俗文化の現在　沖縄・与那国島の「民俗」へのまなざし』（二〇〇〇）、酒井正子『奄美・沖縄　哭きうたの民族誌』（二〇〇五）、米城恵「葬式から三十三年忌まで」（二〇一〇b）などに報告されている。

池間・喜舎場には、古い与那国島の葬送習俗が報告されている。酒井は与那国島の葬送歌に初めて学術的照明を当てたといわれていて（米城　二〇一〇c　六八二）、クイカギ、カディナディなどの「哭き」とミラヌウタ、スンカニなどのウタが交錯する同島の死者との別れを報告している。原は葬送儀礼の舞台裏に注目し、死者儀礼の交際としての側面から同島の葬儀を論じている。米城は、葬儀の作り物に関しても詳細に述べ、作り物に書かれた仏教用語の意味を解説し、「島には寺もなく、僧侶もいないが野辺送りに書かれる偈一つをとってみても、葬式などは仏教儀礼に覆われている」と記している（米城　二〇一〇c　六八二）。

では、島の人々は同島の葬儀についてどのように考えているのだろうか。人々は「与那国の葬式は情けがある」という。死者に対して「あはれどぅー、〇〇（人名）」といって泣きながら言葉を掛け、葬送歌をうたい掛けることは、死者に情けを掛けることだと考えられている。[2] しかし、島の人々は、「与那国の葬儀はしきたりがやかましく、粗相があってはならないと常に気を配っている」ともいう。僧侶ではなく〈葬式の時やってくれる人〉を頼むことについては、「与那国の人は昔からのしきたり破ったらいけないからこうするわけよ、坊さんは与那国のしきたりがわからないでしょ」という。与那国島には昔からの葬儀のしきたりがあるので、それを知らない僧侶ではなく、同島の〈葬式のときやってくれる人〉を頼んでいるというのである。しかし、実際には火葬も増え、葬儀のやり方が変化していることは否めない。島の人々も葬儀のやり方はずいぶん変わってきているという。

(2) 現在の与那国島の〈死者を送る人〉

与那国島では昔から、第六感に優れ〈見える人〉といわれる霊的職能者がいた。現在、このような霊的職能者としては、〈神ごと〉をする女性たちがいる。彼女たちは島の神事をつかさどるカァブ(八重山では一般的にツカサと呼ばれる)ではない。主にハンジ、焼香、祝い事に携わる女性たちであり、具体的には子供の成長祈願、生まれ年の祝い、病気の相談、漁師の大漁祈願、行方不明者やいなくなった牛馬の行方の判断、海で亡くなった人の魂を掬うなどの個人の依頼に携わっている。ある婦人によると、夢をみて気になっていたり、体の調子の悪いとき、「死んだ人の思いがあるかね、何かあるかなー」といって彼女たちを頼み、死者の知らせを彼女たちの口を通して聞くという。そのため、彼女たちの事をユタ(与那国ではドゥタと呼んでいた)と呼ぶ人もいる。そして、与那国島ではこれらの〈神ごと〉をする女性たち、つまりこれらの霊的職能者が主に死者を送る役割を担っている。

現在、島の死者を送る霊的職能者はO氏、M氏、Y氏である。法事などの日程は事前にわかるが、葬式はいつ起こるかはわからない。このようなときにはお互いに時間の都合をつけあって役割を行う。ここでは直接本人にうかがった話や彼女たちに関する島の人の話から、[3]彼女たちがどのような過程を経て霊的職能者になったのか、どのような役割をしているのかなどについて紹介する。

①O氏（一九三一年生まれ）[4]

現在、与那国島で最年長の〈神ごと〉にかかわる人であり、長い経験をもつ。本人は五歳の時から〈見えた〉という。母親も〈見える人〉だった。首吊りの人が〈見えた〉ので、「怖いよー、怖いよー」と母親に泣きついたところ、母親は「こんな小さなときからこんなもの見たら大変だ。この子はまだ五歳だから、この子が大人になったら神様の使いをさせてください」と願ってくれたという。若いころから墓をみると亡くなる人が見えたりして、まわりの人々に嫌がられた。神の使命ならば天に逆らわないようにしようと、〈神ごと〉にかかわるようになったという。自然に神様の言葉が聞こえてきて、神様と話ができるという。「私はユタじゃない、ユタは下のお使いさ、私は神の女です」といい、自らはカミンチュだという。

②M氏（一九四八年生まれ）

婦人会の会長や民生委員を務め、与那国島の食文化のコンサルタントの仕事もしている。数年前から拝みやカウンセリングをしていたが、一昨年から自分でふんぎりがついて、健康願い、生まれ年願い、葬式、焼香などを頼まれてやるようになった。「自信はないけれど、神様にお願いすると言葉が出てしまう。言葉が出てきたらお願いする」という。氏を頼んだことがある島の人は、「上手で自然にうつる。死んだ人がひっかかる」と評する。本人はムヌチであるといい、ユタとかそういうことではないという。

③Y氏（一九五八年生まれ）

下の子供が小さいころから〈知らせ〉があり、四十代前から本格的にこのような仕事を始めたという。本人はムヌチ、ニガイトであるという。仕事は〈神ごと〉や法事ごとが多い。〈神ごと〉では道具を渡す人が神様のお使いとして降りてきて、言葉を伝えるという。例えば、観音様の道具は花なので、花を持った人が降りてくるという。氏は沖縄本島にも法事を頼まれて行くことが多い。これは親の出身地である与那国島のやり方でやりたいという家族がいるからだという。また、仏壇の引っ越し(島外に出た家が仏壇を移動する)にも頼まれて一緒に行くという。

島の人々によると、こういう人は線香を立てると、次々と言葉が出るという。だが、彼女たちは死者を送る言葉を習ったわけではないという。習わなくても自然に神様が教えてくれるのだという。

しかし、〈神ごと〉をする女性たちすべてが、死者を送る役割をするわけではない。〈神ごと〉をする女性で、「神ごとと法事の両方はできない」という人もいる。ある女性I氏は長い間患い、何回か石垣や沖縄の三人のユタを訪ね、「あなたは〈神ごと〉をする人です」といわれてから〈神ごと〉に携わった。彼女の場合は夢で教えられるといい、夢の中で予兆があるという。神様の声が聞こえ、姿も見えるという。しかし、「法事は汚れているから、そのまま神様を拝むのは怖い」という。「与那国には〈神ごと〉と法事の両方をやっている人がいるが、何か怖い、私はできない」という。「死んだ人の言葉を伝えるのは、強い人が行かないと出し切れない」「亡くなって一年もたたないのに、しょっちゅうその家に行ったり来たりするのは(その家の葬式から法事すべてを受け持つこと)、怖いからできないんです」という。彼女はムヌチとユタは同じですよといい、自分は〈神ごと〉をやる人でユタではないという。

彼女たちは自分のことを、ムヌチ、ニガイト、カミンチュ、〈神ごと〉をやる人だという。しかし、島ではユタだという人もいる。これらの名称とその内容は、時代とともに変化していると考えられるが、従来の報告を参考に一応これらの名称の整理をしておきたい。

池間は、ユタは死後三日目にカン・カイシ（神招き）を行い死者の伝言を家族に伝えるもので、ムヌチは病人を扱う占い師であったという（池間　二〇〇七　三五・五二）。渡邊欣雄・杉島敬志はムヌチは物知りが原義であり、しばしばユタと同義でもちいられるものの、儀礼的手順や祈願の言葉を知っているだけのものに適応されるという。そしてユタは祖先の意向を知り、マディムンなどの姿を見る能力を持つものであり、ムヌチとユタは対比されるという（渡邊・杉島　一九八〇　三八）。赤田によると、葬儀にかかわる職能者はユタであり、その役割は、死の直前直後の魂呼び、葬列の龕により付いた村人の霊落し、葬儀の際の墓穴開きと墓穴閉じ、ミーナンカハナシ、焼香などであったという（赤田　一九八三　七三）。原は、サニチイあるいはミナンカに行われるチーバガシ（魂別れ）に憑依して、死者の言葉を伝える職能者をムヌチ（ユタ）、カンカイルトゥ（霊媒）と記し、ムヌチは葬式当日の墓開けと墓に棺を納める際、納めた後の願いをすると報告している（原　二〇〇〇　一一〇〜一一一・一一七・一二六〜一二七）。これらの報告によると、ムヌチ、ユタ、カンカイルトゥはほぼ同一視されている。酒井正子は、葬儀で〈拝む人〉の事を「自分は「拝む人」であってドゥタ（ユタ）やムヌチ（物知り）ではない、ドゥタのように死霊を見ることはないのだという」と記している（酒井正子　二〇〇五　一五五）。ユタやムヌチ以外に拝むだけの人もいたようである。米城によると、葬式の手配で「どぅたむぬち」、あるいは「むぬち」を依頼するとあるが、その役割については明記されていない（米城　二〇一〇b　五七〇）。

かつては渡邊・杉島の記したように、ムヌチは儀礼的手順や祈願の言葉を知っているだけのもの、ユタは祖先の意向を知り、マディムンなどの姿を見る能力を持つものであったと考えられるが、時代の推移でムヌチとユタが同一視されるようになってきたのであろう。[5] 本論では、とりあえず現在の与那国島の葬儀において死者を送る霊的職能者をムヌチと記す。

二　与那国島の葬儀とムヌチ

与那国島の葬儀は、島人の互助組織（班が基本となる）で行われる。集まった人々は、料理はもちろんのこと、さまざまな仕事を役割分担してこなす。造花などの作り物は器用な人が、旗や布に字を書くのは達筆な人が、毎回その任に当たる。葬儀全体を指図する人はウッタイトといい、親族の年長者がなる。同島の葬儀については原（二〇〇〇）が詳細に報告しているので、本論では二〇一二年に筆者の拝見したM家の葬儀の流れに沿って、ムヌチの役割をみていきたい。なお、ムヌチの役割を記す際、ムヌチの行動の背景となる与那国島の死に関する民俗伝承もあわせて記す（これらは後にムヌチたちからお聞きしたものである）。

筆者はムヌチであるY氏とM氏に了解を得て、葬儀の準備から同行させていただいた。また、喪家に挨拶し、造花作りの手伝いをしながら葬儀を拝見した。しかし、よそ者である筆者が拝見するのには限界がある。拝見できなかったところは、親族の方々やムヌチたちにお聞きして記した。特に、M家の葬儀におけるムヌチの行動については、再調査の折に詳しく本人たちからお聞きした。また、同島の葬儀に関する先学の論著を参照した。

(1) 葬儀の経過

与那国島には診療所はあるが、病気が重くなるとヘリコプターで病人を那覇や石垣の病院へ送る。病院で亡くなるのをタビで亡くなるといい、タビで亡くなるとその地で火葬される。そのため、沐浴や死衣装の着付けなどの遺体に対する処置は、喪家では行われなくなった。しかし、「自分の家で葬式をしてあの世に送られてこそ成仏する」といわれているので、タビで亡くなった人は島に帰って必ず一度は家に入れる。家に連れ帰って死者を安心させて、「この家から葬式しますから、あの世に行って成仏するんですよ」と言葉を掛けるという。

島外で死亡したという知らせを受けると、喪家では留守番のものが近所や親戚の協力を得て葬式の準備を始める。今回葬式を担当するムヌチは、喪家の親戚にあたるY氏であったが、氏は那覇に行く予定があったので途中からM氏に代わった。葬儀を拝見したM家では、当主がまだ六十代はじめで亡くなったため、悲しみに包まれた葬儀であった。以下、M家の葬儀の流れを記す。

通夜の前々日（死者の帰宅の前日）

島に残っている家族によって家の掃除が行われ、近所の人たちは喪家の入り口や庭の邪魔なものを取り除く作業を行った。

夜八時過ぎに、ムヌチのY氏とその娘、故人の姉が御願用白紙とウチカビのセットを準備した。これは喪家の祖先（三十三年忌をしていない死者）と、墓地の地の神であるジーチガナシ（土地御神加那志）に捧げるお金である。このセットは墓場での儀礼の際、墓の脇で燃やされる。今回は葬式・三日焼香・初七日の分をまとめて作った。今では葬式の日にこれらの儀礼も行ってしまうのである。

通夜の前日

家の前の道路には調理場にするテントが張られ、そこでは手伝いの男性たちが調理の準備を始める。一方、手伝いの女性たちは家の中で調理を担当する。これらの料理は、手伝いの人と喪家の食事となる。

まず、一番座の柱時計、家族の写真、仏壇の位牌に細長く白い紙が斜めに貼られる。庭ではハナ作りの担当者が中心となってハナなどの〈作り物〉の準備が始められる（第二部第二章参照）。本来は葬式の前日からこれらの作業を始めるのだが、その日は友引なので前々日から始めたという。

この日に葬式の際の男性の役割分担（誰が龕を担ぐかなど）を決める。さらにトウツルモドキ（方言名はイットウ、イト）でイットウという輪を作った（第二部第二章参照）。不慮の死で家に帰った遺体をこの輪に通すというが、最近はあまり行われないという。故人の叔母であるU氏が、若くしてタビで亡くなった甥を憐れんで作るようにいったという。葬式では年寄りの発言が大きな力を持つ。

通夜の日（遺骨が帰ってくる日）

朝八時に集合する。外のテントでは男性たちが調理を始めていた。肉を切る、刺身を作る、回転鍋で肉を茹でるなどの作業である。テントには、手伝いの人の記録を付ける男性がいる。テントの反対側では約四十本の竹を洗って、その節を切っていた。これらの竹は旗（名旗・墓地旗・弔旗）に使われるものである。旗は葬列とともに墓に運ばれ、四十九日に燃やされる。

ムヌチであるY氏（以下、ムヌチとのみ記す）は仏壇の前に座り、先祖に「○○（人名）が飛行機に乗って家に帰ってきます」と報告する（写真1）。このような報告を〈案内する〉という。ムヌチが新しい死者の到着を事前に報告するのは、あの世の親戚たちにも死者を迎える準備をしてもらうため

写真1：仏壇の前で報告するムヌチのY氏

だという。案内が終わった後、ムヌチが指図して仮祭壇を一番座に作る。手伝いの男性が、仮祭壇の前の畳を入り口に向かって縦に並べ替えた。後にここに死者のための布団が敷かれることになる。

　ムヌチの指示によって、遺族が生花を部屋の周りに並べる。ムヌチは遺族に「仮祭壇と仏壇の線香を絶やさないよう」と注意を与えた。後に仮祭壇の上には、作り物のハナ、香炉、線香、茶、水、重箱に入った米、位牌などが置かれる。その後、部屋の周囲には、紅型の幕が張り巡らされる。[6]遺族はこの幕の中で死者と対面することになる。この日は墓掃除をするのだが、友引なので手伝いの男性たちが墓掃除を嫌がった。そこで、ムヌチの指示によって墓の草取りだけを行うことにした。

　朝の飛行機の到着する時間が近づくと、親族は空港に迎えに行く。空港では骨箱を持つ長男に、黒い傘が半開きにしてさし掛けられる。空港から帰宅して、自宅の門のところで骨箱を持った長男がイットウの輪をくぐる。二人の男性が輪の両脇を支えて持ち、輪を回して長男を何回かくぐらせた。U氏によると、これは浄めであり、門の神様にこのようなことが二度とないようにと願う意味で行ったという。そのあと一緒に帰ってきた家族や、東京・那覇・石垣などからやって来た親戚が家に入る。

　仮祭壇の前に敷かれた薄い布団の上に骨箱が置かれ、その上に故人の着物が掛けられた。このとき、ムヌチは線香をあげながら、死者の亡くなった理由（死因）を述べ、「連れて帰りましたから、おうちの中で時間が来るまでゆっくりしてください」という言葉を死者に掛ける。ムヌチは与那国島の言葉で語り掛けるが、ここではその内容のみを記す。女性の歌声がかすかに聞こえ、やがて慟哭が始まった。

　夕方、ムヌチは明日の必需品について家族と打ち合わせをする。墓地に入れる酒・草履・米とあの世への土産として入れる茶などの買い物を家族に指示した。

　夜の七時過ぎから三線の音が鳴り、家の中からトゥバラマやミラヌウタが聞こえてきた。ぼつぼつと弔問客がやってきて挨拶を述べ、幕の中に入るが長居せずにすぐ帰る。外ではテントの中で、親族の男性たちが酒を飲んでいる。通夜には猫が死体をまたがないように、一晩中起きているのだという。故人の友人がデンサー節、トゥバラマ、ミラヌウタなど三線で弾いていたが、あまり泣かれるのでつらくて十時頃には帰ったという。

出棺、野辺の送り、納骨

午前八時前から準備が始まる。庭でハナなどの〈作り物〉を作り、外のテントでは男性たちが煮物や刺身を作ったりしていた。この日、ムヌチの役はM氏が担当した。

墓の口開けは朝の引き潮の時（午前十時頃）に行なわれた。最初にムヌチが墓地の神のジーチガナシ（地の神）に「〇〇が亡くなったので墓に入れますから起きてください」と三回いってジーチガナシを起こす。突然死者を連れていっては失礼であり、それなりの礼を尽くして快く死者を迎えてもらうためだという。墓の口を開けるに際しては、カードの人（生まれ年の十二支などで決める）が後ろを向いて墓を一、二、三と三回叩いてから開ける。これは「墓を開けます」という合図である。ジーチガナシと墓の先祖に供物を供え、線香を立てて墓の願いをする。墓の入り口や墓の口、子（ネ）の方角などに、砂を盛ったクバの葉が合計九つ置かれる。これらの場所はそれぞれの神（ジーチガナシ、屋根の神、タチ神、門の神、子の神など）がいる場所である。クバの葉は線香立て（香炉）の代わりであり、邪気が入らないようにするためだという（写真2）。ムヌチは墓の神、先祖たちに「〇〇があの世に行くから迎えてください。前もって知らせますから仲良くしてください」という内容の言葉を告げた。

この日は家で死者にご飯を七回供える。供えるたびに、「今は一回目です」「これは二回目です」とムヌチが死者に声を掛ける。三途の川を渡るときにはお腹がすくので、このご飯を食べてから行ってくださいという意味であるという。

〈作り物〉の担当班は、昼までにハナ・笠・下駄・杖・前卓・位牌などを完成させる。死者の顔に掛けるチラヌサァディ（火葬の時は骨箱に掛ける）や旗の文字もすべて担当のものが書く。チラヌサァディの中央には、「南無文殊菩薩　南無本師釈迦牟尼大覚世尊　南無普賢菩薩」と書き、その両側にも文字を書く。墓地旗には「釈迦如来楞伽仙　為衆告命南天竺憶念彌陀佛本願　自然即時入必定」と書く。僧侶がいない葬儀といえども仏教色は強い。

やがて龕が庭に運ばれてくる（写真３）。二番座の前に焼香用の卓が置かれ、しだいに弔問客がやってくる。弔問客は香典を出して焼香し、杯に酒を注いでもらい飲み干し、香典返しを受け取る。

出棺前（午後三時頃）に家族・親戚と死者の最後の別れである〈水の別れ〉が行われた。[7] 以下、親族とムヌチにお聞きしたことを記す。仮祭壇の前の布団に骨箱を置き、その上にチラヌサァディを掛け、さらにその上に着物を掛けたが、その様子はまるで死者が寝ているようだったという。U氏が手に塩水を付けて遺骨の入った箱を撫で、「あとで何もないようにお別れしましょうね」といい、次に遺族の額を撫でてひとりひとりに最後の別れをさせた。遺族たちは線香を上げて、「ゆっくりしてねー」「しかたがないよ」「向こうで見守ってちょうだいね」「思い残すことはないよー、まっすぐ行きなさいよー」などと別れの言葉を掛けた。死者に声を掛けることは情けを掛けることだといわれていて、できるだけ声を掛けてあげるといいという。[8]〈水

写真２：クバの葉で造られた香炉（右）

の別れ〉では〈あの世に行く歌〉もうたった。〈あの世に行く歌〉とはミラヌウタやトゥバラマの曲調にあわせて別れをうたうものである。[9]「うぶとぅはるふにゃ　しまいぎどぅ、むどぅるぬはるたとぅふにゃ　またんかいしならぬ（大海を走る船は島に往って戻る　野原立つ船は再び帰ってこない）」のように（宮良保全　二〇〇七　八七）、死者は船に乗ってあの世に行くものと表現されている。[10]

ムヌチは死者が思い残すことがないように、最後の思いを周りの人々に伝えた。このとき叔母のU氏が上手に受け答えをしてくれたので、ムヌチはやりやすかったという。ムヌチの伝える死者の言葉に対して、「ちゃんとしていくんだよ」「未練残すなよ、仕方ないんだよ、病気で行くから」「お父さん、お母さんみんな迎えに来てくれるからまっすぐ行きなさいよ。振り向かないで、あんたはあんたの世界に行っているから振り向くなよ、守りなさいよ」などとU氏が答えてくれたという。最後に、ムヌチは故人の力を残った人にあげるようにと願った。

龕に遺骨の入った箱を入れて出棺となった。出棺時に葬儀を采配した人が、「後生への道はまっすぐ行くんですよ」と故人に言葉を掛けた。門の外には喪服姿の人々が並んでいた。叔母のU氏が、家の中でミラヌウタやトゥバラマを歌って龕を見送った。

葬列では、旗（写真4）、前卓を持つ長男、花籠を持つ孫たち、龕、頭に白い布を被った女性たちなどが並び、その両脇を白い布が覆い、墓地まで静かに進んで行った。[11]

墓地の周囲に旗を立て、龕を墓の庭に運び入れて骨箱を出す。墓前に

写真３：家に運ばれた龕

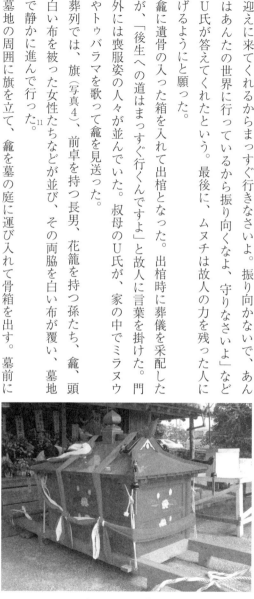

酒・茶・米・白餅・豚肉・トウフ・カマボコ、線香などを供える（写真５）。ムヌチはジーチガナシと先祖に死者の死因を述べ、「○○が来ましたからみんなと一緒に迎えてください」「先祖様、両親様も一緒に迎えてください」と願った。ムヌチが拝んだ後、骨箱から出した骨壺や土産を墓の口の中に入れた。「合掌してください」という言葉で、外にいた会葬者も手を合わせる。ムヌチは、「墓に納めたから安心して成仏してください。あの世には両親も先祖様もいらっしゃるから、ゆっくりしていろんな話をしてください。あなたはもうあの世の人になったのだから、あの世の人として焼香しますから、成仏して極楽に行ってください」と声を掛けた。米城によると、最後にムヌチは、「まつるごとにすべてを子細に吟味されてお召し上がりくださって、あれが不足、これが不足ということから、祟り障りを及ぼすことなく神の座に列するようになってください」と願うという〔米城　二〇一〇b　五六二〕。ムヌチの願いがすむと、遺族の代表の挨拶があった。

さらに三日焼香と初七日もこの日に行った。ムヌチは、「今日の葬儀は終わりましたが、また受け取ってください」といって、さらに供物を供える。ムヌチが中心になって、故人の家族と一緒に再び拝む。墓の脇では、準備された紙のセットが燃やされる。拝みが終わると、供物と酒を墓の外の人たちに回す。さらに、会葬者ひとりひとりに、肉と昆布を包んだ

写真４：葬列の先頭を行く旗

写真５：墓の口に線香を供える
ムヌチのＭ氏

包みを渡す。皆が帰った後、専門の人が漆喰を墓の入り口の周辺に塗って墓口を閉じた。帰宅後、ムヌチは仮祭壇に向かって本人に納骨した旨を伝え、仏壇に向かって「先祖様といるから見守っていてください」と再び願った。

(2) 葬式後の儀礼

以下、葬式後の儀礼について、ムヌチたちからお聞きした内容を述べる。亡くなって(あるいは葬式の日から)から七日までは、喪家の人が毎日朝夕傘をさして墓参りに行く。墓でトントンと音がするので開けたら生きていたということがあったので、生死を確かめるためにも一週間は毎日墓に行くといわれる。死後(あるいは葬式の日から)三日目に三日焼香が行われる。三日焼香は、墓に行ってジーチガナシに三日焼香の報告をして重箱を供える。しかし、今ではM家のように三日焼香、初七日を葬式の日に同時に行ってしまうことが多い。

初七日から四十九日までは、七日ごとに仏壇に供物を供え焼香を行う。さらに四十九日までの間に日を選んでチーバガシが行われる。これは家族や近親者が、死霊に取りつかれていると考えられているからである。チーバガシでは、ムヌチが死者の言葉を伝える。そして、「いつまでもお父さんの事思っていたら仕事できないから、別れさせてくださいよ。ちゃんとしてあげるから、心配しないでください」などと、ムヌチが死者に言い聞かせて別れをさせる。ムヌチは遺族にブー(苧麻)で作った輪を首や手に掛けさせるが、これは生きているもののための魔除けである。このようにムヌチは死者の言葉を伝えるだけではなく、魔除けの行為もした。

また、ミナンカ(二十一日)までに日を選んでサガイが行われる。この日は墓の前で畑の絵を書いて、「あの世に行っても畑を作って食べなさい、こっちはあなたのもの、こっちは生きている人のもの」といって財産わけをする。これらの言葉はムヌチがいうが、かつては喪主あるいは親戚の長老がいったという。サガイが終わると、「サガイも無事に済みました」といって、グスガナシ（あの世の神）に紙のお金を供え、門と道の神様にもお礼をする。

四十九日は真夜中の焼香（ドゥナカマチ）といい、二日間にかけて行われる。この日から死者の位牌は仏壇に載せられる。前日に墓に行って、ジーチガナシやグスガナシなどに紙のお金を捧げ、夜、松明を家の前で燃やして、合図として死者を迎える。翌日は十二番といって十二回のお膳を供える。サトウキビを切ってシュロでまとめて山の実を挿して飾り、鶏を潰して丸ごと茹でて両羽を広げて飛んでいるように飾る。チーバガシや四十九日、あるいはサガイの別れの儀礼では、仮祭壇の下にミズヌクの入ったドンブリを置く。ミズヌクは、ナスビの切ったものと炒った種物などを、片栗粉を溶いた水に入れて作る。このような日には〈あの世の乞食みたいなもの〉が出てきて、「私にも御馳走をちょうだい」とすがってくるので、ムヌチが「あんたなんかにやらない」といって、ミズヌクをパッパッと散らして止めるという。片栗粉がついているのでミズヌクはぱっと止まる。これは〈あの世の乞食みたいなもの〉から死者を守るための祓いの行為である。

サガイや四十九日のムヌチの役割は、死者の言葉を遺族に伝え、ジーチガナシやグスガナシ・先祖・遺族と死者の仲介、死者の慰撫と死者への言い聞かせ、魔除けや祓いの行為であった。サガイ・四十九日・百日・一年半・三年・七年・一三年・二五年・三三年と計九回の焼香を行うが、これをクブンといい、これらすべての焼香をムヌチが担当する。七年後などに行われる洗骨にもムヌチは携わる。

三　ムヌチの役割とその存在

ここでは、葬儀におけるムヌチの役割についてまとめ、なぜ僧侶ではなくムヌチに葬儀を頼むのかについて考えたい。

さらに、ムヌチの役割を波照間島の念仏者であるサイシと比較検討して、その役割はどのような死後の世界観に基づいているのかを考えたい。また、〈島で死者を送る〉という視点からムヌチの存在について考えたい。

(1) 葬儀におけるムヌチの役割

大勢の人々が手伝う葬儀であるが、遺骨の安置される一番座には、遺族とムヌチ以外は出入りしない。弔問客は別として、手伝いの人々が一番座に入ることはない。手伝いの人々は、死者にかかわる作業の一切をムヌチに任せているし、手伝うとしてもその行動はムヌチの指図のもとに行われている。

では、葬儀においてムヌチはどのような役割を果たすのだろうか。本論で報告した事例から、ムヌチの行った行為について、表「M家の葬儀におけるムヌチの役割」にまとめてみた。この表によるとムヌチの役割は、①仲介（墓地の神々やあの世の神などと死者の仲介、先祖と死者の仲介、死者と遺族の仲介）、②死者の慰撫と死者への言い聞かせ、③死者の思いを遺族に伝える、④魔除けの行為、⑤遺族への指図、である。葬儀における魔除けや祓いの行為は現在では墓の口開けの儀礼にしかみられないが、かつてはムヌチによるさまざまな魔除けや祓いの行為が行なわれていたものと考えられる。[12]

なお、ムヌチの遺族への指図（⑤）という役割は、近年のことではないかと考えられる。この役割は、昔は身内の年長者が行っていたものであろう。また、墓に入れる死者の土産なども昔は年長者が自発的に持ち寄ったものであろう。昔からのしきたりを知る人が減ってきたので、ムヌチが葬儀に際しての指図もするようになったのであろう。

　しかし、葬儀においてムヌチのかかわらない儀礼、あるいはムヌチが中心にならない儀礼がある。通夜はあくまでも身内が中心のようである。〈水の別れ〉ではムヌチは死者の言葉を伝えたが、その受け答えをしたのは親族のU氏であった。ムヌチのM氏は、「今回の葬式は身内でできる人がいたのでよかった。故人の叔母のU氏は霊感のとれる人だ」とU氏を評した。後にU氏にこのことを尋ねたところ、「自分には霊感はないけれ

表「M家の葬儀におけるムヌチの役割」

日	時	ムヌチの主な行為	内容
通夜の前々日	夜	墓で燃やす紙のお金のセットを作る。	墓地の神や先祖と死者の仲介の準備。
通夜の前日	特にない		
通夜の日	朝	喪家の仏壇の前で先祖に遺骨の到着を報告する。仮祭壇を作らせ線香の指図をする。	先祖と死者の仲介、遺族への指図。
	遺骨の到着後	線香をあげながら遺骨に話し掛ける。	死者の慰撫。
	夕方	墓に入れる土産などの買い物の指図をする。	遺族への指図。
	通夜	特にないようである。	
葬式	朝	墓の口開け（クバの葉に砂を入れて香炉を作り、墓の神々と先祖などに願いをする）。	墓の神々や先祖と死者の仲介、墓地の魔除け。
	〈水の別れ〉	死者の伝えたいことを遺族に伝える。死者を慰撫し、死者に死を納得させる言葉を掛ける。	死者の思いを伝える。死者の慰撫と死者への言い聞かせ。
	墓地の納骨	骨壺を墓の中に入れるときに指図をする。墓の中に骨壺を入れた後、中心になって願いを行う。	遺族への指示。墓の神々や先祖と死者の仲介、死者への言い聞かせ。
	帰宅後	仮祭壇と仏壇に向かって納骨したことを告げ、先祖に死者を見守ってくださいと願う。	死者へ言い聞かせ、先祖と死者の仲介。

※M家では通夜の前日が友引であったため、準備は前々日から始った。

ど、若くして死んだ甥がかわいそうで思ったことを口に出しただけ」という。酒井卯作が述べたように、かつてはU氏のような家庭の中の霊的に優れた女性たちが死者を送る役目を担っていたのであろう〔酒井卯作一九八七　五七二〕。

(2)僧侶ではなくムヌチに頼む理由

与那国島の葬儀で僧侶ではなくムヌチに頼む理由としては、遠い島なので僧侶を呼ぶのが大変という理由もあるが、単にそれだけではない。死者を送るに際して、ムヌチに頼むのにはいくつかの理由がある。

与那国島では葬儀でも島の言葉が重要視される。ムヌチのネガイは与那国の言葉で行われる。ムヌチのM氏は、「私は方言ができるから、習わなくても言葉が出てくる」という。ムヌチにとって与那国島の言葉で死者に語り掛けること、与那国島の言葉で死者の言葉を伝えることは重要なことだという。ムヌチのO氏は、「与那国の葬式には坊さんはいらない。お金のある人は坊さんを連れてくるけれど、坊さんは与那国の言葉はわからないでしょ。浄めるだけよ」という。すでにみたように同島の葬儀は、死者・遺族・先祖・神々との間のコミュニケーションからなる。島の言葉で語らなければ意味がないのである。

僧侶の読経は、死者・遺族・先祖・神々との間のコミュニケーションから成り立つものではない。また、読経の内容も人々に理解しやすいものではない。M氏は僧侶の読経に参列したことがあるというが、お経の意味がわからないので遺族はだれも泣かなかったという。また、僧侶は戒名で故人を呼ぶが、与那国島の人は戒名の呼び方に慣れていないし、死者も戒名で呼びかけられては自分のことだとはわからないのではないかという。

O氏は、「坊さんは島のしきたりを知らないでしょ。島のしきたりわからないと葬式できないよ」という。

ムヌチの行為や願いの言葉の背景には、すでにみてきたように与那国島の死に関する伝承がある。そして、この伝承はムヌチと島の人々によって共有されている。しかし、僧侶は島の死に関する民俗伝承を共有することはない。

(3) ムヌチの役割の考察

前述したムヌチの役割は、与那国島独自のものなのだろうか。ここでは与那国島のムヌチの役割と、本書第一部第一章で報告した波照間島の念仏者の役割とを比較検討したい。

波照間島では公民館が念仏者（サイシと呼ばれていた）を選び、その報酬を払った。念仏者は、単に鉦を叩き「ナムアミダブツ」と唱えるだけではなく、死者をグショーに送るという役割を果たしていた。具体的には、鉦を叩き念仏を唱えること、死者に語り掛けること（特に墓を閉めた後に死者に語り掛けることは重要だった）、墓地で土の神に願いをすることであった。念仏者は神がかりする人ではなく、死者の言葉を聞くのは別の霊的職能者によって行われたものと考えられる。

与那国島のムヌチと波照間島の念仏者の役割を比較すると、念仏者はムヌチのように死者の思いを伝える行為は行わないが、先祖と死者の仲介、死者の慰撫と死者への言い聞かせ、魔除けや祓いの行為は共通している。ただし、ムヌチは墓地の神々やあの世の神などとの仲介もするが、念仏者の場合は全く同じというわけではない。墓地やあの世の神々の体系は島によって異なるのであろう。

ではなぜムヌチや波照間島の念仏者はこのような役割を担うのか。これらの行為は、死者を後生へまっすぐ行かせるために行われるのである。自分の死を納得し、寄ってくる〈あの世の乞食みたいなもの〉から守られ、墓やあの世の神々や先祖たちに報告してもらわなければ、死者はまっすぐにあの世に行くことができないと考えられていたのであろう。そのために、ムヌチのような霊的職能者や、念仏者のような〈死者を送る人〉の存在が必要とされたのである。

(4)島で死者を送る

次に島で死者を送るという視点から、ムヌチの存在について考えてみたい。

ムヌチは死者がどういう思いでいるかがわかるので、それを遺族に伝える。ムヌチは死んだ人がのりうつると体が震えるという。ある島の人は、M氏のことを「拝みながら震える」という。立ってもすわっても震える。本人は何を言ったのかわからない。死んだ人の言葉を伝えるだけ」という。この役割は葬式後、七日ごとの法事やサガイにおいても行われる。M氏によると、死者の言葉はナンカナンカ(七日ごと)で変わっていくという。出棺前の〈水の別れ〉のときは、突然の死に際して死者の言葉は悲痛であり、家族に伝えるのがつらいこともあるという。しかし、何回かの焼香の後には、死者の言葉も落ち着いてくるという。

死者の思いが伝えられるのはムヌチが〈見える人〉であり、そのような能力があるからであろうが、それだけではあるまい。ムヌチも死者も遺族も、与那国島という小さな共同体に属していて、情報を共有している。だからこそ、伝えられる死者の言葉もあるものと考えられる。また、前述したようにムヌチの行為や願いの言葉の背景には与那国島の死に関する伝承がある。そして、この伝承は、ムヌチと島の人々によって共有されている。ムヌチは島という共同体の中においてのみ死者を送りうる霊的職能者なのである。与那国島の人々は、今でも自分の生まれ島で、生まれ島のやり方であの世に送られたいと願っている(もちろんどの島の人々も同じ願いを持ってはいるのだが…)。そのためにムヌチのような存在が必要なのである。

まとめとして

本論は与那国島の葬儀に際して〈死者を送る人〉とその役割について論じたものである。同島では今でも僧侶を頼まず、島の霊的職能者が葬儀において死者を送る役目を果たしている。本書ではこの霊的職能者をムヌチと呼ぶ。島の葬儀の事例からムヌチの役割を大きくまとめると、仲介（墓地の神々やあの世の神・先祖・遺族などと死者との仲介）、死者の慰撫と死者への言い聞かせ、死者の思いを遺族に伝える、魔除けと祓いの行為、遺族への指図であった。

つまり、与那国島の葬儀は、死者・遺族・先祖・神々との間のコミュニケーションからなる。そのため同島の言葉で語らなければ意味がない。僧侶の言葉は島の言葉ではないし、読経はそのようなコミュニケーションからなるものではない。また、ムヌチの行為や願いの言葉の背景には、島の人々と共有している同島の死に関する伝承があるが、僧侶はこのような伝承を共有することはない。同島が遠隔の地であり僧侶を招くのが大変だという理由以外に、上記のような理由で人々は今でも僧侶ではなく、ムヌチに葬儀を依頼している。

八重山離島には、〈死者を送る人〉として念仏者が存在した。ムヌチと波照間島の念仏者の役割を比較すると、仲介、死者の慰撫と死者への言い聞かせ、魔除けと祓いの行為など共通する点が多い。これらの行為は、死者をあの世へまっすぐ行かせるために行われる。自分の死を納得し、すがりつく〈あの世の乞食みたいなもの〉から守られ、墓やあの世の神々や先祖たちに報告してもらわなければ、死者はまっすぐにあの世に行くことはできないと考えられているからであろう。かつては家庭の中の霊的に優れた女性がこのような行為を行っていたのであろう。その後、ムヌチのような霊的職能者や念仏者のような〈死者を送る人々〉の存在が必要とされるようになったのである。

ムヌチの役割は、島の共同体と密接に結びついていて、島の葬儀においてのみ死者を送る霊的職能者である。与那国島の人々は、自分の生まれ島で生まれ島のやり方であの世に送られたいと願っている。そのためにムヌチのような存在が、今でも必要とされているのである。

しかし、本論は〈死者を送る人〉であるムヌチの役割の分析と位置づけに終わり、ムヌチや島の人々の持つ死後の世界観などについては充分に論じることができなかった。今後の課題である。

---

1 戦後の一時期、台湾から引き揚げてきた浄土真宗の僧侶・亀井良種（三重県出身）が葬式を行ったこともあったが、亀井の帰郷した後島には僧侶はいない〔米城 二〇一〇b 五九三〕。

2 死者に声を掛けながら泣くのが得意な人もいた。このような話がある。キビ刈りのときに、「あんたは泣くのが上手だから自分の葬式でも泣いてくれよ」といわれていた。その人の葬儀のとき、「一緒にキビ刈りしたときは元気だったのにー」と泣きながら上手に死者に声を掛けたという。しかし、このように上手な人は現在一名しかいないという。また、葬送歌をうたえる人も、今では数えるほどしかいない。声掛けと哭き歌で送る与那国島の葬儀も、しだいに変わりつつあるといえよう。

3 彼女たちは忙しいにもかかわらず時間をさいてくださり、筆者のぶしつけな質問にも快く答えてくださった。

4 氏は二〇一六年に亡くなった。

5 実際は何をもってユタとするかも明確なものはなく、時代や地域、さらに人によってもその定義は異なる。本論は現在の与那国の〈神ごと〉を行う女性たちがユタかユタでないのかを論じているのではないので、これ以上は論じない。

6　沖縄の伝統的な染色技法のこと、またはその技法で染められた布のこと。

7　これは茶碗に入れた塩水を、身内の者がそれぞれ自分の額と死者の額とにつけて別れをするものであって、これをワカレの水を付けるといった〔赤田　一九八三　六一〕。しかし、今回は叔母のU氏が、それぞれの額に水を付けてあげている。葬儀のやり方が変化していることはこのような面からもわかる。

8　今の若い人は別れに際して声を掛けないが、これは情けがないからだといわれている。

9　ミラヌウタはもともと男女の恋をうたったものといわれている。明治の頃、野良仕事の場でうたったものが、曲調が哀調を帯びていることから葬送歌として発展していったと考えられるという〔宮良保全　二〇〇七　八七〕。トゥバラマは石垣の歌だが、哀愁があるので離島の葬式でも歌詞を変えてうたわれる。

10　この歌詞は、ミラヌウタのものである。

11　葬列の際にも〈あの世に行く歌〉をうたったというが、このときはうたわれなかった。与那国島の葬儀における哭き歌もうたわれなくなってきていることがわかる。

12　ユタが龕を叩きながら葬列に加わったという赤田光男〔一九八三〕の報告を思い起こしてほしい。

第三章　仏教による葬儀の簡略化とシマの死生観―竹富島喜宝院の院主の事例から―

はじめに

沖縄県には本土のような檀家制度はなく、琉球国時代には仏教寺院も首里とその近辺に多く、僧侶の布教も禁止されていた。庶民に仏教の根付いていない地域であったといえよう。島嶼であるという地理的要因や仏教の浸透度の低さもある。庶民の葬儀は主に身内の年長者や地域の霊的職能者、あるいは葬儀にかかわる職能者を中心に執り行われていた。

しかし、近年の沖縄県への仏教の進出は著しい。一九七二年の復帰以来、多くの寺院が新設されている。二〇〇四年の調査では、日本仏教各宗派寺院の数は百か寺を超えていると推定され[1]、一か寺あたりの人口比は、本土の約十倍であり、このような状況で寺院の最も大きな役割は葬儀と追善供養であるという〔鷲見 二〇〇六　一二六・一三〇〕。

沖縄県離島部では若年層の都市移住が進行した結果、島は過疎高齢化を迎えて久しい。[2]葬儀では、喪主がもはや島に住んでいないことが多々みられる。島に住んでいるとしても、喪主自身が高齢である場合が多い。このような喪主はこれからの法事のことを考えて葬儀を行わざるをえない。葬儀（法事）の簡略化、あるいは省略化が必要とされるのである。このような状況の中で、僧侶は繰り上げ法要という形で応えている。離島という地域社会の一員としての僧侶は、このような対応をどのように考えているのか。その認識の背景にあるものは何なのか。八重山離島唯一の寺院である竹富島の浄土真宗本願寺派布教所喜宝院の院主の事例からみていきたい。

一　現代の沖縄県の仏教寺院と僧侶に関する研究

(一) 本土復帰後の沖縄県の仏教寺院と死者慣行

二〇〇六年発行された浄土宗総合研究所の『教化研究』(十七)には、「沖縄本島都市部における各宗派寺院の現状と展望」「沖縄における浄土真宗本願寺派の開教」という研究成果が報告されている。後者の報告で、仏教寺院の置かれた状況は、やはり本土復帰が大きな転機になっていることが指摘されている。戦前から沖縄で活動していた寺院の多くは、本土復帰を機に宗教法人格を取得した。また、復帰を機に本土から多くの僧侶が渡沖し、多くの寺院が建立されることになったという〔名和　二〇〇六　一四〕。宗派別にみると、沖縄県では臨済宗と真言宗の寺院の占める割合が多い。これらは琉球国時代からの歴史を持ち展開しているからであるが、それらの宗派に続いて多いのが浄土真宗本願寺派の寺院であるという〔名和　二〇〇六　一〇〕。

仏教の浸透度の低かった地に急激に仏教寺院が増え、葬儀社の進出により葬儀が本土化されたことを捉え、日本宗教学会では「沖縄における死者慣行の変容と仏教寺院の進出」(二〇〇六)・「現在沖縄の死者慣行にみる「本土化」と「沖縄化」」(二〇〇七)というテーマでいくつかの報告を行った。二〇〇七年度の報告で鷲見定信は、葬式と追善供養を通して沖縄の死者慣行が本土化と沖縄化に揺れる実態を述べている。その主な内容としては、①沖縄における仏教葬と伝統的な死者慣行は併存・混在している、②しかし仏教寺院の積極的な活動によって「本土化」が促進されつつある、③他方で伝統的な沖縄の死者慣行を維持する動きもある、ということであった〔鷲見　二〇〇七　一六八〕。

(2)沖縄県における仏教の本土化

沖縄県内においても、葬儀社の利用によって、葬儀は本土と同じように仏教式で行われるようになり、法事にも僧侶が招かれるようになった。このような状況下で、従来の死者儀礼や先祖祭祀を担当してきた民間巫者との軋轢は避けられない。塩月亮子(二〇〇八)は、仏教の普及と受容が、伝統的な葬儀の一部に変化をもたらしていることに注目した。そして、伝統的に死の世界を扱い、憑依などを通して人々に生々しい死を提示してきた民間巫者であるユタと、それらの慣習を否定し、新たに死の領域に介入し始めた僧侶との深刻なコンフリクトが生じていることを提示した。[3] 一般の人々がユタよりも僧侶に葬儀を依頼することが多くなったのは、「儀礼の簡略化を願う人々による仏教の活用」であるという。塩月は、これを沖縄における仏教の本土化と捉え、沖縄における葬儀の本土化・近代化は、すべて生者の側からの利便性・効率性の追求であり、換言すれば、死者や死の世界の軽視に他ならないという。

塩月の提示した事例は沖縄本島本部町のものである。本稿では八重山離島の葬儀について述べ、現在の葬儀の形態が塩月の指摘したように、「儀礼の簡略化を願う人々による仏教の活用」であり、「仏教の本土化」ではあるが、島という地域社会に生まれ育った僧侶の視点からはこのような行為は必ずしも死者や死の世界の軽視ではないことを述べる。そして、そのような思考の背景にあるものについても考えたい。

二　八重山の仏教寺院と僧侶

ここでは八重山の仏教寺院について紹介し、八重山の僧侶の役割について述べる。

(1)八重山の仏教寺院

現在、八重山の仏教寺院は、臨済宗妙心寺派桃林寺(以下、桃林寺)、八重山本願寺布教所、浄土真宗本願寺派亀甲山誓願寺(以下、誓願寺)、日蓮正宗唱行寺(以下、唱行寺)、浄土真宗本願寺派喜宝院(以下、喜宝院)であり、喜宝院を除いてすべて石垣市に集まっている。桃林寺は万暦四二(一六一四)年琉球国時代に建立され、長い間八重山唯一の寺院であった。

沖縄県における浄土真宗本願寺派は明治以来の沖縄開教の長い歴史を持つ。八重山本願寺は大正時代西表島の西表炭鉱に布教師として赴いた藤井深遠の開いた布教所である(第三部第二章参照)。誓願寺は一九七九年に、唱行寺は一九八五年に建立された。竹富島の喜宝院は上勢頭亨が、一九五七年に開設したものである。

(2)八重山の僧侶

檀家制度がない沖縄県では、喪家に特に希望がない限りは、僧侶は葬儀社に任せる。葬儀社は都合のつく僧侶に依頼する。僧侶の選択は葬儀社によって決まるといえる。一度、その僧侶に葬儀を依頼したからといって、その関係は恒久的なものではない。次回の葬儀では他宗派の僧侶に読経を依頼することもある。

僧侶の役割としては葬式、法事、墓の移転に伴う儀礼などがあり、起工式や海開きなどの行事も担当する。僧侶は通夜法要にはほとんど呼ばれない。一般的には葬式の日にだけ読経する。最近では、告別式の後にミナンカ(二十一日)、あるいは四十九日までの法要をまとめて行うことが多い。葬儀の多くは石垣の斎場で行われる。しかし、法事や墓の移動などでは離島まで赴く。また、人々の移動の激しい八重山離島では納骨堂の需要が多いため、寺院は納骨堂を備えている。

僧侶の大きな役割は葬儀と追善供養であるが、地域社会で宗教者としても積極的に活動している。一例をあげると、誓願寺の谷口隆信住職は、八重山保護区保護司、沖縄刑務所教誨師、沖縄刑務所篤志面接委員を務め、「いのちの電話」も担当している。

三　竹富島と喜宝院の概要

竹富島と喜宝院の概要について述べ、喜宝院二代目院主・上勢頭《うえせど》同子《ともこ》院主について紹介する。

(1) 竹富島の概要

竹富島は八重山離島の中で最も石垣島に近く、周囲約九キロメートルあまりの山も川もない隆起サンゴ礁によってできた島である。そのため、昔は対岸の西表島まで通い米を作っていた。このような農耕形態は通耕と呼ばれ終戦後まで行われていた。しかし、現在では赤瓦の家並みと白砂の道という島の景観をいかした「観光の島」である。二〇一七年の調査では、[4]人口は三四九人、世帯数一七二戸であり、島の多くの人々が民宿、飲食店、水牛車の遊覧などの観光事業に従事している。畜産（牛）やエビ

写真1：御嶽で祈願するカンツカサたち（種子取祭）
（古谷野昇 撮影）

の養殖も行われてはいるが、やはり「観光の島」といえよう。

竹富島は共同体の結束の強い島であり、その紐帯となっているのが島の神行事である。同島の祭祀組織は六御嶽《ムーヤマ》を核としている。六御嶽とは竹富島の始祖神を祀る六つの御嶽のことである。各御嶽にはそれぞれ所属するカンツカサ（神女）がいて、さまざまな神行事において御嶽で祈願を行っている。

この竹富島で最も盛大に行われるのが種子取祭《タナドゥイ》である。稲や粟の種を蒔き、無事に育つことを祈願する行事であり（写真1）、祭主は竹富公民館長である。同島は玻座間《はざま》集落と仲筋《なかすじ》集落にわかれているが、種子取祭の芸能もこの二集落の競演という形で行われる。種子取祭の各行事（神事・奉納芸能・ユークイなど）は従来の儀式に則って行われ、国の重要無形民俗文化財となっている。この祭りが最高潮に達するのは、七日目、八日目であり、二日間にわたって約七十種目の芸能が世持御嶽《ユームチ》で演じられる。

このような御嶽の祭祀や民俗芸能の保存だけではなく、竹富島の景観や土地を守り、島の社会を維持するため、人々はさまざまな努力を続けてきた。しかし、竹富島も他の八重山の島々と同じく過疎高齢化の島であり、子供たちは那覇や本土に住んでいて、老人のみの家や独居老人の家がみられる。

(2) 喜宝院の概要

喜宝院を創設した上勢頭亨は明治三三（一九〇〇）年に竹富島に生まれた。昭和一一（一九三六）年、浄土真宗八重山本願寺藤井深遠に師事、以後、仏教修養に励み、一九四九年、浄土真宗本願寺派竹富詰所長に任命され、一九五七年に喜宝院を創設した。喜宝院の二代目が、上勢頭亨の娘の上勢頭同子院主（一九四九年生まれ）である。

上勢頭亨が修行に励んでいた頃の桃林寺の住職は安室雲月であった。上勢頭同子院主（以下、原則として院主とのみ記す）によると、上勢頭亨は安室雲月からいろいろと教えを受けているという。今でも安室雲月の教えは竹富島に残っている。浄土真宗には施餓鬼はないが、竹富島では施餓鬼を行う。三十三回忌の施餓鬼供養も桃林寺のやりかたで行っているという。

喜宝院の本尊は阿弥陀如来であり、主な行事としては、花まつり、盆、報恩講がある。[5] 花まつりは旧暦四月八日に行っている。新暦でやると、学校の入学式に当たるためである。しかし、今は子供はやってこない。「今の子供は塾に行ったりで時間がなさすぎる」と院主はいう。盆も旧暦の盆である。[6] 初代の頃には、地獄と極楽の絵を見せながら教えを説いていた。[7] 院主も本山から掛け軸を取り寄せて、公民館で法話をしていたが、今は盆に集まるだけのゆとりが島にはなくなったという。現在、盆には寺としての行事は行っていないが、島の盆行事であるアンガマには参加する。院主個人では、島の無縁墓を旧暦七月七日に供養している。十一月の親鸞聖人の祥月命日に行われる報恩講には御馳走を用意し、花を飾る。「昔は島の人に案内をかけていたが、今は案内をかけない。案内をかけると気を使われるので、家族、友達だけで営んでいる」と院主はいう。観光化された島の人々の忙しさに遠慮してか、喜宝院の行事は内輪だけのものになってきていることがわかる。

前述したが、沖縄県には檀家制度がない。そのため院主は、「寺の維持はとっても難しい。お寺だけで生計は無理です」とはっきりという。僧侶の仕事としては、葬式、法事、墓の移転、起工式、海開きなどがある。[8] 葬式は年に五回程度だが、法事は多い。[9] 島外の法事では西表島の大原や上原が多いが、最近は位牌を沖縄本島に移した空き家が多くなり、担当する法事の数も減っているという。

喜宝院は、竹富島の民具を展示した蒐集館を併設している。蒐集館は上勢頭亨が少年時代から蒐集していた竹富島の生活用品を展示するため、一九六三年に開館した私設の民俗資料館である。展示品は約四千点にのぼり。[10] このうち八四二点が「竹富島の生活用具」として、二〇〇七年に有形民俗文化財に登録された。[11]

(3) 喜宝院二代目・上勢頭同子院主

二代目の上勢頭同子院主は、那覇大典寺で修行、一九八四年、本願寺西山別院で得度した。得度して帰島二日後に父親の上勢頭亨が亡くなり、喜宝院二代目となる。「父が自分の心の拠り所として作った喜宝院を引き継いだのです」と院主はいう。しかし、院主が喜宝院の跡を継ぐにあたっては葛藤もあった。「島の人の信仰は御嶽信仰です」と院主は明言する。そのため院主は、一時期ずいぶん悩んだという。院主は島の踊りの先生になろうと考えていた。竹富島では、祭りの奉納芸能はカンクモツといわれている。神様への供物という意味である。「踊りを教えるのも、神前で踊るのもいけないのですか」と、院主は本願寺西山別院で尋ねた。その時、ある僧侶が「島で育った人はずっと島の神仏に加護されて育ってきた。そんなことを浄土真宗が決めること自体おかしい」と言ってくれたという。

院主は僧侶である前に、離島で生まれ育った人である。島の葬送習俗についても熟知している。黒島、小浜島、西表島などで納骨などを頼まれた場合でも、土地の神様へのお礼や墓の口を閉めるときの儀礼があるかどうかをまず尋ねる。[12] そして、「島のやり方でやってください」といわれたときには、供物についても尋ねてその島のやり方でやる。[13]「べつにない」といわれたときは、普通のやり方で済ます。「こういうことは本当は仏教には必要ない。坊さんが土地の神に願うのはおかしいかもしれないが、それが島のやり方であって、遺族が納得すればいい」のだという。

墓地で土地の神に願いをしたり、墓の口を閉じる願いをするのは、島の事情を知っているから行えることである。島に生まれ育った僧侶として、島の葬儀のやり方を尊重しながら葬儀を行っているといえよう。

四　竹富島の自宅葬の頃の葬儀とその変化

竹富島の自宅葬の頃の葬儀について、上勢頭亨『竹富島誌　民話・民俗編』（一九七九）を参照し[14]、院主や島の人からお聞きした話も加えて記す。また、同島の死後の世界観について述べるとともに、葬儀の変化についても記す。

（1）自宅葬の頃の葬儀

竹富島では、病人が息を引き取る前に、見守る人が名前を呼び、亡くなったときには、「カンナリタ一オリネー」（亡くなられたよー）といった。干潮時に死亡した時には、満潮の時刻を待って死者を家族全員で取り囲み、その名を三回呼んだ。こうして人々に死者の出たことを知らせた。葬儀の準備としては、まず葬儀の世話人となるカフヌピトゥを選ぶ。カフヌピトゥはクワズイモの葉で柄杓を作り、忌中の水を取る井戸から水を汲んできてわかし、死者の体を拭き清めた。霊前に供える料理には必ず牛肉か豚肉を用い、箸は青竹を用いる。団扇はクバの葉で作り、出棺とともに門外に持ち出し、青竹の箸とともに野原に捨てた。死者は枕を西方にして寝かせ、家族、近親は入棺時まで線香を焚いてその場を離れない。悔みに訪れる人々は声を上げて嘆き悲しんだが、その大方は女性たちであった。男性たちは葬儀の準備である。

葬儀の準備を終えると、人々はタンシコウのご馳走にあずかる（第三部第三章参照）。院主の曾祖母の葬式では、豚を何十頭も潰して人々に振る舞ったというが、昭和になってからは、豚肉ではなくてアーサ（海藻）を入れたアーサ汁になった。近親者から死者に別れの言葉を送り、手拭い、指輪、茶、煙草などを後世にいる知人へのお土産として死者に託す。部屋は葬儀幕で囲み、死者の頭の方にスブルヌイという御飯と酒、茶湯、菓子などを供える。三角袋に五穀の種子を入れて死者の肘に掛けさせ、死者の着ける芭蕉の白衣の襟には針十四本を差し、死者の手足の爪と髪を白紙に包んで持たせた。

入棺時が近づくと、遺族は永別の盃事を行った。院主によるとそれは〈別れの盃〉といい、盃に水を入れ、菊の葉でその水を死者の唇に付けたという。「これから親孝行したかったのに…」などと故人に対する気持ちを述べ、さらに、「アトトウンケーリ（後戻り）しないでください」、「ミーマイカドマイしないでください（身の回りに付きまとわないでください）」、「畳の目のようにまっすぐお進みになってください」などといった。その際、「亡くなった人に涙を落とすな、アトガミを引くから」といわれた。院主によると、死者はこの世に思いが残っていると戻ってくるが、戻ってきたら死者は成仏できないという。入棺が済むと座をかえて告別式を行った。告別式では集落ごとに置かれた念仏係が念仏を唱え、念仏鉦をならした[15]。念仏鉦がなると人々は葬式のあることを知ったという。昭和二十年代末には念仏係はいなくなり、葬式には桃林寺の僧侶がやってくるようになった[16]。

葬具としては龕、天蓋、紙製の八角形の提灯、造花の蓮の花などが用意された。喪主が位牌を持ち、葬列の順は、松明、提灯、杖、傘、草履、銘旗（名旗か、「故何某の柩」と記す）、前机、棺（柩）、家族近親、一般人の順であった。その後、生花、造花、花輪、弔旗、四ッ旗（四流旗、写真2）、龕の順序となった。一九七〇年代にはすでに、生花や花輪が葬儀社を通して用意されるようになっていた。

死者を門から送り出すと、家族のものは故人が大切にしていた陶器を軒下に持ち出し、大きな音をたてて割った。これは元に戻るなという死者への頼みだという。葬儀を道で送る人々は、ダンチクやミカンの枝を持ち、棺が通るときには枝で叩いて悪霊を祓った。門の両脇の石垣にも、ダンチクの枝を差して悪霊が寄り付かないようにした。墓地からの帰りは海に行き、「七サイのハナ」といって、海の水で七回左手で身の不浄を浄めた。[17] 帰路にはススキ二本を高く円形に結び立てて、その中をくぐった。墓地からの帰りは、行きとは同じ道を通らないようにした。

竹富島では、死者の魂との別れの儀礼は二つある。前述したタンシコウとミナンカ（二十一日）に行われるタンシバイである。タンシバイとは、魂をわけることであり、死者の魂との別れという意味だという。タンシバイはミナンカの読経の後に行われる。一人一人が死者に別れを告げ、飴玉とブー（苧麻）の糸をもらった。ブーには四タマや八タマの結び目が作られていて、参会者は別れを告げてそれを腕に付けた。

竹富島では、約二〇年前までは洗骨が行われていた。院主によると、洗骨は七人で行うというが、男性のみ、女性のみとは決まっていないという。「バケツで洗って拭く」を七回繰り返す。洗骨の時はただ黙って洗うのではない、洗いながら死者に語り掛けるという。墓から棺を出した時から、すでに人々の声が上がるという。

写真２：蒐集館に展示されている四つ旗と洗骨用の骨甕（士族が用いた厨子甕）

院主によると、火葬場を利用するようになると、「マイソウがおっくうになる」という。八重山では遺体の入った棺を墓室内に納めておくのをマイソウという。火葬すれば一回ですむことが、マイソウだと二回もダビにふさなければならないからだという。二回目のダビとは洗骨のことである。

（2）シマの死後の世界観

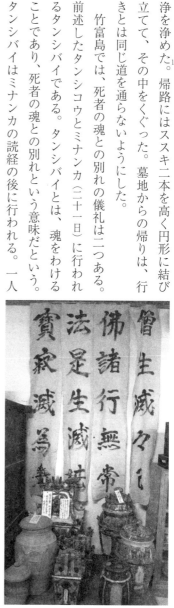

竹富島には琉球国時代からの位牌のある旧家がある。石垣の桃林寺によるものと考えられ、竹富島では琉球国時代から金持や身分の高い家では桃林寺の僧侶による葬儀が営まれていたようである。院主によると、竹富島の言葉の中には仏教の用語が多々みられるので、昔から仏教が島の人々の生活の中に入っていたのだろうという。[18]島の人も、「この島の葬式は仏教です」という。仏教式の葬儀を行っているという意味であろう。

では、人々は死んだらどこに行くと考えているのだろうか。沖縄ではあの世をグソー〈後生〉などという。竹富島でも「死んだ人はグソーに行く」といわれている。しかし、沖縄でいうグソーとは、仏教の極楽浄土とは異なるものと考えられる。狩俣恵一によると、南島〈奄美・沖縄〉の後生には、「あの世はこの世と同じである」という南島の「あの世」観と、仏教の極楽浄土観が混在しているという。そして、「そのような南島の後生観は、仏教思想が普及した後に成立した。仏教が広まる以前の南島では、死者を鄭重に葬ることはなく、死霊を怖れていたといわれている」という〔狩俣　一九九九　三五〜三七〕。狩俣によると、浄土念仏などの仏教の思想が普及しなかった頃、南島の死者の霊魂はニライカナイへ行くと考えられていたという。「仏教の影響によって、後生という異郷が生じる以前、死者は顧みられることなく、祖先祭祀も行われなかった。それゆえ、死体遺棄にも等しい野葬で死者を送り、死者が出たときには住居を放置したのである。ところが仏教の極楽浄土とニライカナイの異郷観が習合することによって、後生という観念が生まれ、大人の死者は手厚く葬られ、祖先供養が行われるようになったのである」という〔狩俣　一九九九　四五〕。

院主は、死者はこの世に思いが残っていると戻ってくるが、戻ってきたら死者は成仏できないという。「成仏できない」とは仏教的な考え方に基づいて発せられた院主の言葉である。しかし、「後戻りしないで」、「身の回りに付きまとわないで」という〈別れの盃〉の言葉にみられるのは、成仏してほしいというよりは、身近に留まってほしくない、戻ってきてほしくないという、死者に対する率直な恐怖が窺われる。狩俣の述べたように、南島のグソー観が「仏教の極楽浄土とニライカナイの異郷観が習合」したものであるとしても、その核になっているものは、あくまでも南島の従来の死後の世界観であることがわかる。

(3)竹富島の葬儀の変化

竹富島では、いつごろから火葬が一般的に行われるようになったのだろうか。筆者がお話をお聞きしたK家では、一九九四年に亡くなった母親は火葬だった。石垣の病院に入院していて亡くなったためである。母親は石垣で火葬して、帰島後に葬式をした。翌年、父親が亡くなった。父親は家で亡くなりマイソウされた。一九九〇年代の竹富島には、火葬とマイソウの両方が行われていたことがわかる。

しかし、現在ではほとんどが火葬である。石垣の医療施設に入院し最期を迎え、亡くなると石垣の葬儀社を利用して、葬式と火葬が行われる。竹富島の人は、葬儀社は石垣市登野城にあるゆいホールの利用が多い。ゆいホールの経営者が竹富島出身という理由が大きいという。石垣で告別式をして火葬して帰島となる。

帰島して、島の人との別れのためにもう一度告別式が行われる場合でも、家で料理を作ることはほとんどない。現在では、初七日から四十九日までの七日ごとの法要(以下、忌日法要と記す)の客には茶と菓子のみを出すようになり、トングブン(死者への供え物)も石垣に注文している。四十九日は折詰を石垣の弁当屋や食堂からとる。四十九の餅も石垣の餅屋に注文する。竹富島は石垣に近く、船が欠航になることはめったにないからである。観光業で忙しく収入のある同島では、法事の料理は簡素化、あるいは外注化されていることがわかる。

五　現在の竹富島の葬儀

現在の竹富島の葬儀と院主の役割について、二〇一八年一月に行われたA家の葬儀の事例から述べる。

(1)石垣における葬儀

竹富島在住のA氏は療養中の石垣の病院で亡くなった。翌日には「八重山毎日新聞」の訃報欄に「告別式のお知らせ」が掲載され[19]、竹富島でも島内放送で告別式の知らせがあった。新聞のA家の訃報欄の末尾には、「勝手ながら御供花の儀はご辞退申し上げます。七七忌の法要は近親者にて相営みますのでご了承ください」と記されていた。この日の新聞には、石垣の葬儀社三社(ゆいホール、サンレー八重山紫雲閣、三宝堂)による四件の「告別式のお知らせ」が掲載されていたが[20]、すべて末尾に同じ文面が記されていた。供花があっても今後そのお返しができるかどうかわからないし、忌日法要も簡略化の傾向があるからである。現在の八重山の葬儀の様相が窺える。

葬儀の依頼のあった日(葬儀の前々日)から、院主は表白を書き始める。表白とは法会や修法の始めに、その趣旨を仏前で読み上げること、またその文のことである。院主は最近の葬式は本当に疲れるという。なぜならば、石垣の斎場で告別式を行い、その日のうちに竹富島で納骨式を行うからだという。墓地での納骨式は、島の人々の告別式でもある。院主は告別式と納骨式の表白を書く。二回分の表白を作るので、一日がかりで書くという。

以下、順を追って葬儀当日の経過を、院主の役割とともに述べる。

・葬儀場にて

告別式は石垣のゆいホールで行なわれた。そのため、院主は朝、高速船で石垣へ向かった。告別式は午前十一時から始まり、会葬者は親戚十名くらいであったという。斎場での告別式は、次のように行われる。

①院主が表白を読み上げる。表白によって、阿弥陀様が極楽浄土に導いてくださることを知らせる。

②正信偈を唱える。途中から焼香が始まる。[21]

③出棺に際して出棺勤行を唱える。

最近では、八重山でも告別式の後に忌日法要を済ませてしまう繰り上げ法要が行われる。この場合は、仏壇の飾り付けをとり、四十九日までの分の読経をする。お経は仏説阿弥陀経である。四十九日の分は「四十九の餅」を準備して読経する。故A氏は家族がなく一人で住んでいたため[22]、本土に住んでいる姉が喪主であった。頻繁に帰島することもできないので、百日の法要までこの日に済ませたという。[23]

・火葬場にて

火葬は石垣市営火葬場「やすらぎの杜　いしがき斎場」で行われた。葬儀場からは車で十五分程度の所にある。火葬場で院主は、まず火屋勤行を唱える。火葬時間は約三時間であり、収骨の際に収骨勤行を唱える。

・帰島

喪家の人たちは高速船をチャーターして、葬儀用の荷物を積み込み遺骨とともに帰島した。院主も火葬が済んでから高速船で島に戻り、納骨の時間に合わせて墓地に向かった。

(2)帰島後の葬儀

その日、竹富島では納骨の準備が午前中から行われていた。

・墓地にて

お昼頃には墓とその周辺を掃除して、テントを張り椅子を並べた（写真3）。竹富島では各集落ごとに納骨式の準備をする。墓地での準備は集落の顧問の指示に従って男性約十名くらいで行われた。受付と焼香用（一般焼香用）の机が設置され（写真4・5）、墓の口が開けられていた。[24] 墓の口を開ける場合は石で三回叩き、「驚かないでください。今日は○○の日です」と親戚の中のカフヌピトゥの人がいってから墓の口を開けるという。墓の口の前にも焼香用（身内焼香用）の香炉が置かれる。墓室内の中央部分は空けてあった。新しい骨壺を置くためである。喪家の人たちが乗った船が到着するまで時間があったので、一時解散することになった。

写真3：墓地にテントを張り椅子を並べる。

写真4：受付（テントの前方に設置される）

写真5：御焼香所（墓の口の正面に設置される）

・竹富港にて

港の桟橋で喪服を着た人々が、チャーター便で喪家が帰島するのを待つ。船が着くと、まず遺影を持った人や生花などを持った人が降りてくる。次に遺骨を持った男性が降りてくる。船から降りるとき、その男性には傘がさしかけられる（写真6・7）。全員が下船すると、ダンボールの箱を持った男性が船の中に入っていく。船の浄めのためであり、箱の中には酒と塩が入っていると考えられる。生花などを港の駐車場に停めてあったトラックに積み、墓へ向かう。現在では弔旗やヨッバタは使用しないが名旗は使う。

・喪家にて

「帰島したら一応家まで行って、死者に家を見せてから納骨する。しかし、家には入らない」と集落の顧問の人はいう。A家では自宅に入って先祖（仏壇）に報告してから納骨のため墓に向かったという。そのとき遺骨も家に入れたのかどうかはわからない。

・墓地にて

墓地に荷物を運び会場の準備をするが、その準備に約三十分はかかった。島の人たちは納骨式にやってきて、受付で香典を出しお返しを渡される。テントに並べられている椅子に座り、読経の途中から焼香をする。納骨式が島の人々の告別式の役割を果たしているといえよう。

前述したが、納骨式でも院主は最初に表白を読む。読経は正信偈、讃仏偈、

写真6：遺骨を迎える人々

写真7：桟橋に降りた喪家一行

重誓偈の順に唱えた。この日、喪主は、「一周忌のときには三十三回忌までやってください」と院主に依頼したという。喪家が竹富島に住んでいないことや、いずれは墓を移さなければならないこと、喪主の年齢などを考えてこのように依頼したのだろうと院主はいう。

六　仏教による葬儀の簡略化と葬儀に対する院主の考え方

現在の八重山離島の葬儀の中で、最も変化したのは告別式の後に繰り上げ法要が行われることである。繰り上げ法要と呼んではいるが、実質的には法要の省略化、あるいは短縮化といってもよいであろう。本土の葬儀では、四十九日までの繰り上げ法要は、すでに一般化している。百日法要を行う家はごくわずかであろう。このため、現在の沖縄仏教の状況を、塩月亮子は「沖縄仏教の本土化」と呼んだのであろう。前述したA家の葬儀でも、法要の省略化、あるいは短縮化が行われている。仏教による葬送儀礼の簡略化といえよう。このような現状を院主はどのように考えているのか。院主の葬儀に対する考え方とその背景にあるものについて報告する。

(1) 葬儀の簡略化に対する院主の考え

前述したように、A家の場合は百日の法要まで、告別式の日に済ませた。さらに喪主は、「一周忌の時には三十三回忌までやってください」と院主に依頼した。法事の省略の度合いは喪家の事情によって異なり、繰り上げ法要というシステムは沖縄本島や他府県に移住している離島出身者にとっては便利なシステムだといえよう。[25]

仏教による葬儀の簡略化は、塩月の述べたように「儀礼の簡略化を願う人々による仏教の活用」である。塩月は、このような傾向をすべて生者の側からの利便性・効率性の追求であり、換言すれば、死者や死の世界の軽視に他ならないという。しかし、院主は「生きている人が大事」という。法事を繰り上げて行うのも「基準は生きている人だから、やれるうちにやればいいんです」という。[26]

島の過疎高齢化は、院主自身が身をもって知っている。また、八重山離島では墓の移動も多い。繰り上げ法要をすることにも、墓を移動することにも、その家その家の事情がある。このような事情をよくわかっている院主だからこそ、このような言葉がでるのであろう。

(2)院主の葬儀に対する考え方とその背景にあるもの

院主は、たとえ葬儀が簡略化されても、島の死者の送り方は変化していないという。死者が帰ってきたときには、栈橋できちんと死者のために「竜宮願い」をしているという。喪家のチャーター船が到着して、遺骨を持った人が降りてきた時、依頼されたカンツカサが栈橋の船から少し離れたところで竜宮へのお礼を申し上げたという。出迎えの一行から離れたところで、船に向かって両手を合わせている女性がいたが、「竜宮願い」を担当したカンツカサであろう。沖縄では竜宮信仰は海上海中他界観であり、儀礼や神観念としてはニライカナイ信仰と深く結びついていると渡邊欣雄はいう。[27] 竹富島でも竜宮信仰は島の死生観と結びついた信仰であり、「竜宮願い」は死者をあの世に送る島のやり方なのであろう。島のやり方をきちんとしているので、たとえ繰り上げ法要をして死者を送っても、それは「死者や死の世界の軽視」ではないと院主はいいたいのであろう。

このような院主の考え方の背景にあるものは何なのだろうか。ここでは墓の移転の事例からみていきたい。

現在、竹富島では那覇への墓の移転が多いという。葬式や納骨のときと同じように、墓の移転の場合も院主は表白を書く。表白の見本はあるが、事情の異なる竹富島ではその見本は使えないという。院主は島の人がわかるように自分で表白を書くという。表白には墓地の土地の神や竹富島の御嶽の神々の名前を列記し、今までのお礼を述べる。院主はこのような行為について、「私たちは神仏両方に願っている。片手落ちはしたくない」からだという。死者をあの世に送るに際しても神仏両方に願っているわけであり、仏教による葬儀の簡略化で喪家の人々が精神的安心を手に入れることができるならば、それはそれでよいと考えているのであろう。なぜならば、「八重山は先祖崇拝で、御嶽に先祖がおられると考えている。死んだらニライカナイに行き、ニライカナイに行ってから御嶽に来ると考えている」のだという。いくら仏教で葬儀が行われるようになっても、人々の死生観は変わらないということをいいたいのであろう。院主の考えの背景にはこのような認識があるものと考えられる。

まとめとして

竹富島の浄土真宗本願寺派布教所である喜宝院は、八重山唯一の離島の寺院である。ここでは、現在の竹富島の葬儀について紹介しつつ、喜宝院の上勢頭同子院主の葬儀における役割と、現在の葬儀に対する考え方を述べ、院主の考え方の背景にはどのような認識があるのかを考察した。

現在、八重山離島では告別式の後、あるいは法事の際に、引き続き僧侶の読経により繰り上げ法要が行われることが多い。繰り上げ法要と呼んではいるが、実質的には、仏教による葬儀の簡略化・短縮化である。繰り上げ法要というシステムは沖縄本島や他府県に移住している八重山離島出身者にとっては便利なシステムであり、塩月（二〇〇八）のいうように「儀礼の簡略化を願う人々による仏教の活用」である。ここで紹介した葬儀の事例では、石垣の告別式では百日までの法要を繰り上げ法要で済ました。一周忌に三十三回忌まで済ます予定だという。すでに島内に遺族は住んでおらず、墓の移動も考慮に入れてのことであったようだ。院主はこのような依頼に、「生きている人が大事、やれるうちにやればいいんです」といい、繰り上げ法要に対して決して否定的ではない。

竹富島では「竜宮願い」という死者の送り方を今でも行っている。島のやり方をきちんとしていれば、たとえ繰り上げ法要をして死者を送っても、それは「死者や死の世界の軽視」ではないと院主は考えているのであろう。死者をあの世に送りに際して、神仏両方に願っているので、仏教の活用によって人々が精神的な安心を手に入れられるならば、それはそれでよいと考えているのであろう。なぜならば、いくら仏教で葬儀が行われるようになっても、八重山の人々の死生観は変わらないという認識があるものと考えられる。

鷲見は、沖縄における仏教葬と伝統的な死者慣行は併存・混在していると述べているが〔鷲見 二〇〇七 一六八〕、現在、八重山ではその両者が補いあって死者を送るという儀礼を完結しているといえよう。

---

1 伽藍を構えていないアパート寺院も含める。

2 戦後の都市部への人口集中、地方の過疎化と墓制との関係は越智郁乃『動く墓　沖縄の都市移住者と祖先祭祀』〔二〇一八〕がその詳細を報告している。

3 鷲見〔二〇〇七〕も僧侶とユタの対立に言及している。

4 竹富島の「平成二九年秋季清掃検査実績集計表」による。

5　報恩講とは親鸞聖人の祥月命日の前後に務める法要のことである。

6　沖縄県では、盆は旧暦で行われる。

7　その地獄と極楽の絵は、初代自らが筆を執って描いたものであり、今でも喜宝院に展示されている。その絵は本土の地獄図や極楽図とは違い、どこかあたたかいユーモアの漂う絵であり、初代院主の人柄が感じられる。

8　海開きは、竹富島ではカンツカサが行う。院主は西表島の海開きと石垣のビーチの海開きを務める。

9　ただし、新宗教の家では、院主ではなく石垣の寺を頼む。

10　展示品の中には方言札、藁算、カイダー字などの貴重な資料がある。

11　蒐集館の館長は院主の夫の上勢頭芳徳氏が継ぎ、竹富島を訪れる多くの研究者が教えを受けた。氏は二〇一七年に亡くなり、現在は氏の長男が後を継いでいる。

12　納骨して墓を閉じるときには、その土地の神に「（死者を＝筆者）安置しました。悪いものが入り込まないようにしてください」と願う習俗が八重山地方にはあると院主はいう。土地の神への供物は、主にヌノブダーラ（紙などで小さな俵の形に作ったもの）あるいはウチカビを使うという。

13　竹富島では、グシン（神酒）、ハナゴメ、ヌノブダーラ、餅などが神様への供物である。

14　竹富島の葬儀については、ほかに亀井秀一『竹富島の歴史と民俗』（一九九〇）、狩俣恵一「他界観と葬制」（二〇一一）などにも報告されている。前原基男の写真集『ふるさとへの想い　竹富島　前原基男写真集』（二〇〇五）は一九六九年に行われた龕を使用した葬儀を記録している。

15　上勢頭亨は、村念仏者前浜久登屋による「葬式弔い念仏経文」と「念仏鐘祭り経文」を記録している（上勢頭二〇一三　二五一～二五二）。

16　以前から僧侶を呼べるような家はあったという。

17　これは今でも家によっては行われている。

18　島に伝わる「後生の歌」には、「阿弥陀仏様」という言葉がみられる〔上勢頭　二〇一三　八八〕。

19　新聞社謹告は五、六万円かかるという。

20　現在の石垣市の火葬場では、一日に四体までは焼くことができる。

21　院主は代表焼香の人数の多少によって、読経の速度を速めたり緩めたりするという。代表焼香の人数が多い場合はゆっくりと、少ない場合は速める。代表焼香が多いときには、仏説阿弥陀経を入れたりもする。焼香の際に読経が途絶えて間が開かないようにするためである。院主によると、沖縄の人が読経を聞いて入られるのは二十分が限度であり、そのあとは私語が出るという。そのため、焼香のタイミングにも気を配りながら読経する。

22　竹富島にはこのような家が何世帯かある。他の島々でも同様である。

23　故人の命日から百日目に行う法要のこと。

24　前日に墓の口を開ける場合は、入り口にサンを立てておく。

25　僧侶に繰り上げ法要をしてもらう理由は他にもある。与那国島で、「知り合いの坊さんに全部やってもらったから、何もやらなくていい」という家があった。それはどういう意味だろうと集落の人々は不思議がっていたが、おそらく繰り上げ法要を行ったのであろう。与那国島では忌日法要でも法事でも集落の人々が集まり、テントを張って料理をする。このようなやり方は必ずしも喪家にとって負担でないとはいえない。僧侶の読経で三十三回忌まで済ませられるなら、そうしたい家もあるはずである。

26　そのかわり、繰り上げ法要の終了後には、「ナンカと命日には仏壇で手を合わせてください」と院主は家族に伝えるという。

27　『沖縄民俗事典』の「リューグ」（渡邊欣雄）による。

第二部　死者を送るモノ

葬儀の際に死者を送るモノとは葬具であり、用途別には装飾的なモノと実用的なモノとにわけられる。

葬具についてまとまった論考を著したのは五来重である。五来は、「葬具は古代的葬墓をささえた宗教観念からうまれたもので、もっとも早く意味が不明に帰し、ただ装飾として残留したのである。しかしこのなかに、葬墓儀礼《(ママ)》の原点をさぐることができるとおもう」と記している〔五来　一九九二　一六五〕。

実用的なモノとしての葬具に目を向けたのが山田慎也である。山田（二〇〇一a　二〇〇一b）は、葬儀祭壇という葬具から死者に対する人々の接し方の変化をよみとっているが、葬具は葬儀の内容を象徴するモノでもある。

自宅葬の頃はほとんどの葬具は手作りであったが、現在では葬儀社などで用意される既製品がほとんどである。葬具の流通が葬制に及ぼした影響についても目を向けなければならないであろう。

ここでは琉球国時代から行われていた経巾の習俗、現在の葬儀の際の作り物、そしてモノ（葬具と墓）の流通に焦点を当て、八重山離島の葬儀についてみていきたい。

第一章　沖縄の葬送における経巾《きょうきん》の習俗
―八重山・宮古における事例を中心に―

はじめに

光緒元（一八七五）年に首里王府から八重山に布達された『富川親方八重山島諸締帳』には、「葬礼定之事」が記されている。その中に、坊主を招請する場合、頭以下目差までは二、三人、若文子以下、役についてない奉公人は一人に限ること、百姓で坊主を招請する場合は一人のみ、生活に困っているものは坊主を呼ばず経巾だけで済ますこととある〔石垣市総務部市史編集室　一九九一　六九～七〇〕[1]。

では、経巾とは何か。琉球国時代の八重山唯一の寺院であった桃林寺では、すでに経巾の習俗は忘れられているようだが、竹富島の喜宝院の上勢頭同子院主（以下、上勢頭院主と記す）によると、経巾とはサラシの中央に仏の名号を書き、その両脇に偈などを書いたもので[2]、遺体に被せる布であるという。

沖縄の民俗誌などにはいくつかの経巾の記録がある。経巾はチョーサージ・キョーサツ・キョウシャズなどと呼ばれ[3]、葬儀に際して死者の顔、あるいは全身に掛ける経文の書かれた布のことである[4]。藤井正雄によると、仏教寺院の多く存在する那覇・首里近辺においては、喪家は寺に駆け込んで手拭に経文を書き誌した「チョーサージ（経手拭）」と法号（戒名）をもらい受けて、仏僧は欠いても仏式で野辺の送りを行ったという〔藤井　一九七八　一四六～一四七〕。那覇・首里から離れた地域でも、経巾の習俗は行われていた。沖縄本島読谷村では、「南無阿弥陀仏」と書かれた白い「チョーサージ」（経手拭）を死者の顔に被せた〔与那嶺　一九九五　二四六〕。

沖縄市高原村（嵩原村）では、「坊主が布にナムアミダブツの絵をかいて更に文字（何とかいてあるかしらない）をかいてそれを首より足までかけた上で棺をとじる」という習俗があった〔崎原　一九七九　六〇〕。宜野座村漢那では、墓地に送ったあと墓で棺桶を開け、死者の目を「経手拭《チョサージ》」できつく結んだ〔名嘉真　一九八九ａ　四一三〕。

このような習俗は、先島と呼ばれる宮古・八重山地方（以下、宮古・八重山と記す）でも行われていた。石垣市の宮良当房氏（一九二〇年生まれ）は、「島の中は（僧侶を＝筆者注）桃林寺から連れていったけど、離島はいちいち行けんでしょ。お経を書いたやつを送ったはず、と思う」と語る。八重山の離島では、僧侶の読経の代わりに経巾が使用されていたことがうかがわれる。与那国島の葬儀では、今でも死者の顔を覆うお経の書かれた布が使用されている〔原　二〇〇〇　一一五〕。西表島祖納でも死者の顔に経文の書かれた白布を被せたという。[5]宮古でも経文を書いた白い布を死者の顔に被せる経札《キョウサツ》の習俗があった。白い布に経文を書いたものであり、中央に仏名を配したものであった。主として離島の人が亡くなったときに行われたという〔岡本　一九九九　六五〕。経札とは経巾のことであろう。宮古と八重山の中間地点に位置する多良間島では今でも葬儀に際して区の役員がサラシに経文を書き死者に被せる。

しかし、時代の推移とともに葬儀のやり方も変化した。〈村あげての葬式〉から、葬儀社による葬儀に移行するにつれて、僧侶による読経が一般化し、経巾の習俗も忘れ去られようとしている。現在、経巾の習俗の行なわれているのは、筆者のわかる範囲では、前述の与那国島、西表島祖納、多良間島である。他の地域では、経巾について記憶している人はめったにいない。また、民俗誌などにおいても、経巾についての報告はごくわずかである。本稿は経巾の習俗について、文献とフィールド調査から明らかにするものである。

ところで、経巾の習俗は沖縄の特殊な葬送習俗なのだろうか。現在、経文を書いた布あるいは紙を死者に被せる習俗としては、真言宗の破地獄曼荼羅《はじごくまんだら》がある。遺体に経文の書かれた布や紙を掛ける習俗は本土でも行われていることがわかる。では、このような習俗は何に由来するのであろうか。このような習俗としては中世から近世にかけて行われていた曳覆曼荼羅《ひきおおいまんだら》があげられる。これは版木で梵字などを印刷したものであり、その版木は現在もいくつかの寺院に残っている〔問屋　一九九一・二〇〇六など〕。また、平安時代の古記録には、「野草衣」という習俗がみられる。皇族・貴族の葬儀に際して、梵字を書いた布で遺体を覆った習俗である。「野草衣」とは曳覆曼荼羅のことのようだが、本来は、風葬・廃棄葬の際に遺体に掛けられた布ではなかったかと考えられる〔勝田二〇〇三・吉野二〇〇九〕。これら経巾と類似の習俗を参考にして、沖縄の経巾の習俗について考えたい。

そして最後に庶民における経巾の習俗の変遷（経巾の習俗の受容、経巾の習俗の流布、経巾の習俗の消滅と存続）についても考えたい。

一　葬具に経文を書く習俗　―八重山の事例から―

ここでは主に八重山の事例から、葬具に経文を書く習俗についてみていきたい。まず、琉球国時代の葬礼に関する記録を記す。次に経文を書く葬具について紹介する。さらに、これらの習俗が何に由来すると考えられるのかを記す。なお、本稿では特別に明記しない場合は、仏名・名号・偈も経文の範疇に含む。

(1) 琉球国時代の葬礼に関する記録

『琉球国由来記』には、葬礼の項に、「当国、葬礼、習二中華法一。且僧引導者、倭国法也」とある〔外間・波照間編著一九九七　一一八〕。葬礼は中国のやり方に従いながらも、僧の引導は倭国のやり方に従っているという意味であろう。さらに、「釈門」は「禅宗真言宗旧規」とあり〔外間・波照間編著　一九九七　一一九〕、琉球国時代の仏教は禅宗と真言宗のみであったことがわかる。琉球国時代の葬儀も、禅宗と真言宗の影響を受けていたものと考えられる。つまり、経巾の習俗も禅宗あるいは真言宗の習俗によるものであろう。

先島に寺院ができたのは、薩摩侵攻（一六〇九）以後のことである。薩摩藩は侵攻後、琉球全土の検地を行ったが、寺もなく人々は宗旨の何であるかも知らなかったという先島の検使の報告から、先島に寺院を建立するように王府に命じた（外間・波照間編著　一九九七　一九四〜一九五）。このとき八重山に建立された寺院が南海山桃林寺であり、宮古に建立されたのが龍峰山祥雲寺である。両寺院ともに臨済宗である。

前述の「葬礼定之事」には次のような記述もある。「百姓らは村で四流旗を四つ布で調え、各村所に保管しておき使用すること」（石垣市総務部市史編集室　一九九一　六九）。士族はすでに四流旗（四つ旗）を使用していたようだが、このときから庶民も正式に四つ旗を葬送に使用するようになったものと考えられる。

（2）葬具に経文を書く習俗

石垣島の葬儀社ではなく、生まれ島で葬儀が行われていた頃の風景である。喪家から墓地に向かう葬列で

写真１：四つ旗
（石垣市立八重山博物館蔵）

写真２：天蓋と小旗
（小浜民俗資料館蔵）

は、棺は朱塗りの龕に入れて運ばれた。その前後には、四つ旗、天蓋などの葬具を持つ人々が続いた。そして、これらの葬具には経文が書かれていた。以下、詳細を記す。[6]

①龕の小旗

龕の屋根の四つ角には小鳥の彫り物を付ける。小鳥は「南無阿弥陀仏」と書かれた小旗をくわえている。

②四つ旗（四流籏・四流旗）（写真1）

四本の旗で、各旗に「佛　諸行無常」「法　是生滅法」「僧　生滅滅已」「寶　寂滅為楽」と書かれている。

③天蓋（写真2）[7]

棒の先端に龍頭を付け、その下に木彫りの天蓋の枠を付けた。天蓋の四つ角に四枚の細長い小旗を吊り下げた。小旗には「迷故三界城」「悟故十方空」「本来無東西」「何故有南北」と書かれている。

④経巾（写真3）

布に経文を書いて死者の顔や体に掛けたものである。与那国島では、これをチラヌサァディと呼ぶ。この布の中央には「南無文殊菩薩／南無本師釈迦牟尼大覚世尊／南無普賢菩薩」と書かれ、その両脇にも経文が書かれ、さらに両端には「南無地蔵菩薩」「南無阿彌陀佛」と書かれる（米城　二〇一〇b　五八二～五八三）。

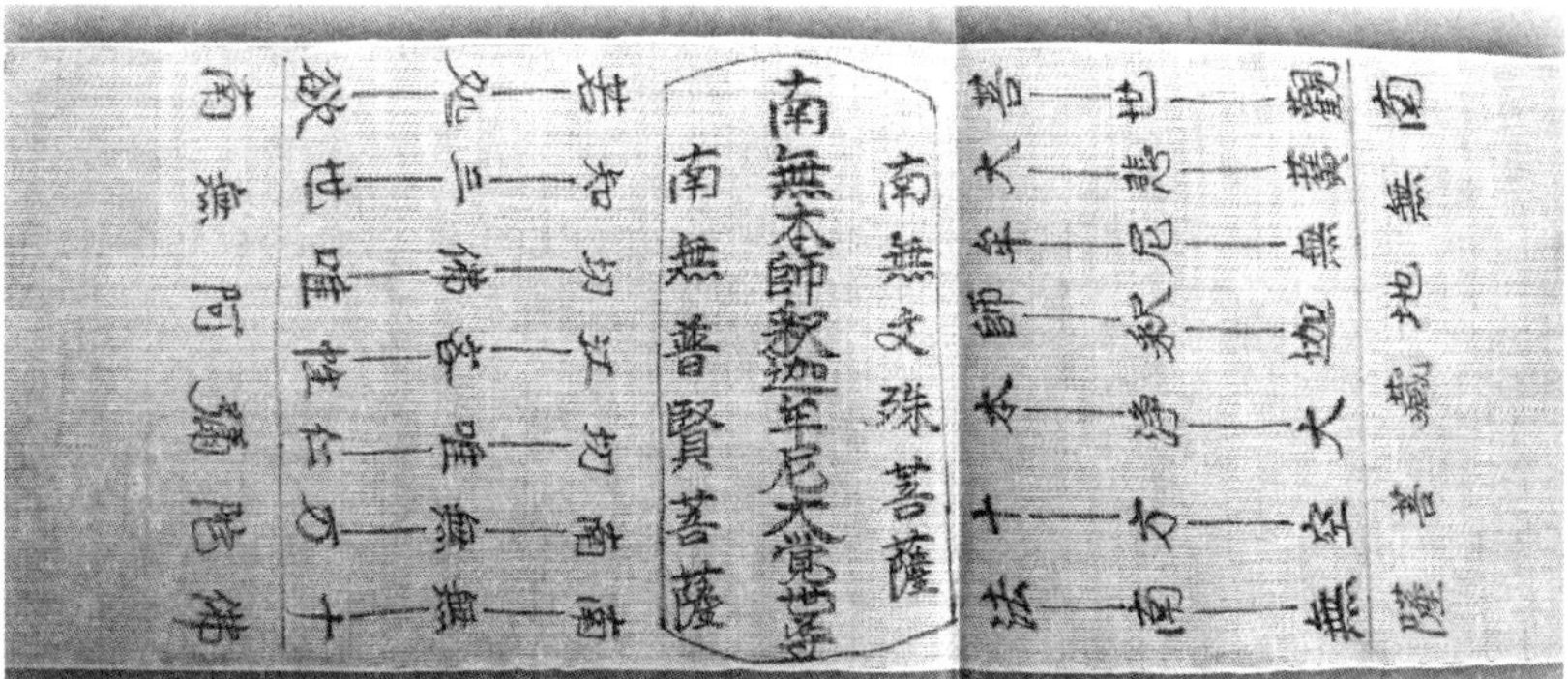
写真3：与那国島のチラヌサァディ
（『与那国町史』第2巻 p.582 ～p.583）

葬送には「故○○○○之霊」と書かれた名旗（銘旗）や、「弔○○○○之霊」と書かれた弔旗も作られた。これらは墓の周囲に置かれ、七日目あるいは、四十九日目に墓地で焼却された。四つ旗や小旗は、現在、博物館や資料館に保存されている。経巾は、直接遺体に掛けられ棺の中に納められた。そのため、経巾は博物館や資料館などでは見ることができない。

(3) 経文を書く習俗の由来

かつては本土でも、四つ旗や天蓋を掲げ、遺体の入った棺を輿に載せて、墓地まで運ぶといった野辺の送りの風景は決して珍しいものではなかった。[8] 現在、これらの葬具は墓地の入口、あるいは公民館などのそばに建てられた小屋にほこりを被ったまま保管されている。

では、葬具に経文を書く習俗は、何に由来するのだろうか。奈良・元興寺所蔵の『入棺作法』から葬儀の次第とともに、このような習俗についてみていきたい。[9] 『入棺作法』は、真言系の葬送次第書である『二巻章（疏）』や『五巻疏』から、入棺作法にかかわる部分を抜き出してまとめたもののようであり、中世後期から近世初頭の葬送の様子を知ることができるという（藤澤　一九九八　二八一〜二八二）。藤澤典彦「死者のまつり」（一九九八）には、『入棺作法』の全文の写真が掲載されていて、藤澤による説明が加えられている。よって本稿では藤澤論文を参照する。

『入棺作法』は「入棺作法」と「入棺大事」とから成り立っている。入棺に際しては、死者を沐浴させ、布字を行う。布字とは体の各部分に香水で梵字を書くことであり、部位によって書く文字が決められている。次に剃髪し、五戒・三帰・戒名を授け、最後に衣服を授け入棺である。これは死後に出家させる便法であるという（藤澤　一九九八　二八八〜二九〇）。入棺に際しては、棺の封印として棺の東南西北に種子を書く[10]。各方向に「［南］迷故三界城［西］悟故十方空［東］本来無東西［北］何故有南北」の偈を書き、棺の底には「バン」、蓋には「アーンク」を書く。「バン」は金剛界大日の種子であり、「アーンク」は胎蔵界大日の種子である（藤澤　一九九八　二九二）。

次に、土砂を入れて土砂加持が行われ、金剛杖を入れた後、曼荼羅を棺内に入れる。『入棺作法』には、敷曼荼羅・曳曼荼羅・敷覆曼荼羅をはじめ七種類の曼荼羅の図が掲載されている。敷曼荼羅は棺底に敷く曼荼羅であり、曳曼荼羅あるいは敷覆曼荼羅は棺の上に載せる、あるいは死者に載せる、あるいは覆い掛けるものであった（藤澤　一九九八　二九三）。本書では特別な場合を除き、敷曼荼羅・曳曼荼羅・敷覆曼荼羅を総称して敷覆曼荼羅と記す。

次に「孝子切髪」として、子供が棺内に髪を切って入れた。さらに棺の周りの「四流幡」（四つ旗）に、「諸行無常」「是生滅法」「生滅滅已」「寂滅為楽」の偈を書く[11]（藤澤　一九九八　二九八）。

死人の枕を鬼門に向け、その枕元に寶楼閣幡を立てる。寶楼閣幡は長さ一尺五寸であり、先が四枚にわかれ、右に「迷故三界城　悟故十方空（種子）」、中央二枚分には真言と種子二つ、左に「本来無東西　何故有南北（種子）」と書いたものである[12]。これは棺の周りに記された偈と同じもので、一定空間を結界するためであるという（藤澤　一九九八　二九三）。最後に彌勒潅頂印を結び、棺を封印する。

「四流幡は各地の民俗に引き継がれている」と藤澤は記しているが（藤澤　一九九八　二九八）、経文の書かれた幡（旗）や布は中世後期から近

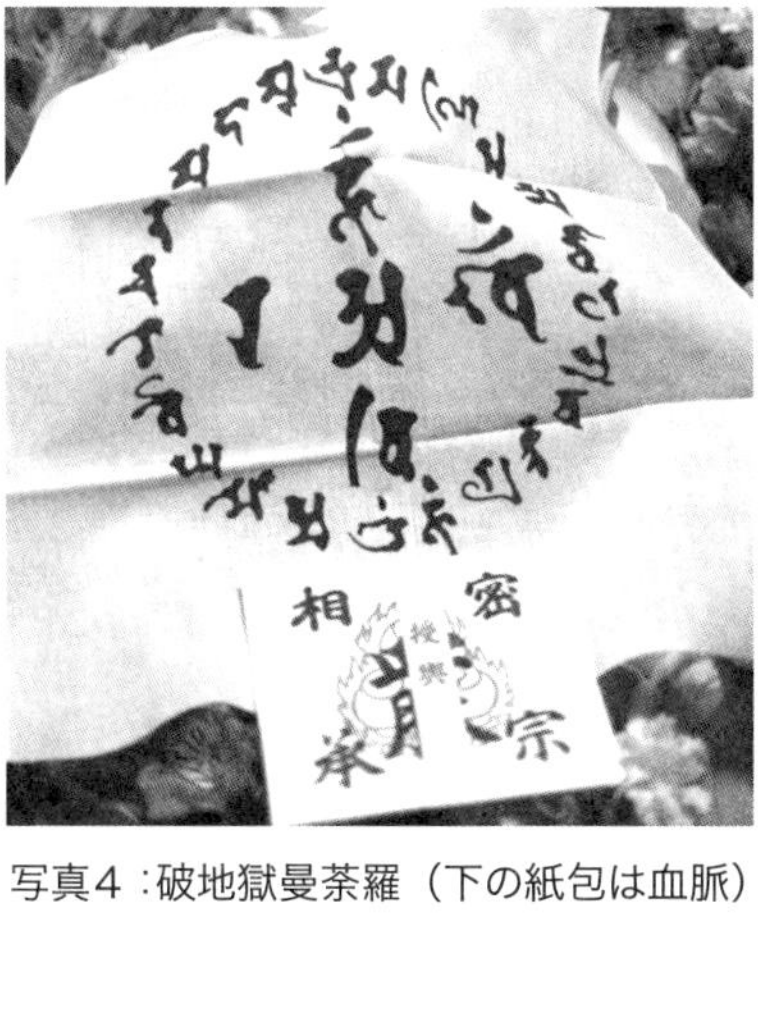

写真４：破地獄曼荼羅（下の紙包は血脈）

世初頭にはすでに存在していたことがわかる。

現在、真言宗の葬儀で死者に掛けられるものとして、破地獄曼荼羅がある。破地獄曼荼羅とは、葬式の際に死者の罪障消滅のため、光明真言破地獄曼荼羅を書いたものである（写真4）。昔は顔に掛けたが、顔が見えなくなるので胸に掛けるようになったといわれる。破地獄曼荼羅も敷覆曼荼羅の流れを汲んだものであろう。

二　先島における経巾の実際

ここでは八重山と宮古における経巾の実際について述べ、先島の経巾の習俗としてまとめる。

(1) 八重山の経巾

八重山では、明治時代まで寺院は石垣島の桃林寺のみであった。現在でも石垣島以外では、竹富島に喜宝院があるのみである。沖縄には檀家制度はない。石垣島で葬儀社によって行われる場合や、竹富島以外では、島まで僧侶を呼んで行うほか、葬儀における僧侶の関与はない。

経巾のことを竹富島ではキョウサジといい[13]、喜宝院の上勢頭院主によると、竹富島ではキョウサジを知らない人はいなかったという。かつての桃林寺の住職の安室雲月は多くのキョウサジを書いたし、上勢頭院主の父親・上勢頭亨もキョウサジを書いたという[14]。現在、石垣島の葬儀社では通夜に白いハンカチを死者の顔に載せる。しかし、キョウサジを掛けたいという遺族の要望があれば、今でも上勢頭院主はサラシに筆でキョウサジを書くという。院主によると、人は昔から行われてきたことを変えるのには抵抗があるし、特に葬儀に関しては年寄りは気にするものだという。

与那国島では、死者の顔に掛けるチラヌサァディと、名旗の旗布、龕をしばって固定する布のカンヌチをととのえておくのは、昔から女のたしなみとされていたという。ある年齢に達し、そろそろお迎えが来てもおかしくないと意識しはじめる頃、これらの品に使う布を機で織り始めた。また、チラヌサァディ・カンヌチ・道幕[15]の布の三点は特に「まぶい」と呼ばれ、この「まぶい」を自身の手でととのえる事を女性たちは重視してきたという〔与那国町史編纂委員会事務局　二〇一〇　五七七〕。チラヌサァディを被せる理由は、「与那国にはお坊さんがいないからお経のかわりにやっている」といわれ、「よそにもどこにもいかんでまっすぐグス〔グズ〕まで行きなさい」という意味があるという〔原　二〇〇〇　一一五〕。迷わずあの世に行きなさいという意味である。この布の中央には枠が囲ってあり、前述したが、「南無文珠菩薩／南無本師釈迦牟尼大覚世尊／南無普賢菩薩」と書かれ、両端にはそれぞれ「南無地藏菩薩」「南無阿彌陀仏」と書かれている。その間には、右に「法南無十方[16]空本浄大師釈迦牟尼無大悲蕡菩世觀」、左に「南無十南無方切唯仁江吝性切佛唯知三世若処欲」と一文字ずつ書かれ〔米城　二〇一〇b　五八二・五八三〕、これらの文字は線で繋がれている〔写真3参照〕。与那国島の葬儀の概要については、既に第一部第二章で述べたので省略する。

西表島祖納でも葬儀の際に死者の顔に経文を書いた布を被せる。祖納の葬儀資料「萬集」によると、その書き方は次のようである〔琉球大学民俗研究クラブ　一九六九　三八〕。布の中央の枠には、「南無文殊菩薩　南無大師釋迦牟尼佛　南無普賢菩薩」と、両端には「南無阿弥陀佛」「南無地藏菩薩」と書かれる[17]。その間には、右に「水流元入海　乃至法界」、左に「日落不離天　並利等平」と書かれる[18]。西表島祖納の葬儀については、第三部第二章に記す。

(2) 宮古の経巾

宮古島では、死者の顔に被せる白いティサージに〈寺院経文〉を書いたものを経札《キョウサツ》と呼び、その長さは手拭の長さであったという。岡本恵昭によると、経札は主として離島の人が死んだとき、やむをえない状況があったときのものであり、祥雲寺で〈寺院経文〉を書いて、お経をあげてもらい喪家の使いのものが持ち帰ったという。仏名を中央に配して書き、他の経文にも書式があった〔岡本　一九九九　六五〕。

多良間島では、現在でも経巾の習俗が行われている。『多良間村史　第四巻　資料編三　民俗』には経巾の図が報告されている〔図1〕。同島では経巾はキョウシャズと呼ばれている。以下、西原輝氏、桃原光盛氏、垣花昇一氏、豊見山正氏などにお聞きした多良間島の葬式の概要とキョウシャズについて記す。

多良間島は塩川・仲筋の二つの字からなっていて、各字はさらに四つの区にわかれている。葬式は区単位で行われ、区の住民全員が協力して行う〈区あげての葬式〉である。葬式の準備は区の役員が中心になって行い、造花作りや大工仕事が得意な人は毎回その任に当たる。キョウシャズの布〔「玉川晒」〕や旗の布は、同島の売店に買いに行く。キョウシャズを書くのは役員が行い、誰が書くとは決っていない。キョウシャズの見本が各区に保管してある。昔は墨で書いたが、最近はフェルトペンで書く。できるだけ薄い字で、わざと乱暴に下手に書くといいといわれている。

キョウシャズの中央の「南無大聖文珠師利菩薩／南無本師釋迦牟尼大覚世尊／南無大行普賢現菩薩」の部分は頭と呼ばれる。その両脇に「水流入元海」「月落不離天」とある。さらに右側には「入味界不被味惑／入觸界不被觸惑／入香界不被香惑」、左側には「入香界不被香惑／入聲界不被聲惑／入色界不被色惑」という文字が書かれ、これらの文字は一文字ずつ線で繋がれている。両端には、「南無地蔵菩薩」「南無阿彌陀如来」と書かれる。

現在の葬儀は、島外から来る参列者の飛行機の便にあわせて行われる。午前九時頃から準備を始め、午後に出棺である。遺体は、仏壇のある部屋に頭を南向きにして横たえる。家では儀式的なことはあまりやらない。

多良間島には寺院もなく僧侶もいないので、僧侶の読経はない。出棺前の別れの盃は身内同士でやり、他人は部屋の中には入らない。身内の者が死者の顔から胸にかけてキョウシャズを掛けるという。

区長の簡単な挨拶の後、霊柩車に載せ墓地まで運ぶ。[19] 喪主は白い布で作った袖なしの上衣を着る。葬列の最中、一番の長老が鉦を叩く。途中で喪主の挨拶があり、一般の人はそこで別れとなる。各区の役員、友人、身内が墓まで行く。

火葬と火葬でない割合は、二〇一一年では半々であるという。[20] 墓の口を開け、中に死者の入った棺、あるいは骨壺をいれて墓の口を閉め、墓の口のまわりを泥で塗り固める。以上のことから、時代の流れで変化した部分があるとはいえ、基本的に多良間島では今でも造花、旗などを自分たちで作る〈区あげての葬式〉が行われていて、キョウシャズも島の葬送習俗の一つであることがわかる。

多良間島の垣花昇一氏によると、同島の経巾の習俗はそれほど古いものではないようだという。言い伝えによると、明治の頃に始まったという。平敷屋朝敏の子孫のマカラーという人物が葬式のたびにその指導をしていたが、[21] 一人ではできないということで、塩川と仲筋の両字にひとつずつ雛形（見本）を書いて与えたという口承が残っているという。垣花氏は葬儀に経巾を使用することに

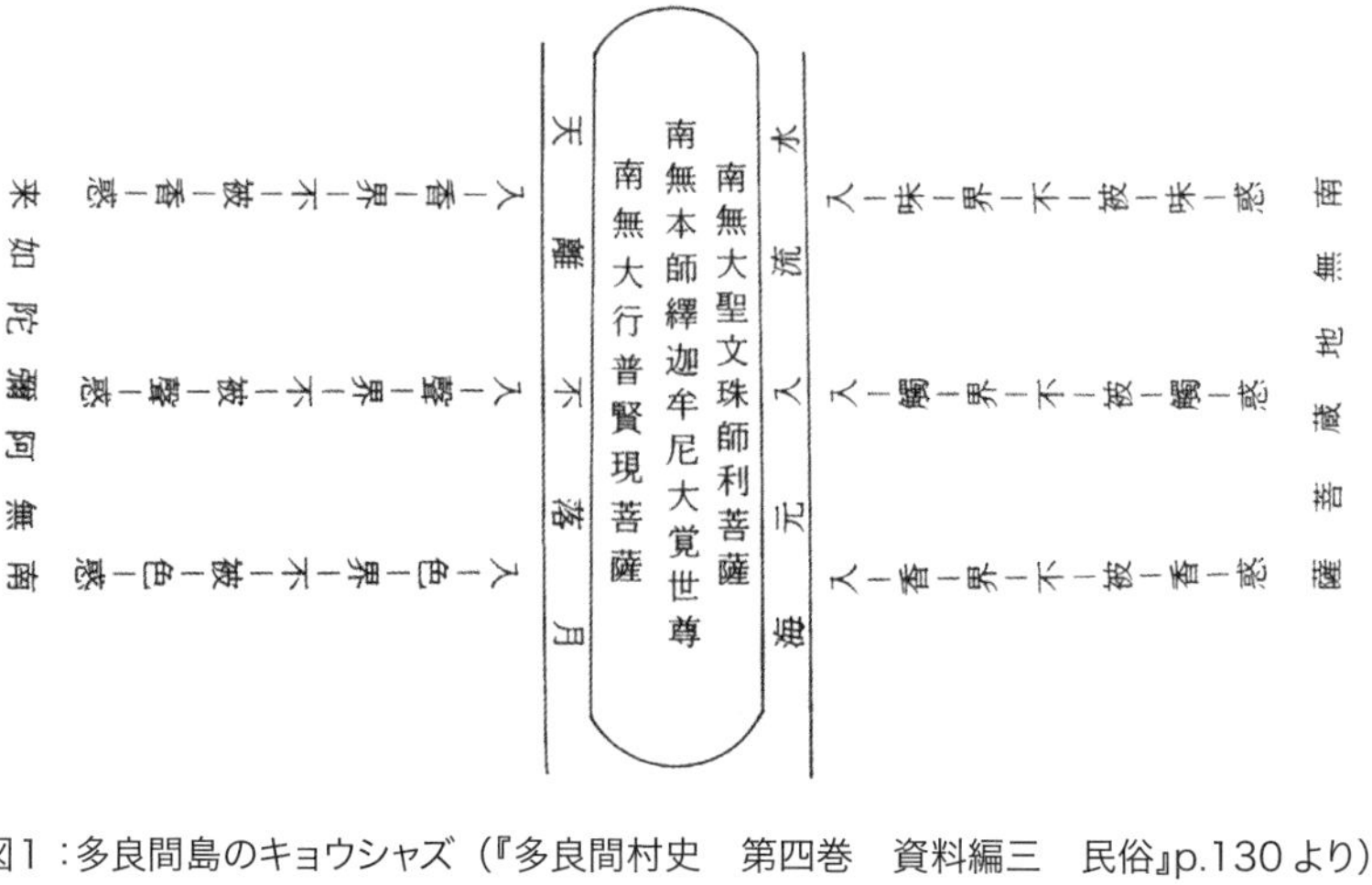

図1：多良間島のキョウシャズ（『多良間村史　第四巻　資料編三　民俗』p.130より）

ついて、「キョウシャズは仏教ではなく地元のやり方だ」という。

（3）先島の経巾の習俗のまとめ

ここでは今までみてきた先島の経巾の習俗についてまとめてみたい。

経巾は、キョウサジ・チラヌサァディ・キョウサツ・キョウシャズなどと呼ばれ、色は白、材質は麻布・芭蕉布・サラシである。

仏名を布の中央に書くのは共通している。中央には以下の文字を書いた。「南無文珠菩薩　南無本師釈迦牟尼大覚世尊　南無普賢菩薩」（与那国島）、「南無文珠菩薩　南無大師釋迦牟尼佛　南無普賢菩薩」（西表島祖納）、「南無大聖文珠師利菩薩　南無本師釋迦牟尼大覚世尊　南無大行普賢現菩薩」（多良間島）、「南無阿弥陀仏の名号を書いて、その両脇にも文字を書いたもの」（竹富島喜宝院）である。以上の事例から、中央に書かれた文字には二つの型があったことがわかる。本稿では、与那国島・西表島祖納・多良間島のものを「釈迦三尊型」、喜宝院のものを「南無阿弥陀仏型」と呼ぶことにする。「南無阿弥陀仏型」は浄土真宗である。沖縄では浄土真宗の布教は明治以降なので、「釈迦三尊型」が琉球国時代からの形式であったと考えられる。

与那国島と多良間島の経巾の文字の一部は、一文字ずつ線で結ばれていた。理由はわからないが、この書き方は特筆すべきである。

経巾は死者の顔、あるいは首より足まで掛けたという。経巾の長さは与那国島では六～七尺であった。七尺といえば約二メートル十二センチで大人の全身にかけてもなお余る長さである。[22] しかし、記録によると、宮古島では手拭の長さであったという。

では、人々はどのような理由で経巾を掛けると考えていたのだろうか。宮古島では経巾を書いた後で僧侶が経をあげたというが、経巾は読経の代わりという意味であろう。与那国島でも「与那国にはお坊さんがいないからお経のかわりにやっている」といわれている。離島など僧侶のいない地域では、本来経巾は僧侶の読経の代わりとして行われていたようである。

三　経巾と類似の習俗との関連から

前述の『入棺作法』でみたように、経巾と類似の習俗としては、死者を覆う曳覆曼荼羅が考えられる。ここでは、曳覆曼荼羅について記し、その書き方を経巾と比較検討したい。さらに、曳覆曼荼羅の元となったと考えられる「野草衣」についても記し、これらを参考に沖縄における経巾の習俗の受容についても考えたい。

(1)曳覆曼荼羅

鎌倉時代末期(一四世紀)に製作された『融通念仏縁起』という絵巻がある。[23] この絵巻の中の良忍入滅の場面では、棺に納められた良忍の遺体は文字が書かれた白布ですっぽり覆われている(小松・神崎編著　一九八三　五三)。この図や古記録から、勝田至は『死者たちの中世』の中で、出棺前までに梵字や真言の書かれた白布で遺体の全身を覆う習俗があったと述べている。この白布を野草衣(後述する)という(勝田　二〇〇三　八二〜八三)。前述した曳覆曼荼羅のことである。

曳覆曼荼羅は初めは僧侶によって書かれたが、後には版木印刷のものが用いられるようになっていった。室町時代になって一枚の摺写紙になったのは、葬送作法が庶民の間に普及したため、多くなった需要をみたすためであり、費用節約のための簡略化と考えられるという(望月　一九七八　二五)。版木が寺院に伝わっているので、曳覆曼荼羅の研究は主に版木拓本から進められてきた[24]。

曳覆曼荼羅は室町時代から江戸時代にかけて、主に真言宗の寺院で作られている。版木調査によると版木の長さは約七〇センチから約一メートル二〇センチである〔川勝一九七〇、望月一九七八、問屋一九九一・二〇〇六、三木治子二〇〇四〕。よって、実際の曳覆曼荼羅は約一メートルから二メートルの長さがあったのではないかと考えられる。

曳覆曼荼羅は敷曼荼羅と覆曼荼羅が別々のものもあり[25]、また曼荼羅や種子・真言の内容も異なり、さらに修験道系のものなどもあり、多様であるという〔問屋　一九九一　四八〕。前述の『入棺作法』にも「曳覆曼荼羅署儀」としていくつかの図が掲載されていた。

しかし、曳覆曼荼羅の研究者たちによると平安・室町時代の版木の書き方には共通性があるという。これは「亡者曳覆書様」が原型になっているからであるという〔斎藤一九六三、司東一九七一、望月一九七八、問屋一九九一・二〇〇六、林・濱田一九九八、三木二〇〇四〕。「亡者曳覆書様」とは東寺長者の仁海和尚（九五五〜一〇四六）が関白藤原頼通（一〇七四没）の依頼によって書き出したものである。『白宝口抄』巻一六四にこの「書様」が掲載されている〔高楠　一九八九　三五八〕。「亡者曳覆書様」には種子曼荼羅・梵字真言・偈文・卍字などが書かれていて、脇には「頂上　額　右脇　胸　左脇　右手　左手　臍上　右足　背　左足」と、身体各部の名称が書かれている（図2）[26]。実際にこの曳覆曼荼羅の各名称を、身体の該当する部分に当てたのであろう。さらにその隅には、「或本云。如是等写書。道俗男女等成仏無疑者也云」と「亡者曳覆書様」の効能が書かれている。「亡者曳覆書様」の中央（胸部分）には「萬字并八葉九尊」と書かれている。この部分は中台八葉院ともいわれ、胎蔵界曼荼羅十三大院の第一で、大日如来を中心として四仏・四菩薩が八弁の蓮華の上にいる。この蓮華は衆生の心臓を象徴するとされる。実際、多くの曳覆曼荼羅の版木には、ほぼ中央部分に八葉の蓮華の絵が描かれ、蓮華の中央に胎蔵大日如来、その周りに普賢菩薩・開敷華王如来・文珠菩薩・宝憧如来・無量寿如来・弥勒菩薩・天鼓雷音如来・観音菩薩の種子が描かれている。

以下、曳覆曼荼羅と経巾の形式について、比較検討してみたい。曳覆曼荼羅は主に梵字で書かれているが、経巾には梵字は一切使用されていない。書き方にも共通性はみいだしにくい。しかし、「亡者曳覆書様」（図2）と与那国島の経巾（チラヌサァディ）の縦の図（図3）を見比べてもらいたい。「亡者曳覆書様」の中央には八葉九仏の種子が書かれている。経巾の「釈迦三尊型」も「南無阿弥陀仏型」も中央に仏名が書かれている。つまり、中央に仏名（仏の種子と漢字で書かれた仏名という違いはあるのだが）を配し、その両脇に文字を配するという形式は共通している。

次に、曳覆曼荼羅と経巾の習俗について、比較検討してみたい。入棺に際して死者に被せること、布（あるいは紙）の長さが約一メートルから二メートルあったと考えられること、掛ける目的は成仏するため（「亡者曳覆書様」）、迷わずあの世に行くため（与那国島）であることは共通している。これらのことからも、経巾の習俗は曳覆曼荼羅（あるいはその原型となった「亡者曳覆書様」）に由来するものではないかと考えられる。

ところで、経巾にみられるような書き方（梵字を使用しない、中央に釈迦三尊の仏名、あるいは南無阿弥陀仏と記す・一文字ずつ線で繋ぐなど）の曳覆曼荼羅が本土に存在したのだろうか。それとも経巾は沖縄独自の書き方なのだろうか。わかるのは、この形式がそれぞれの島独自のものでなく、「釈迦三尊型」も「南無阿弥陀仏型」も文字の違いはあるが沖縄で広範囲に流布していたということである。[27]

(2) 野草衣

曳覆曼荼羅は、中世には「野草衣」とも呼ばれていた。十二世紀後半成立とされる天皇及び女院などの葬

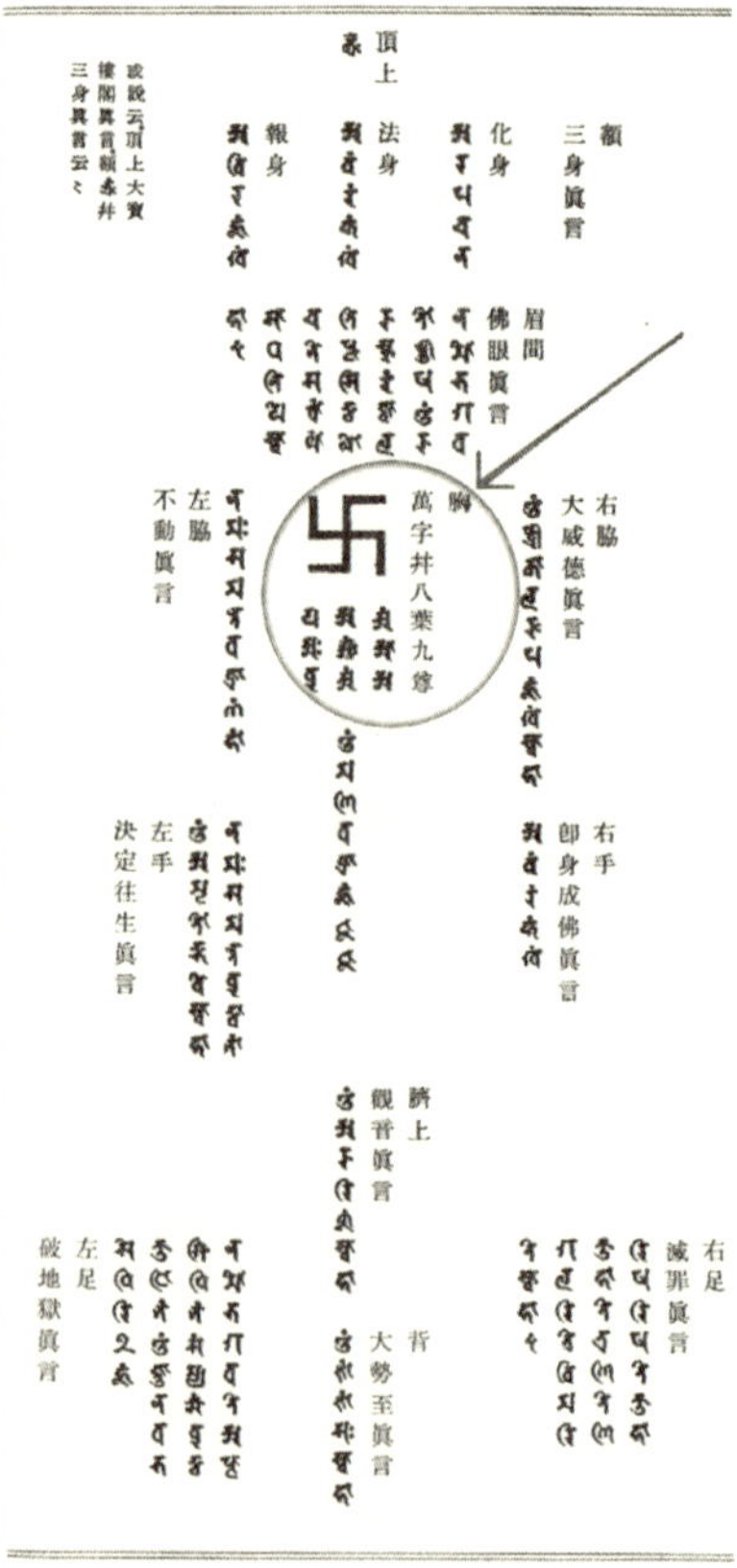

図２：「亡者曳覆書様」『白寶口抄』巻第一六四『大正新脩大藏經圖像七巻』p.358）中央矢印の示す輪に九仏の種子が書かれている。

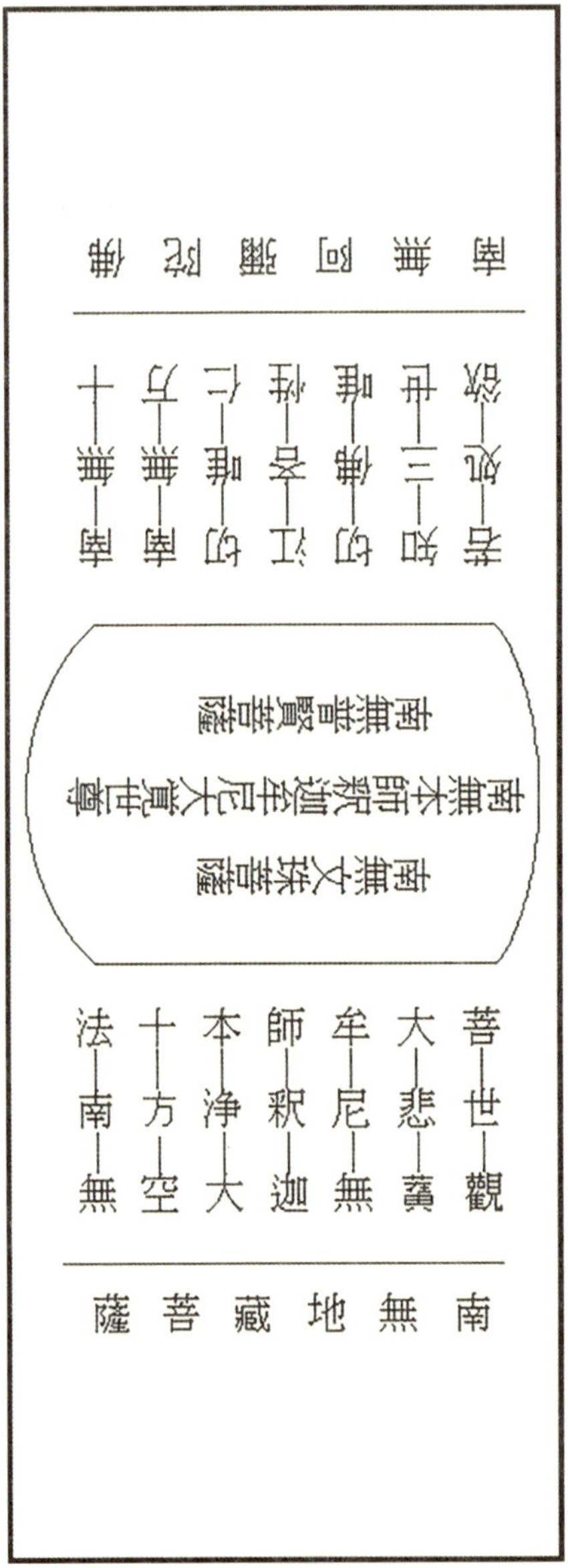

図３：与那国島の経巾（チラヌサァディ）『与那国町史』第2巻（p.582～p.583）の写真を参照して製作した。

儀の次第書である「吉事次第」に、「ヒキオホヒ」という名称のものがでてくる。これは死者の御衣の上を覆うもので、梵字を書いたほうを上にするという（塙　一九八六　四五七）。「吉事次第」の次に記されている「吉事略儀」には、[28]入棺した後、御衣は抜き取らず、梵字を書いたほうを上にして、「曼荼羅」で引き覆うとある。そして、これを「野草衣」と号すという（塙編　一九八六　四六四）。これらの記述からは、「曼荼羅」が「野草衣」であることがわかる。野草衣については、前述した勝田至『死者たちの中世』（二〇〇三）・吉野政治「野草衣考」（二〇〇九）の研究がある。以下、勝田の指摘した野草衣の記録から、野草衣がどのように使用されたかをみていきたい。

『兵範記』保元元（一一五六）年七月二日の条、鳥羽上皇の入棺の際には、棺の中に御衣・野草衣・敷物・真言等を納めた。[29]野草衣は、両面が白練絹で幅は不明だが、長さは八尺、梵字が書かれていて、字の書かれた方を表とした。[30]鳥羽上皇の頂から足に至るまで対応する真言が書いてあり、体の各部にそれが当たるように覆った。

『玉葉』養和元（一一八一）年十二月五日条の皇嘉門院の葬儀では、「御入棺」の際に野草衣を入れた。これは用意されていたもので、大原の聖人本覚房が梵字を書いた唐綾単であった。[31]僧都が野草衣で首（あるいは頭）から裾まで、丁寧に死者を包んだ。

『名月記　徳大寺家本』第二巻（五味ほか　二〇〇四）、元久元（一二〇四）年十二月一日条の藤原俊成の葬儀では、[32]御衣も、敷物や梵字を書いた覆物も紙で作った。[33]敷物を棺の中に敷き、死者を入れ、御衣で覆い、次に梵字を書いた紙で覆い、蓋をして釘を打った。[34]

鳥羽上皇の野草衣には、頂から足に至るまで対応する真言が書いてあり、体の各部にそれが当たるようにしたことからも、野草衣が曳覆曼荼羅であったことがわかる。吉野は野草衣の衣とはコロモの意味ではなくて、オオイ（覆・蔽）の意味であろうといい、皇嘉門院の野草衣は「唐綾単也」とあるが、「単」とは裏の付いてない布の意味であると考えられるという〔吉野　二〇〇九　五〕。

『東白川村の廃仏毀釈』（東白川村教育委員会　二〇〇二）には明治の廃仏毀釈の嵐の後に行われるようになった神葬祭で「野草衣《いれかたびら》」が使用されたという記録がある。「野草衣《いれかたびら》」とは棺の中に入れる布の意味であろう。神葬祭であるからには、その布には梵字も経文も書かれていなかったはずであるが、仏式による葬送以外にも野草衣が使用されていたことがわかる。五来は、従来、布で死者を覆う習俗があったというが[35]、その布が本来野草衣と呼ばれていたのではないか。その布に極楽往生を願って梵字を書いたのが曳覆曼荼羅、あるいは古記録に残る野草衣と記されたものであろう。死者を覆う布については次の項でさらに詳しくみていきたい。

（3）経巾習俗受容の背景

平安から鎌倉時代にかけて製作された『餓鬼草紙』からは、十二〜十三世紀にも死体遺棄や風葬が行われていたことがわかる。そして、風葬の際、一枚の布あるいは衣で死者を覆って送った習俗をみることができる〔角川書店編集部　一九六〇〕。

勝田は、野草衣について、「ののくさごろも」と読んだものと思うと述べ、「この名には死者が草の間に放置されていた趣がある」と記しているが〔勝田二〇〇三　八三〕、風葬の際、実際に死者を野草で覆っていたことは十分に考えられる。やがて野草が布になったのであろう。増田美子『日本喪服史　古代篇―葬送儀礼と装い―』によると、飛鳥時代には布で死体を何重にもくるんで埋葬していたことが、発掘された古墳の被葬者から窺えるという。この風習は平安前期まで続いたようであり、嵯峨天皇によって禁止されている〔増田二〇〇二　五四〜五五〕。本来この習俗は、死者の霊を守るためや、悪霊に対する防御などの呪術的な意味合いがあったものと考えられる。かつては死体を何重にもくるんで埋葬していたのが、禁止令によって一枚の布になり、その布は野草衣と呼ばれるようになったのであろう。さらに仏式による葬儀が行われるようになると、布には極楽往生を願って梵字が書かれるようになり、曳覆曼荼羅となったのではないだろうか。

風葬の死者を覆ったりする草が、布になり、布が仏教化して曳覆曼荼羅になったという発想は、経巾が沖縄に受容された背景を考える上で参考になる。沖縄における経巾の受容には、沖縄でも風葬が行われていた（いる）ことと関連しているのではないか。沖縄で行われていた洞窟葬も、石積墓も亀甲墓も、土葬ではなく風葬である。かつては風葬の際、死者を覆ったりする布があったのではないか。沖縄各地では入棺の際に多くのティサージ（手拭）を副葬品として棺に入れたというが、これは風葬の際に死者を覆った布の名残ではないか。もしそうだとしたら、経巾はこのような沖縄の風葬の習俗に関連して受容されたのではないかと考えられる。しかし、経巾の受容と風葬の習俗に関してはさらなる論証が必要であり、ここでは私見を述べるにとどめる。とにかく、離島や遠隔の地の人々は、経巾に死者をまっすぐグショーに送る呪力を感じたのであろう。

四　庶民の葬儀の変遷と経巾の習俗の変化

経巾は、どのようにして一般庶民に用いられるようになったのか。八重山における庶民の葬儀の変遷と経巾の習俗の変化についてみていきたい。

（1）琉球国時代の経巾の習俗

前述の「葬礼定之事」には、「（百姓で）生活に困っているものは坊主を呼ばず経巾だけで済ますこと」とあった。つまり、士族や、僧侶を招くことのできる百姓は、もちろん葬儀に経巾を用いたのであり、僧侶を呼べないものが経巾だけで済ますことと解釈できる。

では、実際はどうだったのか。右の『富川親方八重山島諸締帳』の出された頃の八重山は、乾隆三六（一七七一）年の「明和の大津波」から約百年経っているが[36]、その間人口は低迷状態を続け、生活苦から間引きが横行した。その頃は、生活に困っているものがほとんどだったはずである。では、彼らは経巾を実際に使用したのだろうか。

帆船の時代には、与那国島・波照間島はもちろんのこと、季節によっては小浜島・黒島からも石垣島まで何日もかかったと聞く。死者が出て石垣島の桃林寺から経巾を貰ってくるまではさらに数日がかかったことであろう。八重山の離島の人々の中で、いったい何人が桃林寺に経巾を書いてもらいに行くことができたのか[37]。もし、自分たちで経巾を書いたのであれば、誰が書いたのか。葬儀のための互助組織が存在していて、経巾を書く人がいたのだろうか。

琉球国時代の八重山の離島の人々が、どのような葬儀を行っていたのかについてみてみよう。与那国島においては、現在のような龕を用い、造花を作り、葬列が行われるようになったのは明治三三（一九〇〇）年頃からであるという。それ以前は物持ちだけが、一族協力してスガヌタという木で龕に似たものを作り使用していただけで、貧者は屍を棺に入れ、または茅ムシロに包んで、そのまま縄をかけて担いで墓地へ運んだという〔池間　二〇〇七　三四〕。西表島干立では、昔は士族と平民の葬式はまったく異なったという。身分や財力によって、僧侶を呼んで派手に行われる葬儀もあれば、与那国島の貧者のような死者の送り方もあったのであろう。後者のような葬送に際して葬儀のための互助組織がはたして存在したのかどうかはわからない。琉球国時代の経巾の習俗は、石垣島の士族が多く住む四カ字を中心とした一部で行われた習俗だったのではないか。

(2) 広がった経巾の習俗

一九〇二(明治三五)年、人頭税が廃止され、徴兵検査も行われるようになった。人頭税の廃止と徴兵制の施行はとりもなおさず、士族と平民の身分差の撤廃でもあった。義務教育や徴兵検査は士族と平民の区別なく行われた。祭りや葬式のやりかたについても、差別は徐々に緩んできたものと考えられる。庶民の葬式は、士族や裕福な平民と同じように葬列を組んで墓地まで進む〈見せる葬儀〉となっていった。戦死者の葬儀においてそれは特に顕著になったと考えられる。

葬式は集落の人総出で盛大に行われる〈村あげての葬式〉となった。集落の人々総出で準備をしたからである。名旗・弔旗などの文字は文字の上手な人、あるいは心得のある人が書いたという。本来、僧侶に書いてもらうべき経巾も、離島では集落で心得のある人が見本を見て書いたものと考えられる。八重山の島々が連絡船で石垣と繋がると、桃林寺から経巾を貰うことも容易になった。この頃になると石垣島には他の寺院もでき、これらの寺院でも経巾を書いた可能性はある。竹富島喜宝院の上勢頭院主によると、昭和三〇年代、桃林寺の住職・安室雲月はたくさんの経巾を書いたという。一九五七年、竹富島に喜宝院ができると、人々は喜宝院からも経巾を書いてもらうようになった。

(3) 経巾の習俗の消滅と存続

経巾の習俗がいつ頃消滅したのかは不明だが、この習俗の消滅には葬儀が葬儀社によって行われるようになったことが大きくかかわっている。葬儀社で本土化された葬儀が行われることにより、経巾のかわりに白いハンカチが死者の顔に掛けられるようになったからである。

しかし、葬儀社の関与の少ない与那国島や多良間島ではいまでも経巾の習俗が残っていて、経巾はいまだに死者を送る葬具として機能している。両島とも中心となる石垣島や宮古島から遠いという理由などで集落あげて葬式の準備をし、経巾も自分たちで書いている。両島でも島外で火葬することが増えてきたが、火葬した場合には経巾を遺骨の入っている箱の中に入れる、あるいは箱の上から掛けるという。西表島祖納でも経巾の書き方は伝えられているが、近年は石垣での火葬がほとんどであり、経巾が作られているのかどうか不明である。

写真5：チラヌサァディを書く
入仲誠三氏（2012 年撮影）

二〇一二年に筆者が与那国島祖納で拝見した葬儀では、入仲誠三氏がチラヌサァディの文字を担当していた。最初に布の中央部分に釈迦三尊の仏名を書き、それから両脇の文字を書き、最後に両脇の文字を線で繋いだ。ただし、釈迦三尊の左右の菩薩名は、南無文珠菩薩は南無客珠菩薩、南無普賢菩薩は南無普界菩薩となっていた。実は与那国島ではこのように書き継がれてきたのである。『与那国町史第二巻　民俗編　黒潮源流が刻んだ島・どぅなん　国境の西を限る世界の生と死の位相《トポロジー》』（二〇一〇）を編さんするにあたって、本来の釈迦三尊の仏名（南無文珠菩薩、南無普賢菩薩）に訂正したという。この町史に掲載されているチラヌサァディの写真では、仏名は訂正されている。この訂正されたチラヌサァディを書いたのは、入仲誠三氏である。しかし、筆者が二〇一二年に拝見した葬儀では、入仲誠三氏は自分のメモを見ながら従来の書き方に従って書いていた（写真5）。チラヌサァディの書き方に関しては、仏教の知識よりも伝承の力の方が勝っているといえよう。多良間島でも、経巾の見本は古くなったものを書き替え、書き替えしてきたので、各区の見本で文字が違っていることもあるという。前述したが、多良間島の垣花氏は「キョウシャズは仏教ではなく地元のやり方だ」といった。つまり、仏教に対する信仰心から経巾を行っているのではなく、経巾は多良間島の葬送習俗の一環としてあるというのであろう。与那国島でも、経巾は仏教の葬送習俗という意識はない。経巾はあくまでも伝承されてきた葬送習俗の一環であり、死者を後生に送るための葬具のひとつなのである。

まとめとして

経文を書いた布で死者を覆う経巾の習俗は、かつて沖縄の広範囲で行われていたようである。八重山・宮古では僧侶を呼ぶ代わりに経巾が用いられたといわれる。現在、先島でこの習俗が残っているのは与那国島と多良間島、西表島祖納である。与那国島では、「お坊さんがいないからお経のかわりにやっている」といわれていて、経巾を掛けることは「死者をまっすぐグショーに送るため」と考えられているという。与那国島・多良間島、西表島祖納の経巾は、中央に釈迦三尊の仏名を書いたものである。琉球国時代の仏教は臨済宗あるいは真言宗であったため、経巾の習俗は臨済宗あるいは真言宗に由来すると考えられる。明治以降布教の始まった浄土真宗では「南無阿弥陀仏」と中央に書いたという。

死者を覆う布に経文を書く習俗は、本土の中世から近世にかけての曳覆曼荼羅、あるいは中世の天皇や貴族の葬儀における野草衣にみることができる。曳覆曼荼羅とは野草衣のことであり、死者を成仏させる目的で使用された。この長さは経巾の長さとほぼ同じである。曳覆曼荼羅あるいは野草衣には梵字が書かれていたが、経巾には梵字は書かれていない。しかし、中央に仏名を配し、その両脇に文字を配するという基本的な形式は共通している。このことからも経巾は野草衣、曳覆曼荼羅の流れを汲むものと考えられる。

では、なぜ沖縄で経巾が受容されたのか。実は、野草衣とは風葬の際、草や布で死者を覆った習俗に由来するものと考えられる。風葬の行われる沖縄でも、かつては布で死者を覆う習俗があったと考えられ、経巾を受容する土壌があったのであろう。しかし、経巾の受容と風葬の習俗に関しては、さらなる論証が必要である。

最後に経巾の変遷について八重山の事例から述べた。琉球国時代の八重山では、経巾は『富川親方八重山島諸締帳』の「葬礼定之事」にみるように、首里王府からの指令であった。しかし、当時の八重山離島の百姓が実際に経巾を掛けられたのかどうかは不明である。明治の近代国家に組み込まれ、時代の変化とともに、〈村あげての葬式〉が行われるようになった。棺も旗も、そしておそらく経巾も自分たちで作る葬儀である。経巾を掛ける習俗はその頃から一般的に行われるようになったものと考えられる。しかし、現在、多くの地域では葬儀社の利用によって、経巾の習俗は忘れ去られようとしている。

藤井正雄は、沖縄の経巾や四つ旗に経文を書く習俗について、「その原義を忘れ仏教のものとは意識することもなく、すでに習俗として定着していることを表している」と述べ、「(仏教は＝筆者注)民衆の信仰するまでには影響を与えなかったと論じるのは余りにも皮相的な見解であり、深遠な仏教思想の理解はおぼつかないながら、生活の中に生き続け、それによって庶民の生活を部分的にせよ律してきていることは否定することはできないであろう」と記している〔藤井　一九七八　一四六・一四七〕。仏教の葬送習俗は沖縄各地に流布したが、経巾もその一環であった。経巾の習俗が庶民の生活をどの程度律していたのかは不明であるが、与那国島や多良間島では仏教の葬送習俗と意識されず、経巾は島独自の葬送習俗と化して今でも行われている。おそらく西表島祖納でも同様であろう。経巾の習俗の流布と定着は、琉球国時代から仏教の浸透度の低い沖縄県において、仏教の習俗がどのように流布し定着したかを示している。

しかし、経巾について不明な点は数多く残る。経巾のような書き方の曳覆曼荼羅が本土に存在したのか、それとも経巾は沖縄独自の書き方なのかなどである。

1　傍線は筆者、口語訳のみ引用した。
2　偈とは偈頌ともいい、仏教の教えを詩句で表したものである。
3　沖縄では手拭のことをティサージと呼び、手巾と記す。経巾とは経文を書いた布の意味であろう。
4　本稿では経文、あるいは経と呼んでいるが、実際には、偈、仏名などが書かれていたと考えられる。
5　西表島祖納で葬儀の際に文字を担当する石垣金星氏（一九四六年生まれ）による。
6　①②③に関しては石垣市立八重山博物館編集発行『博物館あんない』（二〇〇九）を参照した。
7　天蓋の龍頭は魔除けといわれたと聞く（波照間島）。与那国島では天蓋担ぎは嫌われていたという。
8　筆者の住んでいる茨城県では、輿はガンバコなどと呼ばれた。後に、リヤカーなどがつくようになると、人々はクルマ、霊柩車などと呼ぶようになった。
9　同史料は、近年、元興寺文化財研究所で修復されたものである。
10　種子とは、密教において象徴的な意味をもつものとして解せられた一つ一つの文字である。この場合は、仏・菩薩の各尊を一字で標示した梵字のことである。
11　ここに書かれる文字は「無常偈」であり、『涅槃経』巻十四から引用されたものである（藤澤　一九九八　二九八）。
12　寶楼閣幡については、『入棺作法』写真20を参照した（藤澤　一九九八　二六八）。

13　亀井秀一『竹富島の歴史と民俗』には、死者の沐浴後、正装の衣を着せ、七尺のザジ（手拭）を顔に掛け、仏壇の間で西枕に寝かせるとある〔亀井　一九九〇　三八五〕。その七尺のザジに経文が書いてあるという記述はないが、七尺もの長さのザジは、後述する与那国島のチラヌサァディを思い起こさせる。

14　上勢頭院主によると、父親の上勢頭亨は当時の桃林寺の住職の安室雲月と親交があり、喜宝院ができる前は二人で法要に行ったこともあり、いろいろと教えを受けたという。

15　道幕とは葬列の両脇で引く白布のことである。

16　十方とはあらゆる場所、方角のことであり（『仏教語大辞典』）、十方空とは十方世界がみな空であることを意味する。

17　琉球大学民俗研究クラブ「八重山郡竹富町字西表祖納部落調査報告書」には、「菩薩」と記されているが、「菩薩」であろう。菩薩と伝えられてきたのか、それとも報告書の誤字なのかは不明である。ここでは一応、菩薩と記した（傍線は筆者）。

18　西表島祖納の事例についてはお聞きできなかったので、本稿では与那国島と多良間島の事例を中心に述べた。

19　霊柩車はリヤカーを加工したものだと聞く。以前は龕で運んだ。

20　多良間島には診療所があるので、島内で死亡しても死亡診断書が書いてもらえるために、あえて宮古島に行く必要はない。自宅葬の場合は火葬しないが、タビで亡くなった場合（島外で亡くなったという意味）は火葬が多いという。

21　平敷屋朝敏は康熙三九（一七〇〇）年に首里に生まれた和文学者で、組踊の「手水の縁」の作者として知られる。蔡温による王政体制を批判したかどで、雍正十二（一七三四）年に処刑され、平敷屋朝敏の長男と次男は宮古の水納島と多良間島に流された。平敷屋朝敏一族を葬った墓が多良間島にある。

22　六尺から七尺もの長さの経巾がいかに仰々しかったかについては、『八重山生活誌』の筆者である宮城文の夫・宮城信範の葬儀の逸話から窺える。宮城信範は一九五五年に亡くなったが、「葬式は極簡単に営むこと」と自らの葬儀の簡素化を遺言した。その中に「般若心経写しのハンカチ一枚で顔を被うこと」とあった〔宮城　一九八二　四七四～四七五〕。六尺から七尺もの長さの経巾ではなく、「般若心経写しのハンカチ一枚」が簡素化された宮城家の葬儀における経巾の役割を果たしたのである。

23 『図版　融通念仏縁起』（小松ほか　一九八三）の最初のページの小松茂美の解説によると（ページ番号はうたれていない）、この「縁起」が初めて作られたのは正和三（一三一四）年であり、その後、南北朝から室町初期にかけては盛んに作られるようになったという。

24 曳覆曼荼羅については、以下の研究がある。斎藤彦松「曳覆曼荼羅の研究」（一九六三）、川勝政太郎「寂照院の版木と石仏」（一九七〇）、司東真雄「清衡棺の曳覆曼荼羅と金色堂の性格」（一九七一）、望月友善「曳覆曼荼羅とその遺物」（一九七八）、問屋真一「五輪塔形曳覆曼荼羅について―中世版木資料からの考察を中心に―」（一九九一）、「続五輪塔形曳覆曼荼羅について」（二〇〇六）、藤澤典彦「死者のまつり―『入棺作法』を中心に―」（一九九八）、林勇作・浜田謙次「土佐の梵字資料二題―曳覆曼荼羅と流れ潅頂」（一九九八）、三木治子「曳覆曼荼羅の真言について―広島県府中市青目寺曳覆曼荼羅版木を中心に―」（二〇〇四）などである。

25 『入棺作法』にも曳曼荼羅と覆曼荼羅が別々の図がみられる。

26 図2の「亡者曳覆書様」は『白宝口抄』巻一六四〔高楠編　一九八九　三五八〕に掲載されているものに加工したものであり、中央の「卍並びに八葉九尊」の部分を円で囲み、矢印を添えた。

27 なお、沖縄における仏教系の「墓中符」の表に釈迦三尊の仏名「南無文珠菩薩　南無本師釈迦牟尼佛　南無普賢菩薩」が書かれたものがある〔山里　二〇〇四　八七～八八〕。「墓中符」とは墓室に納められた呪符であり、瓦や板に記号や文字を書いたものである。この「墓中符」の裏面には、「道光三十年庚戌六月廿六日立」とある。道光三十年は一八五〇年である。この頃、釈迦三尊の仏名が死者を送る際によく書かれたのであろうか。

28 「吉事略儀」とは、「吉事次第」を漢文に改め詳細を加えたものである。

29 「御棺在御倉御衣幷野草衣敷物真言等納其内」〔増補「史料大成」刊行会　一九八一　一一二〕。

30 「白練絹両面　□《ママ》幅、長八尺、書梵字、以件字方、可為表、自御頂至于御足、相宛真言、被出之、相計其跡　可奉掩」〔増補「史料大成」刊行会　一九八一　一一二〕。

31 「年来被儲置、大原聖人本覚房書梵字、唐綾単也」〔宮内庁書陵部編　二〇〇二　六二〕。

32 訳に際しては『訓読名月記』第二巻を参照した〔今川訳　一九七七　一四一〕。

33 「両籠僧可入御棺物具等梵字事等示預之以紙作御衣又有敷物有覆物書梵字皆紙也」〔五味ほか　二〇〇四　三九四〜三九五〕。

34 「次又覆梵字書紙次覆蓋次打釘々十云々」〔五味ほか　二〇〇四　三九六〕。

35 五来は、経帷子を縫う際、白木綿を裁つのに鋏を使わない、縫糸の糸尻を止めない、物差を用いないという習俗があるが、この習俗は本来死者に着せるものは裁ったり縫ったりすべきものでなく、一枚の布で死者を包んだり、覆ったりしたことの名残りであろうという。五来は以前に風葬死体に布を掛けた時代があったことを想定している〔五来　一九九二　二七五〕。

36 乾隆三六（一七七一）年旧暦三月十日に起った未曾有の大津波によって、八重山は総人口の三分の一にあたる九三一三人を失った。『八重山島年来記』からは、大津波以降の人々の暮らしについてみることができる〔石垣市総務部市史編集室　二〇〇〇　八三〜九四〕。牧野清『八重山の明和大津波』によると、八重山では大津波以降、大正八（一九一九）年に至るまで津波前の人口にもどることはなかった〔牧野　一九六八　二一八〕。

37 ただし竹富島のような石垣島に近い島の場合は、生活にゆとりのあるものは桃林寺から僧侶を呼ぶこともできたかもしれない。

第二章　葬儀の作り物とその考察—与那国島の葬儀の事例から—

はじめに

水谷類は、木竹製や紙製、土製、食物などの作り物と施設が、かつての葬送儀礼の場や墓造立の際には大きな役割を期待されて用いられたかもしれないと述べている。水谷はこれを見えない葬制、墓制と呼び、このような研究分野における文献資料、考古学の無力を指摘している〔水谷　二〇一〇　二〇〕。ここでは与那国島の現在の葬儀の場で使用される作り物、あるいは儀礼的作り物（以下、作り物とのみ記す）に焦点を当て、作り物の製作方法及び使用法について報告するとともに、作り物に関して若干の考察を行うものである。

沖縄県では自宅葬の頃の葬儀は、主に親戚や近隣の互助組織によって行われていた[1]。龕や天蓋、四流旗など の葬具は、集落で保存されているものを使用したが、造花、前卓、位牌、笠、杖、灯籠（あるいは提灯）、行灯、弔旗などの作り物は、葬儀の前日あるいは当日に親戚や近隣の人々によって製作された。これらの作り物の多くは実用性はなく儀礼的なものであり[2]、祭壇や墓前を飾り、野辺の送りの葬列を華やかに演出した。墓前での祭祀の後は置き去りにされ、後日決まった場所で焼却され、廃棄された。このように作り物は、葬儀に際してのみ製作され、原則として作り置きはされない。一回性のものであり、使用後の処理の方法も廃棄場所も決まっていた。なぜならば作り物は単なるモノではないからである。

前述した作り物は、本土でもみられる一般的な葬儀の作り物であり[3]、沖縄では主に葬儀社によって広まったと考えられる（これらの作り物を葬儀社によって広まった作り物と記す）。[4] 葬儀社によって広まったと考えられる作り物に対して、沖縄従来の葬送習俗で使用された作り物もある（これらの作り物を従来の作り物と記す）。従来の作り物については、各市町村史や民俗誌、名嘉真宜勝（一九八九bなど）などに報告されている。例えば、二本のススキを結わいてアーチ型にしたサンや、竹に木札を吊るしてブンブン鳴るようにしたボーミチャーである。アーチ型のサンは主に墓地からの帰りに海で体を浄めた会葬人がくぐったが、[5] サンは生と死の境界を意味したのであろう。ボーミチャーは、葬式の夜のムヌウーイという悪魔追いの儀礼に使用された。これらの事例からも、作り物は単なるモノではなく、人々の死生観などとかかわっていることがわかる。

現在、沖縄県でも葬儀社を利用することが多くなり、火葬場も増え、葬儀のやり方は大きく変化した。自宅葬も少なくなり、喪家で作り物が準備されることもめったにみられなくなった。だが、与那国島では今でも自分たちで作り物を製作し、龕による葬送を行っている。[6] 同島の葬儀は僧侶ではなく、霊的職能者によって執り行われているが、作り物に書かれる文言などには仏教の要素がみられる。さらに、従来の作り物や、霊的職能者によって製作される作り物もある。本稿ではこれらの作り物について報告し、葬儀における作り物の役割について考え、作り物とその役割からシマの死生観、及び死者に対する人々の接し方と葬儀に対する考え方の変化を考察する。

一　与那国島の死生観と「葬儀書式」

与那国島の葬儀についてはすでに第一部第二章で報告したので、ここでは同島の死にまつわる伝承と死生観について述べ、[7] さらに同島の葬儀の記録である「葬儀書式」について紹介する。

（1）与那国島の死にまつわる伝承と死生観

与那国島では島外（那覇や石垣の病院）で亡くなるのをタビで亡くなるといい、タビで亡くなるとその地で火葬され葬式が行われる。しかし、自分の家で葬式をしてあの世に送られてこそ成仏するといわれているので、タビで亡くなった死者は島に帰って家で再び葬式をしてから龕で墓地に送られる（写真1）。

戻ってこなければならないのは遺骨だけではない。死者のマブイ（魂）もまた遺骨とともに戻ってこなければならない。人は生まれ年（十二支）の神に前方から守られ、クサティの神に背後から守られて生きているといわれ、これらの守り神がなくなると人は死に、マブイだけが存在し続けると考えられている。そのため島外で亡くなると遺骨とともにマブイも帰島させなければならない。死者のマブイも島に戻り、家から送られなければ死者はあの世にいけないと考えられているからであろう。[8]そのために人々はマブイの飛行機代として、あるいはその土地を通る税金として、飛行機の座席あるいは空港の隅にこっそりと三〇円を落としてくる。[9]遺骨の帰った日が通夜となり遠方の親戚もその日に集まってくる。

同島では今でも通夜や出棺の際には哭き歌がうたわれる。死者を送る霊的職能者であるムヌチのO氏によると、哭き歌はあの世への知らせの役割をするという。死者は舟で川を渡って、あの世に向かうといわれている。哭き歌を聞いて知らせを受けたあの世の両親や先祖たちは、死者の舟をあの世の桟橋まで出迎え、その手をひっぱって迎えてくれるのだという。死者はあの世の両親や先祖に快く迎えてもらうことが大事であり、あの世の人々も死者を迎えるために

写真1：龕による葬送

力を貸してくれると考えられているのである。これは葬儀の際のムヌチの願いの言葉からもうかがえる。

通夜の翌日に告別式が行われる。出棺の際には、ムヌチも家族も「道を迷わずまっすぐ行くんだよ」と死者に声を掛ける。「まっすぐ行くように」という言葉は墓地でも掛けられる。同島ではあの世も墓地もグズと呼ばれる。祖納の広大な浦野墓地には「グズの銀座通り」と呼ばれる道があるという。あの世の神はグズガナシ、アミダノホトケなどと呼ばれる。同島の比川では、人間は集落と耕地に、死者は原野に、神はその周辺の山海、天地に帰属していて、人間の住む世界をサンカ、死者の世界（あの世）をヌンカという。ヌンカという言葉は、グズ（後生）という言葉以前のあの世をさす言葉であるという〔伊藤　二〇一〇　二五七・二五八〕。比川ではヌンカとサンカの境は集落のはずれのカネジマ橋であり、ヌンカは集落の周辺のきわめて近い場所に観念されているという〔植松　一九八〇　一〇六〕。

納骨後、一週間ごとの法事が行われるが、特にサガイと四十九日は盛大に行われる。サガイは死者をあの世の帳簿（あの世の戸籍であるという）に載せる日であり、焼香の始まりであるといわれる。墓の前で畑の絵を書き、死者に儀礼的に畑を分け与える。死者はあの世でその畑を耕し、税金を払って食べていくと考えられているのである。そのためサガイや四十九日には、仕事着を墓で焼いて死者に送ることもある。死んだ人は、あの世でも家族たちと一緒に、この世と同じような暮らしをしていると考えられているのである。

さらに四十九日までの間に、死者の魂であるマブイと遺族との別れ（チィバガシ）が行われる。なぜなら人は死んでもマブイは残っているからだ。四十九日は盛大に行われ、この日から死者の位牌は仏壇に加えられる。

年忌は焼香、クブンと呼ばれ、サガイ・四十九日・百日・一年半・三年・七年・十三年・二十五年・三十三年と九回行われる。人間は生まれてから九回の生年祝いがあるのに対して、グズに旅立った死者には九回の焼香があり、九回の焼香を経た後に神になるといわれているという〔米城　二〇一〇b　五五五〕。ムヌチの死者に対する言葉にも「祟ることなく神になってください」という言葉がある。しかし、筆者がムヌチのO氏からお聞きしたところによると、「死んだ人は神ではなくグズの会計であるブースゥの家来になる」という。渡邊欣雄・杉島敬志によると、最終年忌後の祖先は、「ブースゥのシンカとなる」「ブースゥの後輩となる」「ミダヌフトゥギのシンカとなる」「神となる」といわれているが、「神となる」は最終年忌前と後の祖先の変化を隠喩的に表現しているだけだと考えられるという（渡辺・杉島　一九八〇　三三五）。以上のことから、与那国島では墓に送られた死者や、三十三回忌を過ぎた死者は、「神になる」とも表現されるが、必ずしも神になるとは考えられていないようである。

⑵シマの死生観とムヌチ

与那国島では、現在でも葬儀はムヌチに依頼する。[11] 現在、同島には三人のムヌチがいて、お互いに都合をつけあって葬儀を担当している（第一部第二章参照）。

ムヌチは死者があの世にまっすぐ行けるように、またあの世で快く迎えられるようにと何度も願う。怨みを残して死んだ人は、あの世に行けず悪霊（あの世のコジキなどと呼ばれる）となり、生きている人々に祟ると考えられているからである。怨みを残して死んだ人とは、島外で亡くなった人、事故で亡くなった人、若くして亡くなった人などである。この世に怨みを残さず、墓地の神々やあの世の神、亡くなった両親や先祖たちに快く迎えられてこそ、死者はまっすぐにあの世に行くことができると考えられているのである。なお、死者はさまざまな形で生者に「しらせ」を送る。[12] その仲介役をするのはムヌチであり、死者はムヌチを通じて死後も生者と交流し続ける。

⑶与那国島の葬儀の記録「葬儀書式」

与那国島の祖納には、葬儀の際の作り物に記す文言などを記録した「葬儀書式」という冊子が伝えられている。

墨による汚れや破損のため「葬儀書式」は何回か書き換えられてきた。「平成八年七月二十日　葬儀書式　贈　入福浜賢」と墨書された表紙はあるが（写真２）、内容をみると少なくても三冊の「葬儀書式」の一部がまとめて保管されてきたようである。そのため、重複部分が多く、その正確な順番もわからない。紙の破損も激しい。本稿では重複部分をひとつにまとめ、重複部分に書かれた文字が異なる場合は該当文字に傍線を引き、異なる文字を［　］の中に記した。また、後になって訂正されている文字がみられるが、この場合には訂正すべき該当文字を四角く囲み、脇に訂正文字を書き加えた。①から⑫の番号は便宜上筆者が付けたものである。⑤は、左右と中央部分にわけて記されていたが、全体がわかりやすいように筆者が全体図（図１）を製作して掲載した。⑪の内容は省略した。⑫の葬送順は見やすいように多少の手直しをした。（　）内は理解しやすいように筆者が加えたものである。なお、ここに記した文字はあくまでも「葬儀書式」に記載されていた文字であることを明記しておく。

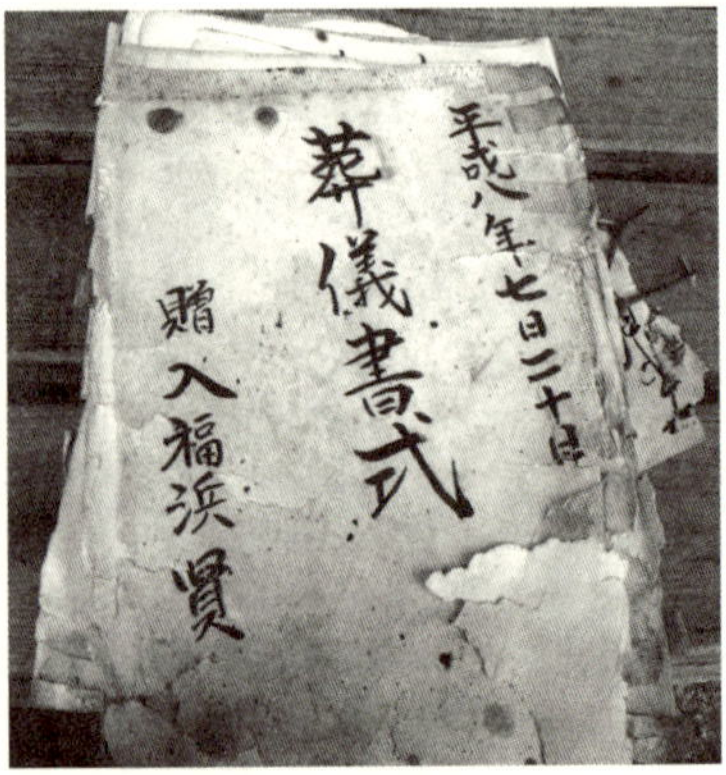

写真２：「葬儀書式」の表紙

表紙　平成八年七月二十日　葬儀書式　贈　入福浜賢

表紙裏　注意

一・この書式使用后は必ず箱に納めること

一・書式紛失や汚損の場合は書き換えること

一・記録は末尾に記載すること

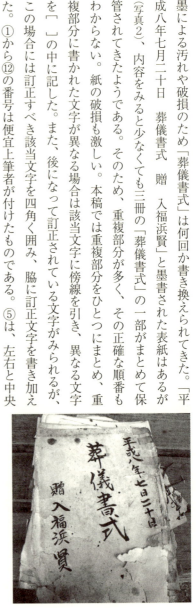

① 種子物袋　月落　天　不離　爪入袋　水流　元　入海

② 天蓋ノ四角　一．迷故三角城　二．悟故十方空　三．本來無東西　四．何処有南北

③ 合竜四ツ角　南無阿彌陀佛

④ 靈位　表　歸（帰）元男女　名　靈位　裏　死亡年月日　享年　才

⑤ 顔ヲ覆ノ布文字（図1）

図1：顔ヲ覆ノ布文字

諸

⑥ 四ツ旗　佛請行無常　法是生滅法　僧生滅滅［々］已　寶寂滅為楽

⑦ 墓地旗　釈迦如来楞伽仙　為衆告命南天竺　憶念彌陀佛本願　自然即時入必定

⑧ 弔文　謹弔　哀惜　追悼　追別　弔意　安臥　痛嘆　追弔　悲哀　冥福　追悔　惜別
追念　哀愍　追福　安眠　追思　追善　哀哭　追憶　哀憐　追想　弔意

⑨ 弔旗記載文例　謹弔　御父上様之靈　哀悼　御尊父様之靈　哀惜　御母上様之靈
追弔　御祖母様之靈　追別　御姉上様之靈　御叔父上様之靈

⑩ 弔意　何某之靈　別詞　別辞　氏名　注意　墓地旗には生存者氏名は避けてください。

一九七〇年二月二十一日、「与那覇ナサ」葬儀の際、外間守二氏考案す。

⑪ 記録（昭和二十年から平成十三年までの四つ旗などの寄贈の記録）

※省略した。

⑫ 葬送順

燈篭旗―四つ旗　墓地旗―生花　造花　男近親者
弔旗　前卓―位牌―哀主
燈篭旗―四つ旗　墓地旗―生花　造花　女近親者

各旗―天蓋―下駄―合竜女近親者
―男会葬人―草履―女会葬人
水瓶―合竜の用具入箱
―男会葬人―傘――女会葬人

なお、文中の弔旗とは、友人や親戚、家族などが贈る葬儀会場の供花（花輪や生花）と同じ意味であるという。千円を払い、葬式当日に「謹弔　御父上様之靈」「哀悼　御尊父様之靈」などと書いてもらい、依頼者の名前を付け、野辺の送りの際に墓地まで運ぶ。「合竜」とは龕のことであり、「燈篭旗」とは、作り物の提灯を長い竹の先に付けたものである。墓地旗は墓地の四隅に立てられる四本の旗である。以上の記録をみただけでは、同島の葬儀は仏教の要素の濃厚な葬儀であり、また葬儀社の影響もみられるといえよう。

二　作り物の実際

ここでは、筆者の拝見した与那国島祖納のM家の葬儀（二〇一二年）の作り物について、その作り方と使用法などについて報告する。

（1）作り物を作る時・場所・担当者（班）

作り物の製作は、基本的には通夜の日の午前八時頃から始まる。造花作りなどの作業はハナ作りと総称されるが、旗作りの作業にははっきりした呼び名はない。前者の方がより熟練した技術が必要とされるからであろうか。本稿ではハナ作りのグループをハナ作り班、旗作りのグループを旗作り班と便宜上記すことにする。旗作り班は男性のみであるが、ハナ作り班には手伝いとして女性も一名みられた。ハナ作り班の作業は、喪家の前庭にテントをたて、大きな作業台を置いて行われるが（写真3）、旗作り班の作業は喪家の門の外の

写真3：ハナ作り班の作業
提灯（左手前と右奥）と笠（中央）を作っている。奥の箱の中に完成した造花が入っている。

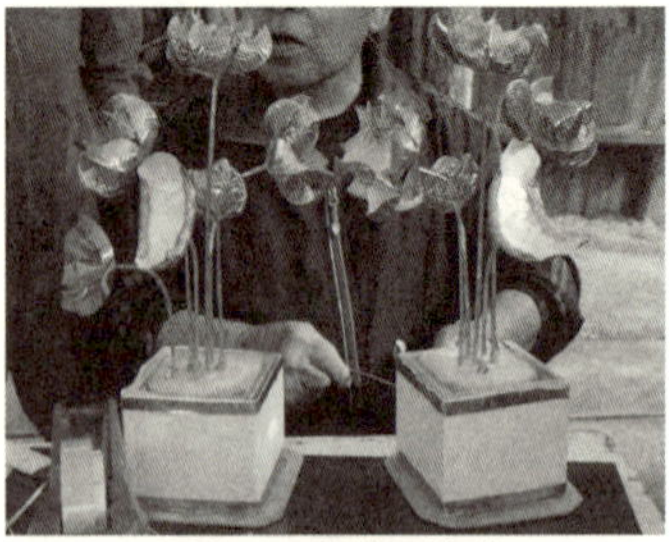
写真4：金蓮の造花

写真5：焼香台の白蓮の造花

写真6：キバナ

写真7：種子物袋と爪入袋

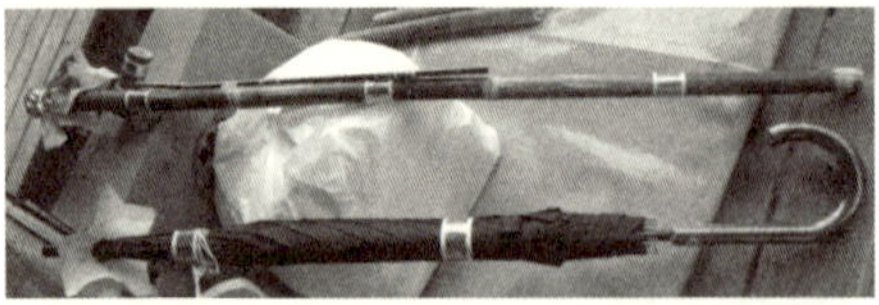
写真8：杖（上）

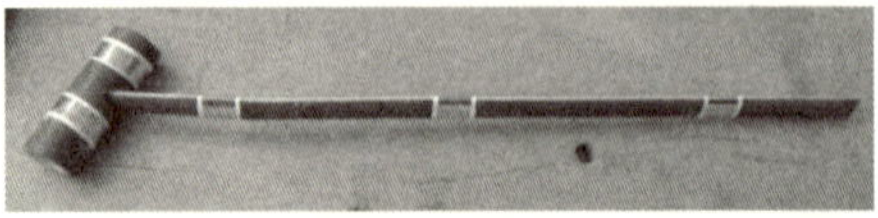
写真9：柄杓

写真10：笠

写真11：行灯

写真12：提灯

写真13：位牌

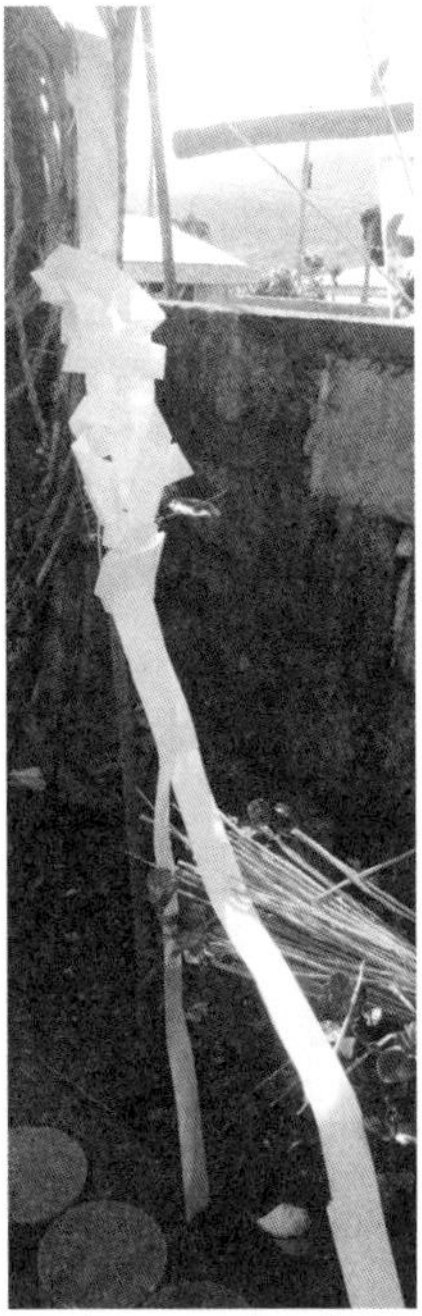

写真17：天蓋の組紐

写真15：イットウの輪

写真14：墓の口の前に置かれた前卓とクバの線香立て

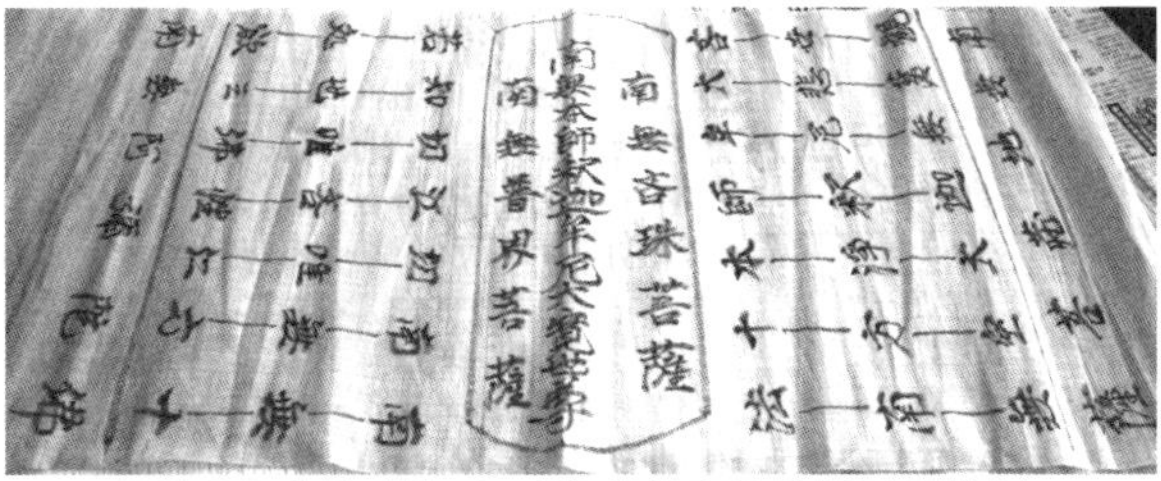

写真16：「顔ヲ覆ノ布」（葬式当日、入仲誠三氏製作）

①

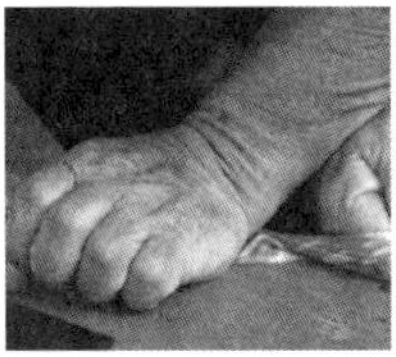

②

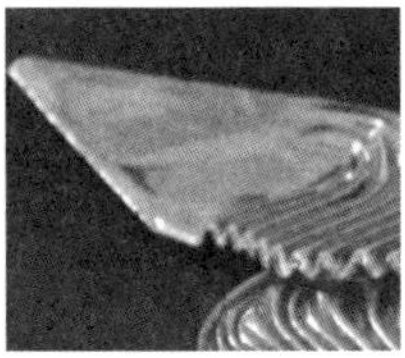

③

④

（資料：蓮の花冠の作り方）正方形の紙を三角形に二度折り、紙の上部を緩いカーブをつけて台形状に切る（①）。①を布で包み、端を手の付け根で固定し片方の手で力を入れて布を捻じると（②）片側に皺ができる（③）。それを開いて３枚重ねると蓮の花冠となる（④）。

路上で行われる。

　ハナ作り班では造花、袋、笠、杖、提灯、位牌などを作る。購入した下駄・蝙蝠傘などにも金紙や銀紙を張って飾り付ける。葬式当日の昼までには、これらの作業をすべて終わらせなければならない。すべての作業が終わると、豚の三枚肉・昆布・神酒・塩をいただき、浄めの儀式をする。このような浄めをやるのは、ハナ作り班だけである。ハナ作り班の担当者は作り物に熟練した人々であり、何人かの人がそれを手伝う。現在の担当者は、仲里正明氏（一九四一年生まれ）と崎原孫吉氏（一九四二年生まれ）である。葬式の日程は前々からわかっているわけではない。そのため、二人で都合をつけあって担当している。文字を書くのは入仲誠三氏であり、筆の入った道具箱と文字をメモした紙を持参する。[13] なお、ムヌチによって用意される作り物もある。

(2) 作り物の製作方法

　作り物を、A. ハナ作り班の作り物、B. 旗作り班の作り物、C. ムヌチの作り物にわけて、それらの作り方について述べる。作り物の材料は、紙や植物（竹や植物の蔓・葉・茎）、ベニヤ板などである。白い紙は主にコピー用紙を用い、金紙と銀紙はハナ作りの担当者が石垣市で購入して常時備えている。竹や蔓などは山から採取してくる。前卓や位牌を作るベニヤ板は、担当者が調達する。製作に際しては糊、セロハンテープ、鋏、カッター、ハンカチ、筆、ボールペンなどが使用される。作り物に書かれる文言は「葬儀書式」に拠る。ここでは作り物の製作方法と、それぞれに対応する写真をあげる。作り物のサイズは厳密には決まっておらず、製作者の長年の勘による。完成したハナ作り班の作り物は、主に喪家の廊下や庭の隅などにまとめて置かれる。旗は門の外にまとめて立てかけられる。

A・ハナ作り班の作り物

造花（写真4　写真5）[14]

最も手間と時間がかかるのが造花作りである。造花は白蓮、金蓮、銀蓮の三種類からなる。[15] 製作方法は同じであり、花冠（花）のみのもの、葉のみのものにわかれる。花冠は直径十二センチの正方形の紙を細工したものである（資料：「蓮の花冠の作り方」参照）。四角い箱（九センチ四方）を作り、その中に輪切りにした芭蕉の茎を入れ、そこに完成した造花を挿す。箱の底から測ると造花は全長約三〇センチである。九本ごとに箱に挿したものがふたつで一組となる。各色ともに五組など奇数で製作される。なお、焼香台や前卓に置かれる白蓮は、やや小ぶりで花数は一〇本、容器も円錐形である。

キバナ（写真6）

赤や黄色の葉をつけたクロトンの茎を、芭蕉の茎の入った箱に挿し、上には細長く切った障子紙を飾る。蓮の造花よりも多少大きめであり、二組作る。以前はクロトンではなくクロキやガジュマルを使用した。

種子物袋・爪入袋（写真7）

種子物袋は穀物の種子を、爪入袋は死者の爪を入れるものであり、それぞれひとつずつ製作される。金紙で台形（最大で横十八センチ、縦十二センチほど）の袋を二つ作り、表に文言を書いた白い紙（B4のコピー用紙を四等分したものであり、文言は「葬儀書式」参照）を張り付ける。死者の爪は、火葬前に切って保存しておいたものを入れる。種子は大豆などを芽が出ないようにフライパンで炒めて入れる。[16]

杖（写真8）　**柄杓**（写真9）　**笠**（写真10）　**行灯**（写真11）[17]　**提灯**（写真12）　**位牌**（写真13）　**前卓**（写真14）　**骨箱**（写真なし）

提灯、行灯、位牌が一対、ほかはすべてひとつずつ作られる。前卓、位牌、骨箱を除きこれらの作り物に実用性はないので小ぶりに製作される。杖は竹の皮を削り、白い紙と金紙を巻き、頭頂部には金紙を麻紐で巻き付ける。杖の長さは蝙蝠傘とほぼ同じ長さであり、葬列の時には柄杓と笠を括り付ける。柄杓は竹で、柄の部分（全長約三〇センチ）と杓の部分（全長約五センチ）を作って組み立て、やはり飾りの白い紙と金紙を巻きつける。笠はタケヒゴで円錐形の型（直径約二〇センチ、高さ約一〇センチ）を作り（写真3）、白い紙で頂を覆い、金紙と銀紙で飾り付ける。行灯は同じ大きさの箱（高さ約二〇センチ、幅約十五センチ）を二つ作り白い紙を張り、飾りに金紙と銀紙を貼る。提灯はタケヒゴで多角形の骨組（高さ約四〇センチ、最大横幅約三〇センチ　写真3）を作り、全体を白い紙で覆い、金紙で飾りを入れる。[18]タケヒゴで持ち手を作り、長い竹の先に吊るして墓地まで運ぶ。位牌はベニヤ板に白紙を貼って二つ作り（縦約十五センチ、横約六センチ）、筆で表と裏に文言を書き、台を付ける（文言は「葬儀書式」参照）。位牌には戒名ではなく俗名、つまり本人の名前を書く。戒名のある場合は戒名も裏に書くが、与那国島では戒名は重要視されていない。位牌のうち一つは金紙で包み銀紙の飾りを貼る（この位牌は墓地まで運ばれる）。前卓（長さ七〇センチ、幅三〇センチ、高さ九センチ）は、位牌、白蓮の造花、行灯などを載せる小さな膳であり、ベニヤ板で作る。骨箱は骨壺を入れる箱であり、やはりベニヤ板で作る。

イットウの輪（写真15）

イットウの輪とは、トウツルモドキ（方言名イットゥ）の蔓で作られた直径約一メートルの丸い輪である。[19]人々は素材の名称にちなんでイットウとのみ呼んでいた。正式名称が不明なのであろう。

「顔ヲ覆ノ布」（写真16）[20]

「顔ヲ覆ノ布」は、かつては六尺（二二八センチ）の芭蕉布あるいは麻布であったというが、現在ではそれほど長くない（長さ約一二〇センチ、幅約五〇センチ程度）。最初に布の中央部分に仏名を書き、それから両脇の文字を書き、両脇の文字を線でつなぐ（文言は「葬儀書式」参照）。

天蓋の組紐（写真17）

天蓋旗は、先端の龍頭と天蓋と持ち手の部分からなる。天蓋の下には黒い布が袋状に取り付けられ、その袋状の布の内側から全長一メートル以上の組紐が垂らされる。組紐は細長い白紙（長さ二メートル以上、幅約一〇センチ）を作り、横に折って紙幅を約五センチにして、紐の上部を複雑に結んだものである。組紐の上部（長さ約六〇センチ、最大横幅約二〇センチ）は女性の腹部を表しているという（図2）。

B．旗作り班の作り物（写真18）

竹を洗い節や葉をとり、墨書した布を付けて、墓地旗（四本）、名旗（一本）、弔旗（希望者の数に応じて製作される）を作る。墓地旗と弔旗の文言は「葬儀書式」に記されている。名旗には故人の名前を書く。旗の長さによって棹の長さは異なり、墓地旗が最も大きい。

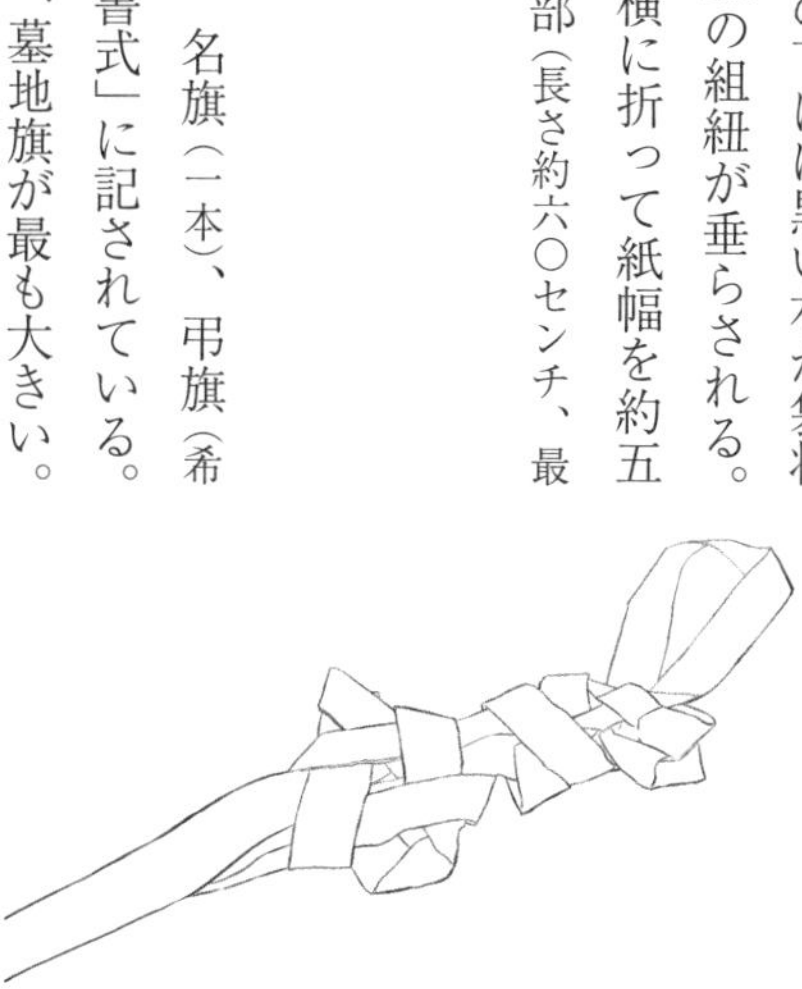
図2：天蓋の組紐の上部の結び方

C．ムヌチの作り物

ムヌチは、通夜の前日からウチカビと「御願用白紙」を五枚ずつ合わせた紙銭のセットを、三十三回忌がすんでない先祖の数だけ準備した。[21] ウチカビは先祖に、御願用白紙は墓地の神々やあの世の神々に捧げるものである。出棺の日に墓の口を開けるが、これを墓の口開けという。この日は墓地でクバの葉の香炉を作る。クバの葉の香炉は、クバの葉の先を結わいて容器とし、

写真18：墓地旗

中に砂を入れたものである（写真14）。

(3) 作り物の使用法とその処分

完成した作り物は、喪家、野辺の送りの葬列、墓地で使用される。以下、葬儀の流れとともに、作り物の使用法とその処分について述べる。

喪家にて

イットウの輪は、遺骨が島外から家に帰ってきたとき、喪家の門のところで使用される。二人の男性がイットウの輪の両側を持ち、遺骨を持った喪主を三回くぐらせる（写真19）。家に帰った遺骨は、仮祭壇（焼香台）の前に置かれるが、そのとき「顔ヲ覆ノ布」を骨壺の上から掛ける。この布は最終的には骨壺とともに墓の中に入れられるという。白蓮の造花一対も、通夜の日から出棺まで焼香のための仮祭壇の上に置かれ、後に墓地まで運ばれる。種子物袋と爪入袋は、火葬になる前は死者とともに棺に入れたというが、現在では骨箱の中に入れるのであろう。イットウの輪の処分法については調査していない。

野辺の送りの葬列

告別式が終わると、骨箱を載せた龕とともに、作り物が墓地まで運ばれる。天蓋旗（写真20）は婿、前卓は喪主、造花は孫など、何を誰が運ぶかは故人との関係で決まっているようである。天蓋旗は墓地に着くとすぐに分解されて

写真19：イットウをくぐる遺骨を持つ喪主

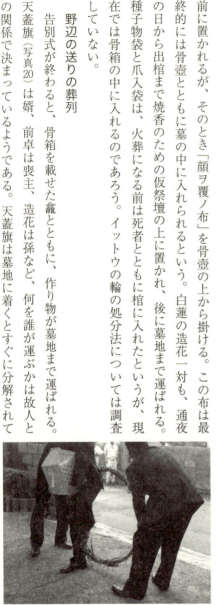

片付けられる。天蓋の組紐も同時に処分されたと考えられる。

墓地にて

墓地の中にはクバの葉の香炉が、墓地の地の神、屋根の神、タチ神、門の神、子の神などの居場所（合計九か所）に置かれている。墓地の前には、すでに供物の入った重箱、祈願の際の敷物、生花などがトラックで運ばれている。葬列が到着すると、墓地の四隅に墓地旗を立て、さらに弔旗や名旗を周囲に立てる。龕とともに運んできた作り物を墓地内に入れ、墓の左右には提灯を吊り下げ、墓の正面には金蓮、銀蓮、キバナの作り物を置く。杖や笠は墓の右側の袖に置かれる。墓の庭の両脇には、ユリや菊などの生花が並べられる。

遺骨を墓の中に入れた後、墓の口を閉め、墓の口の壇に生花の花立てと線香立てを置く。墓の口の前には位牌、行灯、白蓮の造花、香炉が載った前卓を置き、その前にさらにクバの葉の香炉を置く。ここは墓での願いの際の祭壇となる。祭壇の正面に敷物を敷き、供物の重箱（豚の三枚肉、昆布、白餅などが入っている）を並べ、ムヌチと家族が敷物の上に並んで願いをする。願いのあと、ムヌチの用意した紙銭のセットを燃やし、遺族代表の挨拶で葬儀は終わる。運ばれてきた作り物は、墓地内に置かれたままで、サガイ、あるいは四十九日にまとめて燃やされる。

三　作り物の役割に関する考察

ここでは与那国島の作り物を、その特徴や製作

写真20：天蓋旗

者から、仏教的な要素を持つ作り物（仏教式の葬具に取り付けられる作り物も含む）、葬儀社によって広まった作り物、従来からの作り物、霊的職能者の作り物、その他にわけて作り物の役割について考えたい。

（1）仏教的な要素を持つ作り物

本稿における仏教的な要素を持つ作り物とは経文の書かれる作り物であり、「顔ヲ覆ノ布」、墓地旗、種子物袋と爪入袋である。「顔ヲ覆ノ布」は経巾とも呼ばれ、琉球国時代には葬儀に際して僧侶を呼べない人々が、僧侶の読経の代わりに求めたものである（第二部第一章参照）。与那国島ではチラヌサァディと呼ばれていて、かつては布の中央部分を遺体の顔に当てて覆ったというが、火葬となった現在では骨箱の上に掛ける。同島では「与那国にはお坊さんがいないからお経の代わりにやっている」といわれ、「よそにもどこにもいかんでまっすぐグズまで行きなさい」という意味があるという（原　二〇〇〇　一一五）。しかし、筆者がお聞きしたのは、「一種の魔除けさ」ということであった。チラヌサァディには経文が書かれ、その一部の文字は線で繋がれるなど、複雑な書きかたを呈している。これらの文字とその書きかたに、人々は魔除けの意味を与えたのであろう。葬儀の際に、死者の周囲には悪いものが群がってくるとムヌチのO氏はいうが、同島の葬儀ではさまざまな作り物が魔除けの役割をはたしていると考えられている。

四つ旗と墓地旗にも経文が書かれる。[22] 四つ旗は現在では保存しているものを使用しているため、本稿の作り物の範疇には入れず、ここでは墓地旗について考えたい。四本の墓地旗は、他の旗よりも大きく製作される。葬列では他の旗よりも後方に位置し、生花や造花、喪主の前に運ばれる。しかし、墓に到着すると墓地旗が最初に墓の四隅に立てられ、他の旗がその周囲をとり囲む。同島では墓地はグズあるいはグス（あの世）とも呼ばれ、悪霊などがいる場所と考えられている。墓地旗は、墓地の魔除けの役割を担ったものと考えられる。

種子物袋と爪入袋は死者に持たせる袋であり、[23]それぞれの袋の表には経文が書かれている。[24]種子物袋は、あの世で死者が畑を耕す際に使う種子物の入れ物である。なぜ爪を入れるかについて聞けなかったが、[25]死者があの世で使う種子や、死者に持たせる爪は特別のものである。袋の表に書かれた経文は、中に入っている種子や爪を清浄に保つ魔除けの役割をはたしていると考えられる。

天蓋旗は仏教式の葬具である。葬列でのみ使用され、墓地に到着するやいなや分解されて片付けられた。赤田光男によると、死霊はこの天蓋旗に依り付いて墓に行くという（赤田　一九八三　六二）。葬列で最も大切なことは、遺体（あるいは遺骨）とともに死者のマブイを墓地、あるいはあの世まで運ぶことである。葬列でのみ使用される天蓋旗が死者のマブイを運ぶ役割であることは十分考えられる。天蓋旗の天蓋の下には袋状の黒い布が付けられ、その内側から組紐が垂れ下がっている。葬列では、天蓋旗はその組紐を垂らしながら運ばれるが、死者のマブイは垂れ下がった組紐に依り付いて運ばれると考えられる。つまり、厳密にいえば死霊が依り付くのは天蓋旗ではなくて、天蓋の組紐であると考えられる。天蓋旗は、天蓋の組紐に死者のマブイを依り付かせ、墓地あるいはあの世まで運ぶ役割と考えられる。仏教式の葬具に取り付けられる作り物も、シマの死生観と結び付いているといえよう。

(2) 葬儀社によって広まった作り物

前述したが、造花、杖、笠、行灯、提灯、位牌、前卓などは、葬儀社によって広まった作り物といえよう。[26]現在、石垣島の葬儀社では、与那国島で作られている作り物とほとんど同じ作り物（一部の造花の形は異なるが）が用意（販売）されている。

では、これらの作り物について、人々はどのように考えているのだろうか。たとえば本土では杖や草鞋や笠は旅支度を意味していて、死者があの世に旅立つ際に使われるものと考えられている。杖に草鞋や笠が括り付けられるのはそのためであろう。与那国島では杖に柄杓と笠を括り付けるが、これらの作り物のいわれについては、柄杓を除いては聞けなかった。柄杓については、次のような話を聞いた。以前は野辺の送りのとき、酒の入った一斗甕を墓まで担いで行って野辺送りの客にふるまったが、そのときに柄杓を持って行った。現在、一斗甕は運ばず作り物の柄杓だけを墓地まで運ぶという。柄杓を除いた作り物のいわれについては知られていないようであり、これら葬儀社によって広まった作り物はシマの死生観とはあまり関係がないといえよう。

では、なぜ人々は多くの時間と労力をかけて、これらの作り物を作るのだろうか。位牌や前卓を除いて、これらの作り物はほとんど実際に使用されるものではない。これらの作り物は儀礼的な作り物であり、そのほとんどにあざやかな金銀の飾りが施されている。金蓮・銀蓮の造花にいたってはすべてが金紙、あるいは銀紙で製作されていて、まばゆいばかりであり、熟練した技術が必要なほど精巧に作られている。造花以外の作り物では、本体に白い紙を巻いてから金紙や銀紙の飾りを貼り付けるが、このような手法は金紙や銀紙の輝きを目立たせる[27]。現在の葬儀では、あふれる程の生花が島外から宅配便で届けられるが、生花のなかった時代にはこのような作り物は華やかに葬儀を演出したに違いない。つまり、これらの作り物は、主に葬列や墓地での祭祀を華やかに演出する役割なのである。これらの作り物で葬儀を華やかに演出するようになった背景には、死者に対する人々の接し方と葬儀に対する考え方の変化がかかわっているものと考えられる。

(3)従来からの作り物

イットウの輪は、最近はめったに作られないという。故人の叔母のU氏(当時八八歳)によると、これは浄めであり、昔はタビで亡くなった人が帰ってきたら、「こんなことが二度とないように、生まれ変わってきなさいよー」と願う意味で、門の入口で上から下に三回輪をくぐらせたという（昔は遺体をくぐらせた）。まだ若いのにタビで（那覇の病院で）亡くなった甥がかわいそうで、U氏はイットウの輪を作るように指示したという。与那国島では島外で亡くなった死者、あるいは不慮の事故や若くして亡くなった死者は、そのままでは葬儀を出してもらうこともできなければ、あの世に行くこともできない存在だと考えられていた。なぜなら正常な死に方（老衰で自宅死）をした死者ではないからである。前述したが、正常な死を迎えなかった死者は、この世に怨みを残しているので、生きた人に祟ると恐れられていたのである。そのため、門前でイットウの輪をくぐり、正常な死を迎えた死者に生まれ変わり、はじめて喪家の中に入れたのである。イットウの輪は生と死の境界であり、異常な死を迎えた死者を正常な死を迎えた死者に生まれ変わらせる役割をしている。シマの死生観と結びついた作り物といえよう。

（4）霊的職能者の作り物

ムヌチはウチカビと御願用白紙で紙銭のセットを作った。ウチカビはあの世のお金であり、漢族の祭祀習俗に由来するものであるが、沖縄の祖先祭祀においても重要な役割をはたしている。御願用白紙は神願いの際に用いられる白紙である。紙銭のセットは墓地で燃やされるが、あの世の神々や墓地の神々、あの世の人々に対する贈り物である。墓地の各所に置かれるクバの葉の香炉は、神事でも使用される同島の伝統的な香炉であり、邪気が入らないようにする役割である[28]。

（5）その他

前述したが、弔旗とは葬儀会場に飾られる供花に相当する。供花である花環や生花は、家族や親族、友人がお金を払って死者に贈るものであり、弔旗は葬儀社のこのシステムを倣ったものである。弔旗は「葬儀書式」によると、一九七〇年に考案されたとあるが、筆者は他島でも同じような話を聞いた。弔旗は他の旗とともに葬列や墓地の周囲を飾るだけでなく、花環や生花同様、葬儀の際の付き合いに一役かっているといえよう。

以上をまとめると、作り物の役割は、魔除けの役割、死者のマブイを依り付かせ、墓地あるいはあの世まで運ぶ役割、葬儀を華やかに演出する役割、あの世や墓地の神々とあの世の人々に対する贈り物としての役割、葬儀会場に飾られる供花に相当する役割などであった。そして、作り物に書かれる経文は魔除けと見做されているようであり、仏教式の葬具に取り付けられる作り物であっても、シマの死生観と結びついた役割を担っていることがわかる。

四　作り物の役割からみたシマの死生観など

ここでは作り物からみたシマの死生観などについて述べ、さらに人々の死者に対する接し方と、葬儀に対する考え方の変化について考察する。

(1)作り物からみたシマの死生観

ここではシマの死生観と結びついていると考えられるイットウの輪と、天蓋の組紐についてみていきたい。

まず最初にイットウの輪の役割について検討したい。イットウの輪は生と死の境界であり、島外で死んだり、若死にした死者、事故死の死者を、正常な死を迎えた死者に生まれ変わらせる役割をしていた。しかし、イットウの輪をくぐったのは死んだ人ばかりではない。生きている人も輪をくぐることがあった。年配の女性たちの話では、出産に際してもこのような輪くぐりが行われたという。日の悪い日に生まれた子供は、生後二〜三日目に、「また、まりきりよー」（生まれ変わりなさい）といいながら藁で作った輪に七回くぐらせた。[29] 島外で生まれた赤ん坊も輪をくぐらせたというが、これは赤ん坊が帰島してからであろう。山などで行方不明になった人が発見されて家に入るときにも、輪を七回くぐらしたというが、「まったまーりー」（生まれ変わりなさい）の意味だという。洗骨の際に墓の中に入る時も、輪を七回くぐってから中に入ったという。イットウの輪は異常な死を迎えた死者だけでなく、さまざまな生者を生まれ変わらせることができると考えられていたようである。

ではなぜ、イットウの輪をくぐることは生まれ変わることと考えられたのだろうか。それを理解するためには、生と死がシマの人々にどのようにみなされているのかを知る必要がある。前述したが、与那国島では生者には守り神がついていて、これらの守り神がなくなるのが死であり、死ぬとマブイだけになって存在すると考えられている。つまり、同島では生とはマブイに守り神がついた状態であり、死はその守り神がなくなった状態なのである。生と死は繋がっていて連続しているものだという死生観の存在が指摘できよう。[30] 生と死が繋がっていて連続していると考えられているから、死者も生者もイットウの輪をくぐることは生まれ変わることと考えられたのであろう。同島の伝承では、死者の赴くあの世は生きている人のすぐ近くであり、死んだ人たちはあの世でもこの世と同じように暮らしているという。生と死が繋がっていて、連続しているものだという死生観があるからこそ、あの世の人々もこの世の人々と同じような暮らしをしていると考えるのであろう。

次に、天蓋の組紐について考えたい。天蓋の組紐は死者のマブイを依り付かせ、墓地あるいはあの世まで運ぶ役割を担っていると考えられた。天蓋の組紐の上部は複雑に結んであり、これは女性の腹部を模しているといわれる。このような人体を模した紐の結び方は与那国島ではタチムンビと呼ばれる[31]。米城恵は、産室の入口に吊り下げられた注連縄（シルンナ）にもタチムンビが作られたといい、シルンナのタチムンビはこの世への、天蓋のタチムンビは、あの世への人の魂が乗り移る形代の趣が強いと述べ、死は新生への通過点であり、後生への誕生を意味したのだろうかという（米城　二〇一〇a　八〜九）。天蓋の下の袋状の黒い布の内側には、組紐の上部、つまり女性の腹部を模した部分が隠される。葬列では、死者のマブイは垂れ下がった組紐に依り付くと考えられたが、さらに袋状の黒い布の内側に隠れている組紐に依り付き、その中に入ると考えられるのではないだろうか。女性の腹部を模した複雑な組紐の部分を作る理由は、マブイがそこに入ると考えられるからであろう。女性の腹部にマブイが入ることは、誕生を意味すると考えられる[32]。米城の示唆したように、死は新生への通過点であり、あの世への誕生という死生観を指摘できよう。

(2) 作り物からみた死者に対する接し方と葬儀に対する考え方の変化

那覇市に葬儀社ができたのは明治後期であり（川平　一九七四　二三六）、石垣町（現石垣市）では大正八（一九一九）年である（石垣市役所　一九八三　八六九）。葬儀社によって広まった作り物は、比較的新しい作り物であると考えられる。これらの作り物は、葬列や墓地での祭祀を華やかに演出する役割であり、シマの死生観とは関係のない作り物といえよう。しかし、これらの作り物が受容された背景や過程を考えることによって、人々の死者に対する接し方と、葬儀に対する考え方の変化がみえてくると考えられる。

かつての沖縄では、士族や一部の金持ちを除いて、死者を送るという行為は決して華やかなものではなかった[33]。死者は人々に忌避されていたのである。第一部第一章で述べたが、波照間島では明治三〇年代後半までは、葬儀は近親のみで行われていた。明治三七年（一九〇四）「琉球新報」の「波照間通信」によると、同島では死者を忌避して葬儀には他人はまったく立ち寄らなかったという。竹富島には死人のいる家に入るときの呪文があり、その呪文を門前で唱すれば、死者の霊はその人に災いをもたらさないといわれていた〔上勢頭二〇一三　二六七〕。石垣市では、葬式の行列をみる子供たちにはサンを持たせた〔山里　二〇〇七　一七二〕。ススキや藁、芭蕉などの先を結んだものはサンと呼ばれ、それは悪霊を払う強い呪力を持つと信じられていたからである。以上の事からも、死者、あるいは死者の霊が災いをもたらすものとして忌避されていたことがわかる。

前述したが、与那国島では、龕を用い、造花を作り、葬列が行われるようになったのは明治三三（一九〇〇）年頃からであるといわれる。それ以前は物持ちだけが一族協力してスガヌタという木で龕に似たものを作り、葬式に使用していただけで、貧者は遺体を棺に入れ、または葦ムシロに包んで、そのまま縄をかけて担いで墓地へ運んだという〔池間　二〇〇七　三四〕。波照間島と与那国島の事例からであるが、八重山地方では明治三〇年代を境に、他人がまったく立ち寄らなかった葬儀から、多くの会葬者が葬列を組んで墓地へ向かい、また多くの人々がそれを見送る葬儀へと変化していることがわかる。〈忌避される葬儀〉から〈見せる葬儀〉への変化である。そしてこの変化を促した原因の一つが、戦死者の葬儀に関する島庁通達であった[34]。しかし、いくら島庁通達であっても、人々の死者に対する忌避の感情が簡単に消えるわけではないであろう。八重山地方では、大正時代になると葬儀社が造花〔広告には「造花特別上等」と記されている〕を用意しているが〔石垣市役所　一九八七　四六〕、葬列を華やかに演出する葬儀社の作り物は、死者に対する忌避の感情を隠蔽し、人々の死者に対する接し方を変化させる役割を担ったのではないかと考えられる。

〈忌避される葬儀〉から〈見せる葬儀〉への変化は、さらに人々の葬儀に対する考え方も変化させたものと考えられる。盛大かつ華やかな葬儀をして死者を送ることが喪家の名誉であり、かつまた死者への慰めになると考えられるようになったのである。つまり、葬儀社によって広まった作り物は、人々の死者に対する接し方を変化させるとともに、葬儀に対する考え方も変化させる一因となったと考えられるのである。盛大かつ華やかな葬儀をするために、都市部の金持ち以外の人々は、自分たちでこれらの作り物を製作し始めた。筆者の葬儀に関する調査では、多くの話者が造花の製作方法を熱心に語ってくれたが、作り物の中で最も華やかな造花は、葬儀になくてはならない作り物となったことがわかる。

まとめとして

与那国島では島外での火葬が多くなった今でも、遺骨が島に帰ると多くの人々の手伝いによって自宅葬が行われている。自宅葬では造花や旗などの作り物が製作され、葬列を組み龕による葬送が行われる。同島の葬儀は僧侶ではなく島の霊的職能者によって執り行われているが、作り物に書かれる文言などには仏教の要素がみられる。さらに、霊的職能者によって製作される作り物もあれば、従来の葬送習俗で使用されていた作り物も作られる。本稿では、二〇一二年に拝見した同島の葬儀の事例から、これらの作り物について報告し、葬儀における作り物の役割について考え、さらにシマの死生観と、死者に対する人々の接し方、葬儀に対する考え方の変化を考察した。

同島の作り物は、ハナ作り班の作り物、旗作り班の作り物、ムヌチの作り物に大きくわけられる。ハナ作り班の作り物は、造花、キバナ、種子物袋、爪入袋、杖、柄杓、笠、行灯、提灯、位牌、前卓、骨箱などであり、金紙、銀紙を用いて華やかに作られる。位牌、前卓、骨箱を除き、これらほとんどの作り物は儀礼的な作り物といえる。さらに、ハナ作り班では経文を書いた「顔ヲ覆ノ布」、天蓋の組紐、従来の作り物であるイットウの輪などが製作された。旗作り班では墓地旗、名旗、弔旗などの旗が作られる。霊的職能者であるムヌチは墓地で燃やす紙銭のセットと、墓地に置かれるクバの葉の香炉を作った。

同島の作り物の役割とは、魔除けの役割（「顔ヲ覆ノ布」、種子物袋と爪入袋、墓地旗、クバの葉の香炉）、死者のマブイを墓地あるいはあの世まで運ぶ役割（天蓋の組紐）、喪家の別れの場や葬列、墓前祭祀の場を華やかに演出する役割（造花類など）、異常な死を迎えた死者を正常な死を迎えた死者に生まれ変わらせる役割（イットウの輪）、あの世や墓地の神々とあの世の人々に対する贈り物（ウチカビと御願用紙のセット）、葬儀会場に飾られる供花に相当する役割（弔旗）であった。そして、作り物に書かれる経文は魔除けの役割とみなされているようであり、仏教式の葬具に取り付けられる作り物（天蓋の組紐）であっても、シマの死生観と結び付いている。

同島の作り物の中で、シマの死生観と最も結び付いていると考えられるのがイットウの輪と天蓋の組紐である。あの世とこの世の境界と考えられるイットウの輪と、女性の腹部を模しているといわれる天蓋の組紐からは、生と死が繋がって連続しているというシマの死生観と、米城恵の示唆したように、死は新生への通過点であり、あの世への誕生であるというシマの死生観が指摘できよう。そして、生と死が連続して繋がっているからこそ、同島の伝承にもあるように、死んだ人はあの世でもこの世と同じように暮らしていると考えられているのであろう。

造花などは葬儀を華やかに演出するが、これらの作り物は葬儀社によって広まった作り物と考えられる。かつて死者は怖れられていて、他人が喪家を訪れることはめったになかった。死者に対する強い忌避の感情が存在していたのである。しかし、二〇世紀の初め頃から、八重山地方では、葬儀は〈忌避される葬儀〉から〈見せる葬儀〉へと変化し始めた。葬儀社によって広まった作り物は華やかであり、〈見せる葬儀〉に際して死者に対する忌避の感情を隠蔽し、人々の死者に対する接し方と葬儀に対する考え方を変化させる一因となったものと考えられる。

1　本土でも自宅葬の頃の葬儀は、葬式組などと呼ばれる近隣の互助組織によって行われていた。

2　行灯、提灯などは本来は、実用的なものであったと考えられる。

3　これらの作り物は野道具と呼ばれ、現在では葬儀社によって用意される。

4　明治の終わり頃、那覇に葬儀会社が創業し、造花の蓮華や花環が葬列に並ぶようになった。他府県人の葬列は華やかであり、「大和だび（日本式葬式）」と呼ばれたという。大正初期から首里・那覇に葬儀会社が増えたので、葬儀は次第に日本式に変わっていったという（川平　一九七四　二三六）。

5　サンをくぐる儀礼は、現在でも沖縄本島大宜味村塩屋で行われている。

6　宮古地方多良間島でも、自宅葬では与那国島と同じような作り物が作られている。僧侶が招かれることもほとんどないという。

7　与那国島の死生観や死に関する伝承については、ムヌチのO氏（祖納出身・比川在住）と、主に祖納の年長者に話を伺った。ムヌチとして長い経験を積むO氏は、多くの死者儀礼にかかわってきた。シマの死に関する伝承と死生観については豊富な知識を持っている。

8　海で亡くなって遺体が見つからない場合には、ムヌチが海でマブイ（石などであろう＝筆者注）を掬ってきて、墓の口の香炉の裏側に置く。

9　棺の中にも三〇円が納められるが、これは三途の川を渡る運賃だといわれる。
10　十二年おきに行われる一歳から八八歳までの祝いのことである。
11　僧侶ではない〈死者を送る人〉が葬儀にかかわる地域は、与那国島だけではない。沖縄本島北部でも葬儀を行う霊的職能者がいるという。宮古島では、集落のカンカカリャーやカンニガイオバアと呼ばれる人々が行った。伊良部島ではムヌスーという霊的職能者に頼んだ。
12　死者の〈しらせ〉とは、悪い夢を見た、仏壇の位牌が倒れる、体調が思わしくないなどである。
13　仲里正明氏は町役場職員、崎原孫吉氏は町議会議員、入仲誠三氏は町長経験者である（二〇一二年当時）。
14　沖縄一帯では蓮の花の造花は単にハナと呼ばれる。多くの話者によると、紙をハンカチで覆いながら絞って皺をよらして花冠を作り、蓮の花の形を作ったという。
15　担当者の話では、以前は赤などのイロバナも作ったという。
16　あの世に豊作を持っていかれ、この世が不作になるおそれがあるので、かならず種子物を炒って芽の出ないようにして持たせるという〔赤田　一九八三　六二〕。
17　実際、行灯という言葉は聞かなかったが、四角い形と、位牌とともに前卓に載せて墓地まで運ばれることから行灯と推察した。
18　提灯は、「葬儀書式」では「燈篭」と記されている。
19　トウツルモドキとは鹿児島県（徳之島以南）、沖縄、中国南部、東南アジア等に分布し、日当たりのよい林縁にみられる蔓性の植物。葉の先が巻きひげのようになっており、他の植物に絡みつく（「林野庁西表森林生態系保全センターURL」）。丈夫なので与那国島ではザルや籠を作った。
20　この布の名称は「葬儀書式」には記されていない。しかし、この布に書かれる文言については「顔ヲ覆ノ布文字」と記されているので、便宜上「顔ヲ覆ノ布」と記した。

21　ウチカビとは、あの世で使うお金であり、黄色い紙で丸い印が押してある。御願用白紙は、半紙のような白い紙を束ねたものである。御願用白紙とウチカビは市販されている。この日は葬式の分と三日目、初七日の分を用意した。

22　四つ旗に書かれるのは「無常偈」であり、墓地旗に書かれるのは「正信念仏偈」である。

23　これらの袋は葬儀社に由来する作り物の範疇にも入るが、経文の書かれている点を重視して仏教的な要素を持つ作り物に入れた。

24　袋に書かれる文字は禅語に由来する〔米城　二〇一〇b　五八〇〕。

25　葬儀に際して死者の爪や死者の家族の爪を切って持たす習俗は、本土でも行われている。

26　実際、与那国島では、これらの作り物を「ソウシキヤーのまねごとさー」という人がいる。なお、南国の植物であるクロトンを飾るキバナの風習は本土ではみられないが、西表島や宮古地方の葬儀でも行なわれていた。沖縄の葬儀の作り物が本土の葬儀社の模倣であっても、沖縄にあった工夫がされていることがわかる。

27　購入した蝙蝠傘や下駄にも金銀の飾りが付けられる。

28　この香炉がはたしてムヌチ自身の手で作られたのかどうかは定かでないが、ムヌチが中心となって行った墓の口開けの際に作られるのでムヌチの作り物とした。

29　植松明石・大沼美智子は次のように報告している。「ツチノエ、ツチノトに生まれることはよくないとされていて、この日に生まれた子は、カブチ〔鍋敷〕を子の頭から足まで、七回上下させて通し、七回生まれてきたことにして健康を願い、男女児ともマユ、カマド、ナビというチマナをつけた」〔植松・大沼　一九八〇　九六〕。

30　名嘉真によると、沖縄方言で死を表すのによくつかわれるマースン、マーチャン、マーセという言葉は、「何か物を回しなさい、たらい回しに回す」という意味であるといい、「この言葉には、現生の人はまっすぐ前に向かって進んでいるけれども、死んだ人は回れ右をして後ろに進んで行った。後生の世界が後方にあるという考え方が含まれていると思われる」と記している〔名嘉真　一九八九　二二五〕。ここにも生と死の世界が連続しているという考え方がうかがえる。

31　「タチ」は龍、「ムンビ」は結び方であるというが〔米城　二〇一〇a　八〜九〕、筆者は縦結びに由来する名称ではないかと考える。普通の結び方は横結びであり、縦に結ぶことは平素とは異なる。葬儀では平素と逆を行うことが多く、紐の結び方にも縦結びがみられる。縦結びの方がほどけにくいという実用的な意味もあるのかもしれない。

32　なお、天蓋には虫の形のような金紙が四カ所に貼り付けられているが、この虫については精子だという男性がいた。天蓋の組紐が女性の腹部を模しているといわれていることからの発想であろうか。

33　『富川親方八重山島諸締帳』（一八七五年）の「葬礼定之事」は、派手に行われるようになった焼香や荼毘の簡素化を命じている〔石垣市総務部市史編集室　一九九一　六九〕。しかし、焼香や荼毘を派手に行っていたのはごく一部の人々であり、また地域差も大きかったと考えられる。

34　波照間村事務所の記録「島庁通達綴」の「第九四五ノ一号」（一九〇四年六月六日受付）参照〔竹富町史編集委員会ほか　二〇〇九　一四〇〕。

第三章　「洗骨時の焼骨」とその変化 ―モノ（葬具と墓）とのかかわりから―

はじめに

火葬が主流になる前の沖縄県では、一般的な葬法は風葬（室内葬）であった。遺体を入れた棺を墓の内部（以下、墓室と記す）に置き、骨化させる葬法である。そして、一部の地域を除いて、[1]数年後に骨を取り出して、水あるいは酒で洗い、甕に納めるという二次葬、つまり洗骨改葬が行われていた。洗骨は、シェンコツ、マタダビ、チュラクスンなどと呼ばれた。しかし、一九九六年には沖縄県の火葬率は九八パーセントを超え（加藤二〇一〇　一七）、火葬が普及することによって洗骨改葬はほとんど行われなくなった。近年では離島の人々も都市部の医療機関で亡くなることが多く、葬儀と火葬も都市部の葬儀社を利用して行われる。そのため、離島でも洗骨改葬が行われることは少なくなった。しかし、数はわずかであるが、今でも島内で亡くなり、火葬されなかった場合は、数年後に洗骨が行われている。

沖縄県では風葬から火葬への過渡期に、洗骨に際して骨を焼くという葬法がみられるようになった。このような葬法について論じたのは加藤正春である。加藤は『奄美沖縄の火葬と葬墓制―変容と持続―』（二〇一〇）の「焼骨と火葬―奄美沖縄における火葬葬法の受容と複葬体系」で、奄美・沖縄への火葬の導入を、〈複葬体系への単葬体系（火葬）の導入〉と捉え、奄美・沖縄の人々の複葬体系の破壊とみなした。そして、「ここに矛盾と葛藤が生じる。現実の社会過程の中で、人々はこの矛盾と葛藤にどのように対処し、最終的に火葬を受容、ないし受容しつつあるのであろうか」という問いをなげかけた。そして、「火葬の導入が不可避であるとするならば、火葬を導入しつつ、複葬体系の破壊を免れる方法」として、二つの方法が考えられると述べる。第一の方法は、一次葬は従来の方式で行い、二次葬としての洗骨改葬の際に骨化した死体（骨）を焼くという方法である。第二の方法は、一次葬で火葬してしまい、二次葬でその火葬した骨に対して洗骨改葬を施すものである。[2]そして、加藤はこのような行為を、火葬の（あるいは導入後の）折衷の試みとして捉えた。それは、「人々が自らの複葬体系の維持と異なる葬送体系の受容という、相互に排他的な二条件を同時に満たそうとする試みを模索したからだ」という（加藤　二〇一〇　八三〜八五）。

本稿では、加藤の述べる第一の方法について論じるものである。加藤は洗骨に際して骨を焼くという行為を焼骨とよんだ。本稿でも加藤に倣って焼骨という言葉を使用し、洗骨改葬の際に骨化した死体（骨）を焼くという葬法を「洗骨時の焼骨」と記す。このような葬法は、火葬が一〇〇パーセント普及することによって消滅する葬法である。なぜなら、洗骨という二次葬自体がなくなるからである。加藤は、「これらの行為（前述の第一の方法と第二の方法＝筆者注）は複葬体系への火葬葬法の導入過程で生じた重要な変容であると思われる。たとえそれらが習俗として定着しないものであっても、とりあげて論ずる必要がある」と述べている（加藤　二〇一〇　八〇）。まさしくその通りであろう。たとえ、過渡期の習俗であろうと、その変化をきちんと記録し、論じることは大切である。

本稿では八重山離島の「洗骨時の焼骨」について報告するとともに、「洗骨時の焼骨」の受容とその変化にモノ（葬具や墓という物質文化）が深くかかわっていることを指摘する。

一　「洗骨時の焼骨」という葬法 ―その成立・普及・形態について―

「洗骨時の焼骨」がどのようにして成立し、普及していったのか、また「洗骨時の焼骨」にはどのような形態があるのかについてみていきたい。

（1）「洗骨時の焼骨」の成立とその普及

明治時代になると、沖縄県の洗骨習俗に関して、主に衛生面からの埋葬規定が定められるようになった。これらの埋葬規定については、当時の新聞報道にみることができる。ここでは、当時の洗骨に対する新聞記事を紹介し、「洗骨時の焼骨」の受容の背景についてみていきたい（旧字体は新字体に改めた）。

現在みられる最も古い洗骨の規制に関する新聞記事は、明治三一（一八九八）年九月七日の「夏期洗骨に関する法規に就いて」であった（琉球政府　一九六九　一四）。これは、夏期洗骨禁止の法令の削除を望むものであり、この頃にはすでに洗骨を規制する法令の出ていたことがわかる。この法令は守られなかったようで、昭和九（一九三四）年四月とおぼしき新聞には、「初夏から秋にかけて洗骨は法度です。うかつに行ふと処罰される」という記事がでている。[3] 記事によると、「一般にはこの法令が徹底せぬため年中随時に洗骨をなしている」とある。

年代的には少し戻るが、大正一五（一九二六）年六月十八日の「沖縄タイムス」によれば、「洗骨したる棺は砕き埋むるか又は燃棄すること」という内法が玉城村と大里村にあったことがわかる。[4] この日の「沖縄タイムス」によると、明治三七年四月廿一日県令第十七号墓地埋葬取締規則施行細則第十五号（条か？＝筆者注）として「洗骨した棺を砕き埋めるか燃棄すること」という細則があったので、玉城村と大里村ではこの細則に従ったというのである。「燃棄する」とは棺を燃やして捨てるという意味であろう。内法とは、町村内法・青年会内法・字内法などがあり、「衛生風紀安寧交通産業学事その他諸般の旧陋」を打破し、改良刷新を目的として制定されたものであるという。[5] その町村内でのみ有効な規則であるといえよう。昭和九年になっても夏期洗骨禁止の法令は守られていなかったようだが、後者の細則第十五号は沖縄の洗骨に影響を与えたようである。

沖縄本島の国頭村奥では昭和十六（一九四一）年に「洗骨時の焼骨」が行われている。加藤正春によると、これが沖縄において二次葬の際に死骨を焼いた最初の記録であるという〔加藤　二〇一〇　八六〕。二〇一一年に行った筆者の奥の調査では、昔は死後一年たってから浜の方で火葬をしたという。洗骨の代わりの二次葬における火葬であり、「洗骨時の焼骨」といえよう。一年で二次葬とは早いようだが、かつてのヤンバル地方では一、二年くらいで洗骨をしたという話を聞く。[6] 奥の集落の人々は仕事優先だったので、葬式は仕事に出る前か仕事が終わってから行ったという話も聞く。葬式の簡素化である。生活改善運動が浸透していて、合理的な思考をする集落であったことがわかる。堀場清子によると、戦前の沖縄では、昭和十四（一九三九）～同十五（一九四〇）年と同十八（一九四三）年という二つの時期に、県は洗骨廃止の意図を露わに打ち出し、沖縄の人々の中からも、それに応ずる動きがあったという〔堀場　一九九一　一一四〕。加藤は、「奥の人々は、火葬場の設置ではなく二次葬への火葬の導入という独創によって、この運動に応えたのである」と述べている〔加藤　二〇一〇　一一二〕。

たぶん、奥では洗骨時に棺ごと焼いたものと考えられる。「洗骨後の棺は砕いて埋めるか燃棄する」という細則があるならば、洗骨の際に棺のまま燃やして骨を拾い、棺を廃棄した方が合理的だからである。このような「洗骨時の焼骨」は戦後の生活改善運動でも行われている。一九五六年一月三〇日の「琉球新報」では、「生活改善グループの歩み　実績発表大会から（下）」という記事で、恩納村恩納生活改善グループの活動を紹介しているが、「洗骨も殆どは棺のまま火葬するようになりました。その経費は石油一升と薪一□（判読不可）で済み衛生的でもあります」とある。一九六二年七月二一日の「沖縄タイムス」（夕刊）の記事「今と昔　婦人会　恩納村」では、「洗骨の習慣も衛生上悪いからということでとり上げ、洗骨はせずに、そのかわり、石油一升とまきとトタン一枚を持っていって火葬にする―というふうにあらため、現在まで続いています」とある。これらの記事から、一九五〇年代から一九六〇年代になると、他の集落でも奥集落のように、洗骨時に洗骨をせず、棺ごと骨を燃やすようになっていたことがわかる。

(2)「洗骨時の焼骨」の形態

沖縄の二次葬において、「洗骨時の焼骨」が行われることになったのだが、その詳細をみると必ずしも洗骨の代わりに火葬するというわけではなかった。各地の郷土誌などに記されている事例を検討した加藤は、「洗骨時の焼骨」には二種類あることに注目した。それは、①洗骨の代替としての火葬と、②洗骨に対する火葬の付加であり、沖縄本島では主に①であり、八重山では主に②であると述べている。石垣島（新川、川平、宮良の集落）の事例では、洗骨を終えた骨に対して火葬を行うものだったからだ。ただし、竹富島の場合は、「洗骨の代わりに墓のそばで骨を焼く」ので、洗骨の代替としての火葬が行われていたとみえると述べている〔加藤　二〇一〇　九六〜九七〕。本稿では加藤に倣って、①を「洗骨の代替としての火葬」、②を「洗骨後の火葬の付加」とよぶことにする。

なお、洗骨の際、骨を燃やしてから洗うという方法も考えられるが、焼いた骨はもろくなるので、実際には焼いた骨を洗うことはなかったであろう。

二　八重山離島の「洗骨時の焼骨」

八重山における火葬の導入と定着について述べ、次に八重山離島の「洗骨時の焼骨」について島別に報告する。そして、八重山離島における「洗骨時の焼骨」について若干の考察を行いたい。

（1）八重山における火葬の導入と定着

八重山の中心である石垣島では、火葬の導入も定着も早かった。石垣では大正七（一九一八）年に営業としての最初の火葬施設が現れている。昭和十五（一九四〇）年には石垣町の町営火葬場が竣工した。戦後は、一九五八年に霊柩車が導入された。これにともない従来の龕による葬法は改められ、風葬の習俗もついに廃されたという〔森田　二〇〇七　四七〇～四七四〕。

現在、八重山には石垣市の市営の火葬場と、西表島祖納の簡易火葬場である真山火葬場がある。真山火葬場は一九五七年に老人会である温故会によって造られた（第三部第二章参照）。以後、祖納・干立などの西表西部地区では、洗骨は行われていない。

（2）八重山離島の「洗骨時の焼骨」

八重山離島のいくつかの島の「洗骨時の焼骨」について、筆者の調査を中心に述べる。なお、八重山離島で洗骨に際して骨を焼くという行為は、「コツを焼く」、「ホネを焼く」、「焼く」などと表現される。「焼骨」という言葉を使用したのは、竹富島喜宝院の上勢頭院主のみであった。また、同地方では、骨壺は主にコツガメ、カメ、ツボと、棺はカンオケといわれる。八重山の人はしばしば自分たちの葬法をマイソウとよぶ。マイソウといっても土中に埋めるわけではなく、火葬ではないという意味で使用している。実際には、墓室内に棺のまま入れておく室内葬である。

・竹富島

竹富島では、「洗骨の時は酒で洗ってから焼いた」という人がいた。「なぜ焼いたのかはわからない。昔の事だから」ということであった。「洗骨後の火葬の付加」があったことがわかる。

また、竹富島には、「洗骨の代わりに墓のそばで骨を焼く」ということもあった。このような葬法が用いられたのは墓室に遺体を納めてから日が浅い場合（つまり骨化していないと考えられる場合＝筆者注）であったようである。上勢頭院主の父親は妻の死の三年後、一九八四年に亡くなった。三年では母親を洗骨するには早すぎるので墓の脇で棺のまま焼いたという。「洗骨の代替としての火葬」である。焼いた後、ススキで箸を作り、その箸で二人ずつ骨を挟んで骨壺に入れた。[7] 骨は焼いたら真っ黒になるので、炭と骨を見分けるために水をかけた。水をかけると骨は白くなるからだという。上勢頭院主の母親の場合は、まだ骨化していないとわかっていたから、洗骨に際して火葬したのであろう。

竹富島では、洗骨の際も僧侶を呼ぶ。二〇一七年、上勢頭院主によると、「ここ二〇年、竹富で洗骨に呼ばれたことはない」という。同島では、一九九〇年代後半にはすでに洗骨は行われなくなったようである。竹富島は石垣島に近く、高速船が欠航することはめったにない。つまり石垣での火葬が容易であり、竹富島における火葬の普及は、西表西部地区を除いて、八重山離島の中で最も早かったものと考えられる。

・西表島祖納

祖納の「洗骨時の焼骨」については、第三部第二章で詳細を述べるので、ここでは概要のみ記すことにする。西表島祖納では、墓室内に洗骨前の棺があった場合は、新しい棺は墓の敷地内に穴を掘って、洗骨時まで埋めておいたという。あるいは、墓室内に入っている方を出して、薪を積んで火葬したという。新しい棺を入れるためであろう。後者は、「洗骨の代替としての火葬」である。どちらも骨化していない遺体の洗骨を避けるためである。どちらの方法を選んだのかは、墓地の状況によるのであろう。

・黒島

二〇一〇年に東筋集落の船道憲範氏（一九三三年生まれ）にお聞きした話は、次のようであった。以下、大意を記す。

洗骨はマイソウ後、奇数の年、五年か七年目で行った。一年足らずで連続して亡くなった場合は、一人分の墓を造っておいて何年か後に一緒に洗骨するか、まだきれいになる前（完全に骨化する前＝筆者注）に墓から棺を引っ張り出して洗骨した。洗骨では、洗った骨を足の骨から頭まで順番に大きな骨甕に入れた。しかし、大きな甕がなくなったので、洗骨が終わった骨をトタンの上に載せて薪に石油をかけて焼き、骨を取って壺に納めるようになった。これは洗骨した骨を焼いて小さくするためである。洗骨済みの古い骨を焼く場合もあった。これは、墓が古くなったので造り替えた場合や、墓を移動する場合であり、大きな甕を持って歩けないから、小さくして納めるため古い骨を焼いた。

船道憲範氏によると、洗骨が終わった骨を焼いたわけであり、これは「洗骨後の火葬の付加」である。洗骨時に骨を焼いた理由は、大きな甕が入手できなくなったので、焼いて骨を小さくして、小さな壺に入れるためであったという。墓の移動の際に古い骨を焼いたのも、小さな壺に入れるためであり、洗骨した骨や洗骨して古くなった骨を焼く行為は、甕や壺の大きさとの関連で語られている。なお、船道憲範氏は、「洗骨で焼くのは一時のやり方」だという。今は石垣の病院や施設で亡くなることが多く、島で亡くなったにしても石垣島まで船に乗せていって火葬するので洗骨は行われないという。

次は二〇一一年にお聞きした宮良当成氏（一九三五年生まれ）による洗骨の話である。

昔は石垣島で亡くなっても、遺体のまま連れて帰ったので火葬することはなかった。三年後か五年後、七年後に洗骨して、大きな甕に入れておいた。氏が子供の頃は洗骨だったが、後に洗骨の際に薪で焼くようになった。薪で焼くのは大変だったが、焼けば洗わなくていい。

宮良当成氏の話では骨を洗うことなくそのまま火葬したのであろう。「洗骨の代替としての火葬」である。二人の話を総合すると、黒島での「洗骨時の焼骨」のやり方は二通りあった。「洗骨後の火葬の付加」と「洗骨の代替としての火葬」であり、[8]前者の理由としては、「小さな甕（あるいは壺）に入れるので骨量を減らすために焼いた」のであり、後者の理由は「焼けば洗わなくていい」からだという。

・新城島

一九五三～一九五五年頃、洗骨の際に、「積まれた石をよけて出てきた骨をトタンの上に載せ、石油をかけて火を付けて焼いた」という仲原靖夫の記述がある（仲原　二〇一七　二九）。骨を洗ったという記述はないので、「洗骨の代替としての火葬」であろう。

・与那国島

与那国島では、近年でも洗骨が行われている。[9]二〇一七年、崎原孫吉氏（一九四二年生まれ）と久部良の大友商店でお聞きしたことを記す。洗骨時には、洗った骨をトタンに並べて大型ガスバーナーで焼く。「洗骨後の火葬の付加」である。骨を焼くのは昔から行われていたといい、①骨を乾かすため、②骨を細かくするため、という二つの理由を聞く。①は、骨壺に入れる骨は乾かさなければならないので、洗った骨を拭いて並べて、バーナーで乾かすという。骨にカビが生えないようにするためであろう。②は、骨を潰すわけにはいかないので、骨を細かくするために焼くという。バーナーを使わないと、骨は細かくならないのだという。現在、骨壺は壺屋焼きのものを沖縄で購入するというが、市販の骨壺は骨を細かくしなければ入りきらないのであろうか。骨壺に入れる時は、頭骨のかけらを一番上に載せる。焼くと頭骨もばらばらになるからである。ノドボトケをとっておいて上の方に入れる家もあるという。

・波照間島

波照間島では、終戦後の西表島南風見の遺骨収集の際に南風見で、あるいは持ち帰ってから骨を焼いた人がいたという（補稿参照）。しかし、これはあくまでも特別な事例である。一九八〇年代になると波照間島でも洗骨の際に骨を焼くことが一般的になっていたようだ。アウエハントは、「現在は洗って乾かした骨を燃やし、灰を小さな壺に入れる習慣が多くなっている。墓のそばの地面で火をたき、炎の上においた逆さにしたドラム缶の蓋に骨を置いておくと、燃えて白いきれいな灰になる」と記している（アウエハント　二〇〇四　三二八～三二九）。これは〈洗骨後の火葬の付加〉である。アウエハントは、一九六二年から一九八二年まで三回にわたって、波照間島で長期調査を行っている。洗骨の際に骨を焼くのが一般的になったのは、最後の調査のあった一九八〇年代であり、最初の調査時である一九六〇年代にはなかった葬法であろう。アウエハントの述べるように、はたして灰になるまで骨を燃やしたのかは疑問であるが、「小さな壺に入れる」という記述には注目すべきであろう。やはり、「洗骨時の焼骨」には骨壺の容量がかかわっているようである。

筆者の波照間島の調査でも、洗骨の後には「骨甕が小さいので骨を焼く」という話をしばしばお聞きした。そのような中で、「頭は焼かない」「骨壺に骨が入らないので仕方がないから骨を潰して入るが、頭骨は絶対に潰さない」などという話もあった。

次に、今まで報告した八重山離島における「洗骨時の焼骨」についてまとめてみた。

八重山離島における「洗骨時の焼骨」

（A）「洗骨の代替としての火葬」（骨を洗わずに燃やす）　竹富島、黒島、西表島祖納、新城島

（B）「洗骨後の火葬の付加」（洗骨後の骨を燃やす）　竹富島、黒島、与那国島、波照間島

八重山離島における「洗骨時の焼骨」では、（A）「洗骨の代替としての火葬」と（B）「洗骨後の火葬の付加」の両方が行われていたことがわかる。そして、（A）の採用は主に洗骨時の状況に、（B）の採用は主に骨壺の容量に関係しているようである。

また波照間島では、「頭は焼かない」「頭骨は焼いても絶対に潰さない」という。洗骨という行為は骨に価値を置く行為であり、特に頭骨は尊重され骨甕の一番上に置かれた。洗骨用の骨壺を購入するようになってからは、頭骨は骨壺の上に置かれるのではなくて、骨壺の中に入れられるようになったが、やはり頭骨あるいは頭骨のかけらが一番上に載せられる。

(3) 八重山離島の「洗骨時の焼骨」の受容の背景

一次葬における火葬の定着と、「洗骨時の焼骨」は関係があると考えられる。火葬という葬法に慣れれば、「洗骨時の焼骨」に対する抵抗感も少なくなると考えられるからである。また、火葬場は、火葬の手順や火葬骨の取り扱い方などを学ぶ場ともなったであろう。前述したように、石垣島では火葬場の建設も、火葬の

定着も早かった。石垣島の火葬場の設置と火葬の定着は、周辺離島にも大きな影響を与えたものと考えられる。八重山離島からは多くの人々が石垣島に移住しており、ほとんどの離島の人々は石垣島に親戚を持つ。また、石垣島では各島の郷友会活動も盛んである。離島の人々は、石垣島の親戚や知人の葬儀に会葬する機会も多く、火葬についても早くからなじんでいたものと考えられる。それは、「洗骨時の焼骨」の受容を容易にしたであろう。もちろん、率先して旧暦から新暦の正月に変えるなど、新しい制度をいち早く採り入れたという八重山の地域性も、「洗骨時の焼骨」を取り入れた理由の一つであることは否めない。

また、墓を新設した際の骨の移動に際して、骨を焼いたという黒島の話者の話があるが、このようなことは他の島々でも行われていた。宮城文によると、「戦後は本土や本島に職場を求める者が急増し、家族引き揚げの家庭が年々多くなり、墓所も移動し始めている。遺骨を引き揚げる時は、それまでに洗骨されている遺骨は合同して、焼き、小さくしてお供するようになっている」という（宮城　一九八二　四九三）。このような墓の移動時における骨の火葬は、「洗骨時の焼骨」の受容を容易にする一因となったはずである。また、話者の話には出てこなかったが、「洗骨時の焼骨」の受容の背景には、生活改善運動の影響もあったものと考えられる。

そして、忘れてはならないのが人々の戦争体験である。（A）「洗骨の代用としての火葬」について語った黒島の宮良氏は、「焼けば洗わなくていい」といった。これは合理的な思考法であり、この方法を採用した背景には、洗骨行為に対する価値観の変化が窺える。戦争体験は従来の価値観を変えた。干立では一時、神行事を行うことも否定されそうになったという。[10] 価値観の変化は葬法にも及んだ。戦後、祖納では軍隊経験者が一次葬に露天焼を勧めている（第三部第二章参照）。軍隊では露天焼が行われていたからである。この知識は二次葬の洗骨の際にも応用されたものと考えられる。戦後、八重山離島で「洗骨時の焼骨」、特に（A）が行われるようになった背景にはこのような戦争中の経験と価値観の変化が影響しているものと考えられる。

次に、（B）「洗骨後の火葬の付加」について考えてみたい。石垣島の村々にも（B）の事例報告が見られることから、八重山では（B）の葬法も広く行われていたと考えられる。両方が行われていた島もある。では、なぜ洗骨した後に骨を焼いたのだろうか。話者の話では、洗骨後に骨を焼く理由として骨壺の小型化があげられている。黒島では大きな甕がなくなったので小さな壺を使用するようになり、そのため洗骨後に焼くようになったという。波照間島でも骨を焼く理由として、骨壺の小型化があげられている。与那国島で骨を焼く理由の一つは、骨を細かくするためであった。骨を細かくすれば、小さな骨壺でも多くの骨が入る。焼いて骨の容量を減らす、あるいは骨を細かくして小さな骨壺に入れやすくすることは、火葬場のやり方を倣ったものであろう。

では、八重山地方ではどのような骨壺を使用していたのか。竹富島の喜宝院蒐集館には士族の使用した一〇〇年以上も前の厨子甕が展示されているが、庶民は昔から生活用具として使われていた壺や甕を骨壺として使用してきたという。日常用いられていたパナリ焼（写真1）や八重山焼（写真2）などの甕や壺を使用したのであろう。パナリ焼は琉球国時代に新城島で作られていた素朴な焼物であり、八重山焼は石垣島の諸窯で焼かれた陶器の総称である。[11] おそらく、家で使用、あるいは保存していたパナリ焼や八重山焼がなくなってしまい、他の小さな壺を使わざるをえなくなったのであろう。筆者の調査でも、「昔の骨甕は甕だったら何でもいい」、「骨甕は家にある甕よ」などという話を聞いた。波照間島で骨壺を購入するようになったのは戦後であり、それまでは骨が入るくらいの甕を買ってきたという。家にある甕を使用するにしても、甕を購入したにしても、大きな甕を入手できなくなったのであろう。これらの理由で、洗骨した骨を焼くようになったものと考えられる。甕や骨壺のサイズが葬法を変えたといえよう。

しかし、現在ではほとんどの家が洗骨に際して洗骨用の骨壺を購入しに行くという。[12] 石垣島の仏具店では、在庫を置いていない。注文を受けてから仕入れる。洗骨用の骨壺は火葬の骨壺の二倍の大きさであり、高さは五十センチ、底には小さな穴が開いている（写真3）。骨壺には蓋が付いているので、蓋の裏に死亡年月日、俗名、享年などを書く。「市販の骨壺のときはあまりきれいに焼かない」ともいう。しかし、焼くことには変わりはない。洗骨用の骨壺ならば骨が入りきる大きさと考えられる。なぜ、洗骨用の骨壺を使用する際にも骨を焼くのだろうか。その理由の一つとして、洗骨用の骨壺の形態が考えられる。以前のものは上に頭骨を載せることができたが、市販の骨壺は蓋付きなので頭骨は骨壺の中に入れなければならない。市販のものは容量としては充分なのだろうが、従来のように頭骨を納めやすいものではない。このことが「小さい」といわれる理由であろうか。洗骨後の骨を納める骨壺の容量だけではなく、その形態も（B）の葬法を導入した一因となっているようである。モノが葬法を変化させたといえよう。

（B）「洗骨後の火葬の付加」という葬法の受容は、主に骨壺の容量との関連で語られてきた。しかし、（A）「洗骨の代替としての火葬」のように、最初から焼いてしまえば骨の容量は少なくなるので、このような問題は起こらない。なぜ、洗骨後に骨を燃やすようなことを行ったのであろう。洗骨の目的から考えてみたい。赤嶺政信は、「洗骨を意味する言葉に「チュラクスン」（清浄にする）というのがあるが、これは単に骨を洗い浄めるというだけでなく、霊

写真1：骨壺に使われたパナリ焼（喜宝院蒐集館所蔵）

写真2：八重山焼の水瓶（八重山博物館所蔵）

写真3：市販の洗骨用骨壺（石垣市の仏具店）

魂の浄化をも含意しているように思われる」と述べている〔赤嶺　一九八九　四二七〜四二八〕。このように洗骨する理由は今まで死生観と関連づけて説明されてきた。尾崎彩子は、洗骨には死霊浄化のための「きれいな骨」の実現という共通論理がみいだされたと述べ、火葬は洗骨のプロセスの省略と時間短縮であるという〔尾崎　一九九六　八〇〕。それならば、(A)のように、洗骨の際に骨を直接焼いてしまってもいいわけである。洗骨後に骨を焼いても、洗骨せずに骨を焼いても得られる骨は同じように「きれいな骨」のはずである。

ここでは霊魂の浄化という視点ではなく、沖縄における死者の送り方という視点からこの問題を考えてみたい。沖縄・奄美の葬儀では泣くこととともに、死者に声を掛ける行為が重要視されていた。「クイカケ〔声掛け〕」である。酒井正子は『奄美・沖縄　哭きうたの民族誌』で、泣きながら声を掛け、歌い掛けて死者を送ることの重要性を述べている〔酒井正子　二〇〇五　一六四〕。洗骨時の人々の死者に対する態度も同じである。人々は骨に話し掛けながら洗骨を行った。「洗骨の時は黙って洗うのではない、洗いながら死者に語り掛けるのが大事」と竹富島の上勢頭院主はいう。前述したが、墓から骨を出した時から、すでに人々の間に声が上がる、涙が流れるという。生前の死者の姿を思い出しながら、死者に話しかけながら洗骨の作業は行われるのだという（ただし、完全に骨化していない場合は難しいであろう）。(A)では直接死者に語り掛けることはできない。洗骨はマタダビとも呼ばれ、二度目の葬式と考えられていた。洗骨では骨を洗うという行為とともに、葬式の時と同じように死者に語り掛けることが重要だったのである。(B)は直接死者に語り掛けるという行為を伴った「洗骨時の焼骨」なのである。

三　「洗骨時の焼骨」の変化とモノの流通　―近年の波照間島の事例から―

八重山離島では、自分たちで石やコンクリートの墓を造っていたが、近年では石材店や建築会社に注文して墓を造るようになった。また、自宅葬であっても、葬具は葬儀社から購入している。このような中で、洗骨時の状況も変化した。ここでは、波照間島の近年の「洗骨時の焼骨」の状況が従来と異なってきたことを報告し、このような事例が島の人々の洗骨に対する意識を変化させたことについて述べる。

(1) 波照間島の近年の「洗骨時の焼骨」

波照間島では、近年、洗骨時になっても遺体が全く骨化していないという事態が起こっている。墓室から出してきた遺体をバーナーで焼かざるをえない状況である。つまり、同島の「洗骨時の焼骨」は、すべてではないが、〈洗骨後の火葬の付加〉から〈洗骨の代替としての火葬〉へと変化したといえよう。二〇一七年にお聞きしたこのような事例をあげる。事例は話者の話をまとめたものであり、A家では骨壺、B家では骨甕といっている。

A家（洗骨時　二〇一〇年頃）

亡くなって七年目に洗骨しようとしたが、墓を開けたらどうしようもない状態だったので焼くことにした。ドラム缶をガスで横に切って、遺体を入れて足の方からバーナーで焼いた。骨壺は石垣の仏具店で買ってきたもので、蓋のある大きな壺だった。このようになるのは墓とカンオケのせいだ（A家は墓を新しくしている＝筆者注）。墓もカンオケも密閉されているから遺体が腐らない。

B家（洗骨時　二〇一〇年頃）

マイソウして七年たって、洗骨しようと墓から出したらそのまんま、着物も髪もそのままだった。二十年前に新しい墓にしたが、新しい墓は空気が漏らない。カンオケは葬儀屋から買ったので上等だったが水も漏らない。だから遺体も着物も七年たってもそのまま残った。

焼くのを怖がって、いくら置いておいてもそのままで骨になることはない。ドラム缶を横に二つに切って、一つは遺体を焼き、もう一つで着物を焼いた。身内の若い者がバーナーで交代しながら焼いて三時間はかかった。骨は甕の中に入るだけ焼いたが、頭は少しだけ焼いた。骨が冷めたら石垣の火葬場でやるよう、最初は二人で拾い、最後はみんなで拾った。昔は大きい甕に入れたが、今は骨甕を石垣から買ってくる。

洗骨時に遺体が骨化しなかったのは新しい墓になってからであることがわかる。B氏は「うちだけじゃない、別のうちもあんなだって」という。近年、洗骨時に遺体がそのまま残るということは、前掲の事例だけではないものと考えられる。そして、「焼くのを怖がって、いくら置いておいてもそのままで骨になることはない」というB氏の言葉からは、このような洗骨時の傾向は島の人々も周知のことと考えられる。

(2) 波照間島の「洗骨時の焼骨」の変化についての若干の考察

はじめに、近年の遺体が骨化せずそのまま残ってしまう理由について考えたい。A氏もB氏も、新しい墓と棺の密閉性をその理由としてあげた。

波照間島では土地改良整備事業に際して、島の北西部に墓を集めたといわれる。そのことも契機となって、約二十年前から同島では墓造りが相次いだといわれている。雑木林と化した木立の中の墓は不便であり、車社会では道路沿いの墓が好まれるからである。さらに、近年では古くなった墓を造り替える家も出てきた。石墓の頃は死後三年くらいで洗骨を行ったが、洗骨の際には骨だけがきれいに残っていたという。石墓は通気性がよかったからである。その後に普及した「コンクリ墓」では、七年くらいたってから洗骨するようになった。「コンクリ墓」とは、コンクリート製の墓であり、「コンクリ大工」と親族の協力を仰いで何日もかけて造られた。[13]現在では御影石の墓などを石材店から購入する。立派な造りの墓だが、「墓が立派すぎて（遺体が＝筆者注）腐れない」といわれる。新しい墓は密閉されていて通気性が悪く、遺体が骨化しないというのは事実であろう。沖縄の石材店によると、現在の墓に用いられる御影石は、硬度が高く、吸水率が低く、耐久性に優れているという。つまり、密閉性がいいということでもあろう。これでは外部との空気の流通がなく、墓室内の遺体は骨化しない。

　また、自宅葬であっても石垣の葬儀社の利用は行われていて、棺も葬儀社から購入している。昔はデイゴの木で棺を作ったので、中の遺体も腐りやすかったというが、葬儀社の用意する棺は遺体が腐りにくいといわれる。工場で生産された規格化された棺は、火葬用の棺であり、洗骨改葬を考慮したものではない。棺の材質は、比較的軽く加工のしやすいヒノキ、モミ、キリ、ベニヤ合板などであり、布張りの棺もあり、棺の内側にまで布張りがしてあるものもある。このため棺は密閉性が非常に高くなっている。近年の波照間島の〈洗骨後の火葬の付加〉から〈洗骨の代替としての火葬〉への変化は、墓と葬具というモノの影響が非常に大きい。

　このような状況下での「洗骨時の焼骨」は、遺族にとっては苦痛以外のなにものでもない。死者に語り掛けるゆとりなどもない。後でB氏は、「もう、こ

写真4：古い石墓（奥）と2001 年に造られた新しい墓　＊本文中の事例とは関係ない。

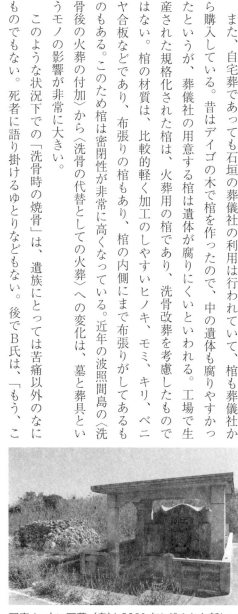

んなことはしてはいけない」とみんなで話し合ったという。以前から、洗骨は二度手間だといって避ける傾向はあった。しかし、このような事態が起こってからは、洗骨に対する意識が、面倒だという気持ちから、「もう、こんなことはしてはいけない」という拒否の感情に変化したのである。そのため、島で亡くなった場合には、洗骨を避けるためフェリーで遺体を石垣島に送り、火葬することが多くなった。同島の洗骨は、ますます少なくなっていくものと考えられる。

まとめとして

「洗骨時の焼骨」は沖縄本島では戦前から行われていた。この習俗は、明治期の沖縄県の墓地埋葬取締規則施行細則の制定と火葬の奨励の下で、人々の自主的な洗骨規制の結果成立したものと考えられる。戦後は主に生活改善運動によって進められてきた。

八重山離島の「洗骨時の焼骨」には、(A)「洗骨の代替としての火葬」と、(B)「洗骨後の火葬の付加」が行われていた。島によって、また同じ島でも遺体の状況によって、(A)・(B)のいずれかを採用していたのである。特に(A)は、洗骨時の遺体の状況に応じて行なわれることが多かったといえよう。

また、(B)「洗骨後の火葬の付加」の理由としては、大きな骨甕の欠如と、新しい洗骨用の骨壺の受容があげられる。大きな甕が入手できなくなった、あるいは市販の洗骨用の骨壺の容量と形態という物質的な要因が大きい。モノ(葬具)が葬法を変化させたといえよう。ただし、洗骨時の頭骨尊重という従来のやり方は守っている。最初から骨を焼かずに、わざわざ洗骨後に骨を焼いた主な理由としては、〈洗いながら死者に語り掛ける〉という行為を重要視したためと考えられる。

近年、波照間島では(B)から(A)へと変化した事例がみられる。遺体がまったく骨化しないために洗骨せず、火葬せざるをえなくなったのである。遺体が骨化しなくなった理由としては、新しい墓と密閉性の高い棺の使用が挙げられる。このような事態が発生した結果、洗骨はますます避けられるようになった。モノ〔葬具や墓〕やモノの流通は「洗骨時の焼骨」を変化させただけでなく、洗骨という習俗の存続自体をも変化させる一因となるのである。

1　かつての宮古地方では、一部の地域を除いて洗骨習俗は一般的ではなかったという。
2　加藤正春による火葬後の洗骨とは、実際に火葬後の骨を洗うのではなく、骨に水を振りかけるなどの簡単な儀礼行為をいう〔加藤　二〇一〇　七六〕。
3　『昭和八年昭和九年（1）　清川安彦氏　新聞切り抜き』に収録。那覇市歴史博物館所蔵資料。
4　「沖縄タイムス」の「独特の社会制度　内法に現れた琉球　先づ新しい法律と衝突　県保安課の調査（16）」による。
5　大正十五（一九二六）年五月十二日「沖縄タイムス」の「内法に現れた琉球　独特の社会制度（1）」を参照した。
6　大宜味村でも洗骨は早かったようで、「一年、二年の間に朽ちない人はよくないねという話もあるんです。これは極楽へいっていない証拠だとかいって」という話をお聞きした。
7　ススキはマーバライ〔魔除け〕の役割をする。
8　二〇一四年と二〇一五年に調査を行った大湾ゆかりも、「黒島の古墓及び葬法調査」で同じような報告をしている。大湾は話者の聞き書きから、「風葬後の洗骨は、三十年ほど前から火葬していて、カンオケごと燃やした、あるいは遺体を墓から出して焼いていた。その習慣が十年ほど前まであったといえる」と述べている〔大湾　二〇一六a　一八二〕。

9　唐木健仁は、「沖縄県与那国島の宗教的職能者「オガミのひと」の役割―洗骨改葬2事例の比較から―」の中で次のような洗骨の事例を報告している。

・Y家の事例（二〇〇九年）

盥の中に骨を入れて水洗いしてから、「花酒」（六十度以上の泡盛＝筆者注）で二度洗いする。「花酒」で洗う順序は頭骨から大腿骨、上腕骨の順である。その後タオルで骨を拭いたが充分に乾かなかったので大型ガスバーナーを用いて乾かした。

・T家の事例（二〇一三年）

喉仏を取ってから、水洗い、花酒洗いをして、トタン板の上に置き、大型ガスバーナーで焼骨した。火葬と同程度まで焼き、箸で骨壺へ入れ、一番上に喉仏を載せて蓋をした。大型ガスバーナーでの焼骨を採用した時期は不明だが、喪主によると戦後から実施されていたと話す。

10　干立の宇保泰金氏（一九二九年生まれ）による。

11　名工として有名な仲村渠致元が雍正二（一七二四）年、王命を受けて八重山に渡り「壺焼並上焼物の法」を伝えたのに始まるという。胎土に石英や砂を含み、見た目よりかなり重いという（沖縄県立博物館・美術館　二〇〇八　四三）。

12　吉田佳世は、那覇市壺屋の骨壺専門店の調査から、現代における葬送儀礼の外部委託の中で、自分たちで厨子甕（洗骨用骨壺）を選ぶという行為に注目し、「祖先への想いをこめるために選び取られたジーシガーミー（厨子甕＝筆者注）は、個人の実践が投企されたものに他ならない」という（吉田　二〇〇八　九二）。おそらく、そのような理由もあって人々は洗骨用の骨壺を購入しに行くのであろう。

13　波照間島は台風の被害を考慮して、畑小屋、便所、墓などをコンクリートで造っていた。「コンクリ大工」とはコンクリートを扱う大工のことを指す。

第三部　葬儀の外部化における「自葬」の伝統

第三部は八重山離島の葬儀の外部化と、「自葬」の伝統に関する報告と考察である。本稿における「自葬」とは、自分たちの手で、自分たちの地域社会の死生観に従って、死者を送るという意味である。前述したが、沖縄県には本土のような檀家制度はない。島嶼であるという地理的要因や仏教の浸透度の低さもあり、庶民の葬儀は主に身内の年長者や地域の霊的職能者、葬送にかかわる職能者を中心に執り行われていた。長い間庶民の葬儀は「自葬」であったといえよう。

しかし、戦後の沖縄県における葬儀のありかたは大きく変化した。加藤正春はそれまでの地域社会の自主的な規範によって行われていた儀礼行為が、外部の規範をもった専門家（専門業者）によって担われるようになることを葬儀の外部化と呼んだ〔加藤　二〇一〇　五三〕。具体的には、臨終の際の医療施設の利用、葬儀社の利用、火葬の受容、葬送儀礼への僧の関与などである。実際、沖縄県における葬儀の外部化の進行は著しいものがある。

ここでは、このような葬儀の外部化という現状の中でも、島外で亡くなり帰島してから島で行われる葬儀は、「自葬」の伝統に従って行われていること、地域社会における火葬場の設置と、火葬の導入は「自葬」の範疇であり、しかも葬儀の外部化に吸収されつつあることを述べる。そして最後に、葬儀における肉を使用する習俗の変化にも、葬儀の外部化が影響していることを述べる。

第一章　帰島後の葬儀にみる死生観の変化　―波照間島の事例から―

はじめに

八重山では、一九九〇年代後半から、石垣島にある葬儀社の斎場（葬儀会場）を使用した葬儀が急増している。地元紙一紙の謹告（告別式のお知らせ）に記された葬儀会場を比較した大濱憲二によると、一九八八年には斎場での葬儀はまだ行われていないが、二〇一四年には斎場での葬儀が九〇パーセントを超えているという〔大濱　二〇一五　五九〕。大濱は石垣市における葬儀の形態の変化を中心に論じているが、実は石垣市の最初の斎場は石垣市民よりも離島の人々のために作られたと筆者は聞く。詳細は後述するが、一九九〇年代後半から離島の人々は石垣市の斎場を利用して葬儀を行なうようになっていた。

前述したが、石垣市では一九五八年の霊柩車の導入以降、火葬が主流になったという〔森田　二〇〇七　四七四〕。離島ではいつ頃から火葬が主流になったのかは記録がないので不明であるが、人々の話からは、島によって異なるであろうが、一九九〇年代にはすでに火葬が主流になっていたようである（現在の八重山離島の火葬率については後述する）。

しかし、葬儀とは死者をこの世からあの世に送る儀礼であり、何回もの死者を送る儀礼から成り立っている。葬式だけが葬儀ではない。地域によって多少の違いはあるが、一般的には四十九日の法事をもって、一応葬儀は完了するとみなされている。よってここでは四十九日までの一連の儀礼を葬儀とみなすことにする。

また、今でも八重山では、死者あるいは死者の魂との別れとして、魂別れ《タマスバリ》、抜魂《ヌギファ》、畑あげ《ハタギアゲ》などが行われるが[1]、これらの儀礼も葬儀の一環とみなすことができよう。

本稿では、八重山離島の葬儀の外部化の状況を述べ、波照間島で帰島後に行われる納骨、四十九日の法事、魂別れについて報告する。そして、これらの儀礼が「自葬」の伝統に従って行われていること、だがいくつかの変化がみられることを述べ、現在の「自葬」にみられる死生観の変化と、今後の「自葬」の伝統について若干の考察を記すものである。

一　沖縄・奄美における「自葬」の伝統と「自葬」という分析概念

ここでは、沖縄・奄美における「自葬」の伝統の存在について述べる。さらに、本書における「自葬」という分析概念の詳細を述べる。

（1）沖縄・奄美における「自葬」の伝統の存在

津波高志は、「近世末期から近代初期にかけて奄美では風葬から土葬に変わり、それに神官や僧侶などの宗教者の関与も加わった」と述べているが〔津波　二〇一二　八六〕、この変化は明治初期の鹿児島県庁からの布告や諭達類によるものであった。「自葬」という言葉は明治五（一八七二）年太政官布告第一九二号の、自葬は許さず、「葬儀は神官・僧侶の内へ頼むべし」に由来すると考えられる[2]。明治十一（一八七八）年の鹿児島県庁からの諭達の中では奄美の葬儀を、「死者あれば全く自葬して牛馬を埋ると同一なり」と評している〔永吉　一九六八　五九〕。津波は「鹿児島県庁では宗教者の関与しない自葬は「牛馬を埋ると同一なり」と見下していた」

と記している（津波　二〇一二　八三）。酒井卯作は、この諭達における「自葬」の意味を簡単な内容の葬儀と解釈しているが（酒井　一九八七　四六四～四六五）、先田光演は、「自葬」とはシマの人々が神官や僧侶の儀式を受けないで、従来通り自分たちの手で葬式を執り行っていたことを表記したものであろうと述べている。そして、「南島では仏式でもない神道でもない葬儀が、中央からの政治に支配されることなく現在まで続いてきた」と記している（先田　一九九九　四七～四八）。この先田の記述は、奄美の「自葬」の伝統の存在について指摘したものである。

沖縄にも「自葬」の長い歴史があった。琉球国時代の士族や金持ちの葬儀は、僧侶による仏式の葬儀であったが、沖縄本島北部や離島の庶民の葬儀は「自葬」であった。寺院は首里・那覇に集中していて、宮古・八重山地方には祥雲寺と桃林寺があるのみであった。葬儀に際して僧侶を呼べないものは僧侶の読経の代わりに経巾を死者に掛けることという王府の指令は出たが、離島の百姓が実際に経巾を掛けられたかどうかは不明である（第二部第一章参照）。離島の葬儀に僧侶が関与するようになったのは、地域差はあるが現代になって葬儀社の利用が浸透してからのようである。

沖縄本島北部や宮古・八重山地方の離島では、「自葬」の伝統は今でも色濃く残っている。筆者の調査では、「昔は葬式の時はできる人がウガン（拝み）をした」というが、僧侶のいない葬儀が当たり前だったのであろう。現在でも、「葬式にだけボンサン（僧侶）を頼んでお祓いしてもらってやったけど、あとは頼まない」という人が多い。葬式以降の死者との別れの儀礼は、身内の年長者やウガンの上手な人、霊的職能者が行うというのである。僧侶の読経については、「意味が分からない」、「長すぎる」、「やる意味あるのかねー」などの声が聞かれた。本土では僧侶は死者に引導を渡す大切な役割であり、読経は葬儀に不可欠の存在と考えられているが、これらの地域では葬儀に際して僧侶の関与はさほど重要視されず、読経は単なるお祓いとみなされているようである。

僧侶の読経に関しては冷淡でも、人々は盆や法事ではウチカビ（紙銭）を燃やしながら「ナムアミダブツ」と唱える。八重山の死者儀礼は仏教や道教、そして後述するが、土地の神への信仰などが混淆したものである。葬儀に際してプトゥキ（仏）、グソー・グショー（後生）、ガキ（餓鬼）、極楽などの言葉も聞かれるが、仏教の教義に従って死者を送っているというわけではない。

（2）本書における「自葬」という分析概念

前述の先田や津波は、「自葬」を「仏式でもない神道でもない葬儀」と規定し、具体的には僧侶や神官などの宗教者の関与しない葬儀、あるいはそのような宗教者の関与を重要視しない葬儀と捉えた。しかし、「自葬」の意味はそれだけではないであろう。「自葬」とは自分たちの地域社会の死後の世界観や霊魂観、祖先観など（以後、死生観と統一して記す）に基づいて死者を送るものと考えられる。よって「自葬」の概念の中に、「自分たち地域社会の死生観に従って死者を送る葬儀」という概念を付け加える。

先田や津波は、「自葬」の地域における霊的職能者の役割についてはまったく言及していない。しかし沖縄では、葬儀に地域の霊的職能者がかかわる事例を見聞きする。[3] これらの人々は、地域によって差はあるであろうが、死者や、墓地やあの世の神々に言葉を述べ、葬儀を進めていく役割を担っている。与那国島では「葬式に坊さんはいらない」といわれていて、今でもムヌチと称する霊的職能者が死者を送る役割を担っている（第一部第二章参照）。ムヌチは地域社会の一員であり、その言葉の背景には島の人々と共有する与那国島の死生観がある。ムヌチは地域社会の死生観に従って死者を送っているといえよう。よって、地域によっては異なるかもしれないが、地域の霊的職能者のかかわる葬儀も「自葬」の範疇に含める。

霊的職能者ではないが、沖縄本島には、かつて葬儀に際して鉦を叩き念仏を唱える念仏者《ニンブチャー》と呼ばれる人々がいた。八重山でも、念仏者は葬儀に際して鉦を叩き念仏を唱え、死者に語り掛けたというが、八重山の念仏者は沖縄本島の念仏者とはその存在が異なる。新城敏男によると、八重山の念仏者は各字の公的な存在であったという〔新城 二〇一四 四三九〕。波照間島では念仏者はサイシと呼ばれ、一般の人の中から選ばれた島の葬送にかかわる職能者であった。サイシは霊的職能者のように死者の言葉を遺族に伝えるという行為は行わなかったが、葬儀におけるサイシの役割は、前述のムヌチと共通している（第一部第一章参照）。サイシは修行を積んだ既成宗教の宗教者ではないが、サイシの語る言葉は「わかりやすくてとてもよかった」と島の人々は今でもいう。サイシの語る言葉（詳細は後述する）が島の人々の死生観を反映したものであったからであろう。よって、サイシのかかわった葬儀も「自葬」の範疇に含める。

二　八重山離島の葬儀の外部化

ここでは八重山離島、特に調査地である波照間島の葬儀の現状について報告する。

(1) 八重山離島の葬儀の現状

現在、八重山離島の人々は石垣の医療施設で亡くなることが多く、そのほとんどは石垣の葬儀社を利用して葬儀を行っている。たとえ自宅で亡くなっても、船をチャーターして遺体を石垣まで運び、火葬と告別式を行うことが多い。数年後の洗骨を避けるためである。

石垣の葬儀社は、三宝堂葬祭場（以下、三宝堂と記す）、サンレー八重山紫雲閣（以下、サンレーと記す）、八重山葬祭、ゆいホール（イオングループ）であり（二〇一八年現在）、これらの葬儀社は石垣の中心地にあり、斎場を有し、大規模な葬式から家族葬あるいは火葬葬（火葬のみ）まで対応している。八重山離島の島々にはそれぞれ個性があり、島の事情や葬儀の伝統があるからである。例えば与那国島では帰島後、龕を使用し大掛かりな葬儀が行われるので、島外では火葬と簡単な葬儀を行うだけである。

八重山離島の人々が石垣の斎場を利用して告別式を行うという現在のシステムは、三宝堂の玉城社長（一九四四年生まれ）によると氏のアイデアであるという。氏は石垣の葬儀社に勤めていたが、一九九七年頃に斎場を造り営業を始めた。これが石垣で最初の斎場だという。以下、氏の話をまとめると次のようになる。

二〇年以上も前から石垣の人々はほぼ一〇〇パーセント火葬であったが、自宅葬がほとんどであった。葬儀社に斎場はなく、葬儀社の仕事は遺体の搬送とドライアイス処置、部屋で焼香ができるように準備するなど、自宅葬の手伝いのようなことであった。石垣の人々は自宅葬で不便はなかったが、離島の人々が石垣で亡くなると多々不便なことがあった。死者は病院の霊安室に安置され、亡くなって二四時間後に火葬場で火葬された。しかし、病院の霊安室は一時的な安置室であり、死者が他にも出た場合などは困ったことになったという。また、石垣在住の親戚縁者は火葬場に会葬に来るという状況だった。「離島の多い八重山ではこれじゃいけん」と考えた氏は斎場を造り葬儀社を始めたという。その後、他の葬儀社も斎場を備えるようになり、現在では石垣の人々も含めて八重山一帯の人々が斎場で葬儀を行うようになったという。石垣では斎場は石

写真1：2016年に竣工した石垣市火葬場

垣市民のためというより、最初は八重山離島の人々の葬儀の便を考えて造られたといえよう。氏の話からは八重山離島の人々が二十年以上も前から石垣で亡くなり火葬場を使用していたこと、約二十年前から斎場で葬儀を行うようになったことがわかる。

八重山で公式の火葬場のあるのは石垣のみであり、二〇一六年度からは新しい火葬場が使用されるようになった（写真1）。二〇一六年度では離島の死亡者のうち約八四パーセントが石垣の火葬場を使用している。[4] しかし、沖縄本島の医療施設で亡くなった場合には（この傾向は与那国島で多くみられる）、沖縄本島の火葬場を使用する。これらを考慮すると八重山離島の火葬率は八四パーセントをはるかに超えるものと考えられる。

火葬場の使用は、葬儀社の利用の中に組み込まれている。現在の沖縄本島の葬儀社で行われる葬儀は主に遺骨葬であり、通夜、火葬、告別式の順に行われる。つまり、告別式の前に火葬が行われ、それから告別式という形が多いが、八重山の場合は告別式

図1：八重山諸島交通網（2017年）

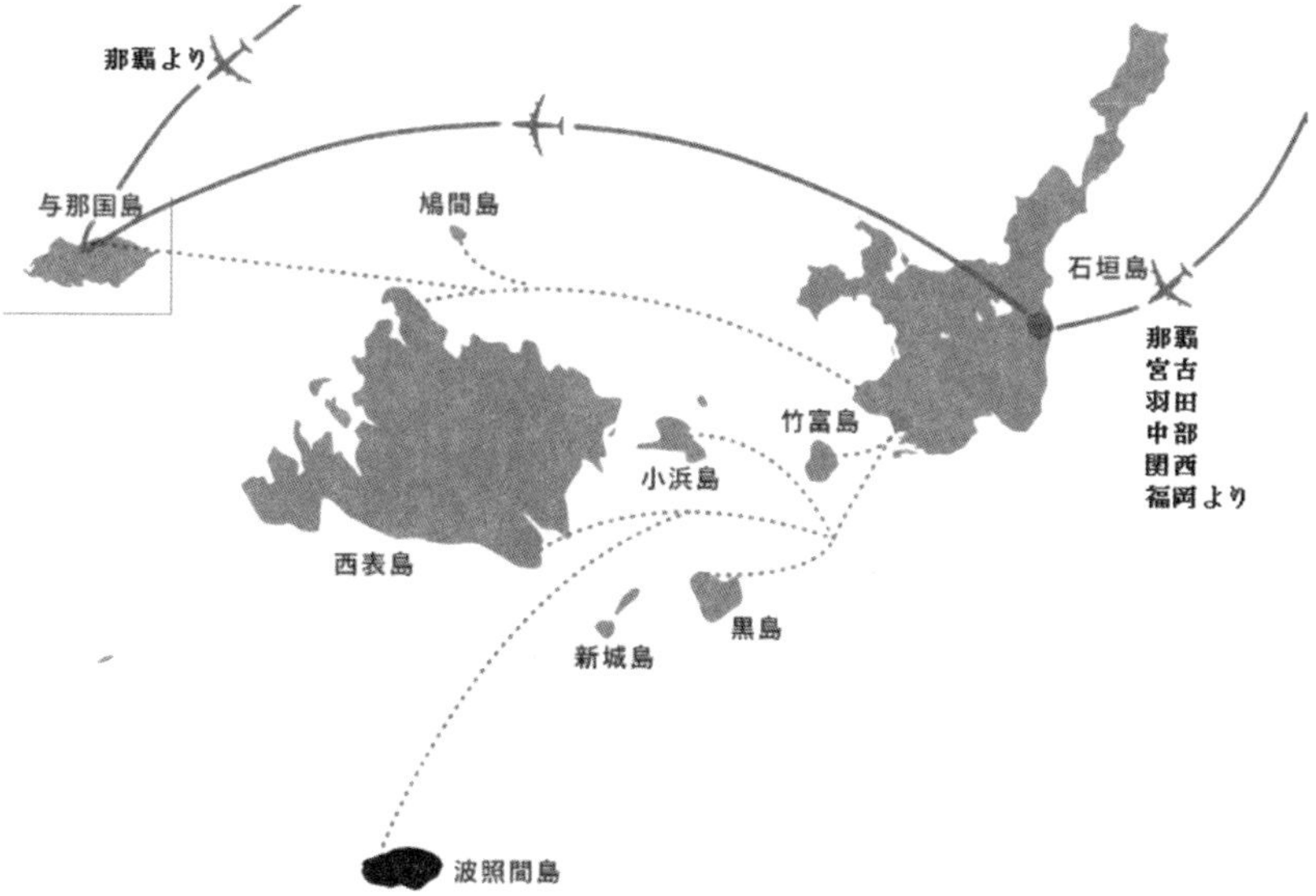

「八重山諸島とは？」（石垣空港ターミナル株式会社、online:http://www.ishigaki-airport.co.jp/company.html）に掲載されている地図をもとに製作した。点線は航路、実線は空路である。波照間島は黒く塗りつぶしてある。

の後に火葬である。前述したが沖縄には檀家制度がない。玉城氏によると、「どちらのお寺さんにお願いしますか」と尋ねると、「どこでもいいよ」という遺族が多いという。この場合は都合のつく寺院を遺族に紹介するが、中には「坊さんはいらない」という遺族もいるという。

石垣の斎場で葬儀を行うからといって、喪家の負担が大きいというわけではない。八重山離島の人々は家族や親戚、縁者に石垣在住者が多いため、葬儀には石垣在住の会葬者が多い。会葬者にとって島に戻るのは負担だが、石垣で告別式が行われれば平日でも参列することができる。現在、石垣の葬式費用の平均は、葬儀社によって多少異なるが、玉城氏によると香典の中で支払うことができるという。

石垣の斎場は、石垣在住の会葬者にとって便が良いというだけではない。与那国島は石垣、那覇との間に飛行機が運航しているので事情は別であるが、他の離島は高速船、あるいはフェリーによって中心となる石垣と繋がっている。離島の人にとっても便がいいといえよう。また、八重山離島では沖縄本島や県外に転出した家族が多く、石垣空港のある石垣は沖縄本島や県外からも行きやすい地なのである（図1）。

帰島後、家によっては再び簡単な告別式が行われ、その後、納骨、ミナンカ（二十一日）、四十九日、さらに島によっては〈魂別れ〉や〈畑あげ〉なども行われる。現在の八重山離島の葬儀の多くは、島外での葬儀と帰島後の葬儀によって成り立っているといえよう。

(2) 波照間島の葬儀の現状

波照間島は、石垣港から高速船（一日三～四便）で約一時間かかり、週に三便フェリーも出ているが、天気が悪いと高速船もフェリーも欠航が続く。本土復帰後の若年層の都市部への流出は著しく、八重山離島の中でも特に過疎高齢化の進んだ島である。集落は富嘉（外）、名石、前、南、北の五集落であり、島民の中には石垣や沖縄本島や県外での生活経験者も少なくない。

波照間島では昔から石垣で死を迎えると火葬だったというが、石垣市環境課には島別の火葬場使用者数の記録がないので、いつ頃から波照間島で火葬が主流になったのかはわからない。最後に龕を使用して葬式を行ったのは、二〇〇四年のO氏の父親であった。「カタミレ（担げよ）」という父親の遺言だったので、遺体を龕に載せて運んだ。O氏の父親は、「自分たちは焼かれないようにしよう」と四人のいとこたちと約束していたという。O氏の父親の葬儀は、四人の中でも最後の方だったというので、その前から波照間島でも火葬が主流になっていたこと、あるいは主流になりつつあったことがわかる。二〇〇九年に亡くなったO氏の母親も、「絶対焼くなよ」という遺言だったので、火葬せず島で葬式をした。この時は龕は傷んでいたので使用せず、棺をトラックに載せて墓まで運んだ。同島では葬儀の外部化が進んでも、従来の葬法にこだわる年寄りのいたことがわかる。同島の人が最もよく利用するサンレーの職員S氏によると[5]、波照間島では現在、火葬する人と火葬しない人は五対一の割合ではないかという[6]。

ここでは波照間島の葬儀の現状について、主に島の人々の話から述べる。現在、波照間島の人々が石垣の病院に入院していて亡くなると、石垣で葬儀と火葬が行われる。家で死にたいという病人は、帰島して家で死を迎えることもある。しかし、島で亡くなっても洗骨を避けるため、フェリーで遺体を石垣まで運び火葬する傾向である。現在の新しい墓は通気性がよくないので、墓室内に納めた遺体は骨化せず、そのままの姿で残ってしまうことが多い（第二部第三章参照）。そのため洗骨は避けたいというのが人々の気持である。

帰島して再び島で告別式を行う家と告別式を行わずに直接納骨する家があり、その比率は半々であるといわれる。帰島後に再び告別式を行う場合も、O氏の両親のように島で葬式を行う場合も、葬儀社に依頼する。葬儀社はほとんどサンレーを利用し、必要な物品を購入し、祭壇をセットしてもらう。S氏によると、「葬式では島の人の手を煩わせることはない」という。波照間島の高齢化率は高く、また、神行事に携わる人は葬式にかかわることはできない。島では、葬式を手伝える人自体が少ないのである。喪家の仕事は、会葬者に出す折詰作りと供物の餅、吸い物（汁）、ウセー（おかず）作りである。S氏によると、島で行う葬式は「石垣と全く同じ、内地なみの葬式」であるという。だが、島の葬式には僧侶は呼ばない。告別式では司会はS氏が務め、身内、生まれ年代表[7]、集落代表、同級生代表、関係団体の代表、一般参列者の順に焼香が行われ、喪主の挨拶で終わる。野辺の送りには、親戚、身内が行き、参列者は墓に向かう車を見送る。現在の波照間島で行われる葬式も帰島後の再度の告別式も、葬儀社の利用による外部化された葬式、告別式となっているといえよう。

三　自宅葬が主だった頃の死者に対する接し方と死生観

波照間島が自宅葬だった頃の葬儀のやり方については、すでに第一部第一章で報告した。ここではその頃の死者に対する人々の接し方と、死生観についてみていきたい。

(1) 自宅葬が主だった頃の人々の死者に対する接し方

第一部第一章ですでに述べているが、明治三七（一九〇四）年十二月十五日の「琉球新報」の「波照間通信」は波照間島の葬儀について、「病人を見舞に行く者は直ちに伝染し死者を音ふ者は必ず我が身の上に不幸来るものと迷信し大に之を忌避して他人は全く立寄らざる奇風あり」と報じている〔竹富町史編集委員会ほか一九九四　一六六〕。ここに当時の波照間島の人々の死者に対する接し方をみることができる。死者は怖れられ、喪家以外の人々に忌避されていたといえよう。このような死者に対する怖れの感覚と忌避の態度は、他の島々でもみることができる。黒島の宮良当成氏（一九三五年生まれ）は、「昔は人が亡くなったらほとんどマイソウですからね、夜なんか自分の家でも怖くて居きれなかったよ。今の人は火葬するから何とも思わないけど、昔の人はマイソウでしょ、怖かったわけさ」という。氏の語った死体への怖れは、単に死体への怖れではない。死体が象徴する死者への怖れともいえよう。

前述の「波照間通信」には、日露戦争戦死者の葬儀に際して、葬儀の〈迷信打破〉を島の代表者たちを召集して説得したので、このような〈弊習〉も打壊されたと記されている（竹富町史編集委員会ほか　一九九四　一六六）。しかし、人々の死者に対する怖れの感覚や忌避の態度は、容易に変化するものではない。波照間島でも、葬列を送る際にはサンを持った。これは、「送るけど、うちらにはさわるな」という意味だという。特に子供にはサンを持たせたという。島の五十代の男性が子供の頃は、「葬式を見てはいけない、近づかないように」と親にいわれていたというが、霊魂を落としやすいといわれる子供たちを死者から遠ざけておいたのであろう。

（2）自宅葬が主だった頃の死生観

前述した波照間島の葬儀は、僧侶の関与を除いて、日本各地でかつて行われていた葬儀—棺や造花を作り、死者を輿に載せて墓まで運ぶ—と形式的には同じである。しかし、同島では（他の島々も同じであるが）、葬儀に際して死の確認や死者との別れの儀礼やしきたり、死霊を祓う行為が何回か繰り返されていて、死者や死霊への怖れがみてとれる。墓から帰って儀礼的に口にする生餅と塩粥、ミダチィの呼び掛け、ミダチィの日に置かれる砂を入れた芭蕉の葉などは、死の確認と別れの儀礼である。死者を墓に納めて、帰宅時の家の後壁を叩く行為は死霊を祓う行為である。亡くなってすぐ家の畳をまっすぐに敷き替えることや、葬列の途中に繋がれて道をふさいでいる牛馬を放ってまっすぐに進むのは、死者に迂回や後戻りをさせないためであろう。

死者に掛ける言葉は、死者に別れを納得させ、あの世に送るためであったともいえよう。このような何回もの死の確認と別れに際しての行為には、死者が戻ってこないように、まっすぐに死後の世界に行くようにという意味が込められていると考えられる。そこには、死者への怖れの感覚と忌避の態度がうかがわれる。墓室の口を閉めた後にサイシが語る言葉の内容や、乳飲み子が死んだときに宿を移すという事例からは死者が戻って来くるのを怖れていたことがわかる。死者はこの世に戻りたがっている、そして戻ってきた死者は生者に災いをなすと考えたのであろう。このような死生観のもとで、かつての「自葬」は行われていたといえよう。

四　現在の波照間島の人々によって行われる葬儀(1)―納骨―

現在、波照間島では、島外で火葬した場合、帰島後、墓に直行して納骨を行う家もあるが、一日遺骨を家に置いてから翌日納骨する場合もある。後者の場合は、告別式も行われることが多い。島の人は骨壺を墓に納めることを「コツを入れる」などというが、本稿では便宜上、納骨と記す。納骨は〈墓の口開け〉と〈墓の口止め〉からなる。ここでは二〇一四年に拝見したS家の納骨の事例を報告する。

(1)S家の〈墓の口開け〉と〈墓の口止め〉

現在、S氏(一九五〇年生まれ)は沖縄本島に住んでいて、島にはS氏の甥やいとこしかいない。S氏は那覇で姉の火葬と葬式と四十九日を済ませ、百日を目安に納骨のために帰島した。納骨の前日に親戚が集まり、百日の法事を済ませたという。〈墓の口開け〉はS氏の甥、義理の兄弟、いとこたちによって昼頃から始められた。S家は四代前に分家し、S家の墓は三〇年以上前に造られたという。

かつては、〈墓の口開け〉や〈墓の口止め〉の際にはサイシが唱えごとを述べたが、サイシのいない現在では唱えごとの言葉を知っている年長者が担当している。そのような年長者によると、死者や墓地の土地の神に対する唱えごとはスサリグチと呼ぶという。[8] スサリグチは波照間島の方言で語られる（本稿では大意のみを記した）。S家ではスサリグチを南集落のN氏（その年に八八歳を祝ったという）に依頼した。〈墓の口開け〉に際しては、すでに墓の中の死者に対して、「今日は―の日で、これから死者を連れてきます」と報告する。これを〈墓の口開け〉のスサリグチという。[9]

N氏がスサリグチを述べた後、墓の入口にマーニ（クロツグ）の葉を二枚交差させた（写真2）。N氏によるとこれは昔からのしきたりであり、食べ物を求めてやってくる悪い死者たちを入れないためのものであるという。しかし、後にS氏のいとこのKR氏（一九四七年生まれ）が語ったところよると、石墓の頃は屋根がなかったので日除けとしてやっていたなごりであり、「魔除けではなく日除け、死んだ人は太陽を嫌うから庇を付けた。庇の代わりだから本当は庇のある墓の場合は付けない」という。S家の墓には庇が付いている。

墓の掃除を終えテントを張り終わると、墓の前に重箱を供え、N氏が墓を開ける挨拶をした。N氏は「戸を開けますから中にいらっしゃる先祖様驚かないでください」と墓の中にいる死者たちへ述べ、墓の口が開けられた。S氏が墓室に入り、墓の中を片付けた。墓室中央には二〇〇二年に亡くなったS氏の母親の骨壺が墓の門

写真2：墓の口に交差されたマーニの葉とN氏

図2：門番の場所をめぐる骨壺の移動（S家の事例）

典拠：筆者の撮影したS家の墓の写真を元に描いた。

番として置かれていた。今回の新しい骨壺を門番として中央に置くため、母親の骨壺を脇の棚に移動するのだ（図2）。S氏の母親の骨壺の周囲には、茶碗や小皿の載った膳、位牌、草履、泡盛（三合瓶）、水の入った一升瓶などが置かれていた。墓室の奥の正面中央には、S家初代の夫婦の大きな甕が並び、両脇の棚にはその後の死者の骨壺が並ぶ。頭骨が上に置かれているのは洗骨した骨を入れた甕である。[10] S氏はN氏の指示に従って、母親の骨壺を脇の段の父親の隣に移し、残っていた母親の膳、位牌、草履を外に出した。これらは外にいる人によって、墓の隅で燃やされた。S氏が墓から出てくるときには、入ったときと同じ向き（後ろ向きだった）に出るようにといわれた。

　S氏が外に出てくると、再びN氏が言葉を唱え、さらに一人ずつ墓の口の前に行って死者に言葉を掛けて手を合わせた。このあと重箱の餅とウセー（野菜のテンプラ、カマボコ、コンニャク・厚揚の煮しめ、豚の三枚肉の煮物）をつまみ、酒をいただいた。これらの料理は、親戚の女性たちによって昨日から作られたものである。N氏はS氏の母親の想い出を語り、作業をした男性たちは墓の中にあった泡盛（古酒になっていた）を盃に注いで廻し飲みした。〈墓の口開け〉を終えたのは午後一時過ぎだった。

S家の〈墓の口止め〉は拝見しなかったので、以下、関係者からお聞きしたことを記す。S家の納骨は午後三時過ぎに行われた。テントには家族と親戚が集まり、墓の口の前には重箱に入った供物が並べられた。最初にN氏が新しい死者を墓に入れるスサリグチを述べ、骨壺や副葬品を墓の中に入れた。最後にN氏が納骨後のスサリグチを唱え、みんなで手を合わせ持参した供物を食べた。納骨後のスサリグチの内容は、「ここがあなたのヤー（家）です。ここに入った以上、あなたはここから出てはいけません。まっすぐグソーへ行きなさい」という意味であるという。KR氏によると、納骨後に述べるスサリグチは〈トメ〉と呼ばれていて重要なものだという。〈トメ〉の内容を詳しく尋ねたところ、アウエハント〔二〇〇四〕の報告した内容とまったく同じだという。三日後に墓に行き死者の名前を呼ぶミダチィの儀礼は、火葬になってからは行われなくなった。火葬によって死が確定しているからである。

(2) 納骨にみられる死生観と「自葬」の伝統

納骨の際の〈墓の口開け〉や〈墓の口止め〉は、単なる墓室の口の開閉ではない。供物を準備し、年長者が墓の中の死者や新しい死者にスサリグチを述べるなど、さまざまなしきたりに従って行われていた。〈墓の口開け〉で唱えられる墓の中の死者たちに対するスサリグチは、突然墓を開けて驚かせないためといわれている。しかし、墓の中の死者たちに、新しい死者が入る旨を述べる目的は、新しい死者を受け入れてもらうためであろう。墓室内では、その前の死者の骨壺を右の段の上に移動したが、このような骨壺の移動は前の死者を門番から昇格させるとともに、新しい死者を、その家の死者の世界の秩序の中に位置づけるという意味を伴っているものと考えられる。新しい骨壺を入れる際の骨壺の移動は、その家の死後の世界の再編成なのであろう。死者は死後も家族とともに死の世界の秩序の中で暮らしていくものと考えられているのであろう。このような死生観は、アウエハントの報告したサイシの言葉の中にすでにみることができる。新しい死者に掛けられる「あなたはここから出てはいけません」という〈トメ〉の言葉も、アウエハントが報告したものとまったく同じであるといわれる。人々は従来の「自葬」の伝統に従って納骨を行っているといえる。だが、墓の入り口に交差されるマーニの葉は、魔除けではないというN氏の下の世代の解釈もあり、従来の死生観がゆらいでいることがみられる。

五　現在の波照間島の人々によって行われる葬儀(2)―四十九日―

ここでは二〇一五年に行われたK家の故KS氏（女性）の四十九日を報告する。故KS氏は石垣の施設にいて九六歳で亡くなり、葬儀社を利用して通夜、告別式、火葬を行った。波照間への船の欠航が続いたため、石垣の寺（浄土真宗本願寺派）に遺骨を預け、一週間後にフェリーで帰島した。四十九日は主に故KS氏の娘と三人の息子、三男の嫁、故KS氏の夫の妹（三名、みな八十代）、姪（一名）、甥（四名）によって行われた。長男はS家の〈墓の口開け〉を行ったKR氏である。長女は竹富島、次男は沖縄本島、三男は石垣に住んでいて、四十九日のために帰島した。K家で四十九日が行われるのは何十年ぶりかであり、準備の段階から、すべて年長者の指示に従って行われた。筆者は前日よりK家の料理を手伝いながら焼香に加わった。

(1) 前日の準備

四十九日の焼香をされる死者は、ウヤピトゥと呼ばれる。四十九日まではウヤピトゥは家にいるとされているので、墓地まで迎えに行くことはしない。四十九日は葬儀の最後の儀礼とみなされていることがわかる。四十九日の前日、男性は主に仏壇の飾り付けを、女性たちは料理を担当する。料理は二日がかりで、餅とウセー、吸い物などが作られる。ウセーの種類は九種類あるいは七種類、五種類の奇数であり、煮物とテンプラ、シンプラ、厚揚、カマボコ、ウインナーなどである。煮物はダイコン、ゴボウ、コンニャク、昆布、豚の三枚肉などである。

この日はこれまで閉まっていた仏壇が開けられる日であり、仏壇の位牌へ死者〈ウヤピィトゥ〉の名前が書き込まれる。夕方六時過ぎにウヤピィトゥに晩御飯を供えた。炊き込みご飯と漬物、ウセーの皿が一対ずつである。長い線香を一本立てて水を供え、焼香台の前に家族と親戚が並び、故人の夫の妹のF氏が方言でウヤピィトゥに挨拶を述べた。挨拶の内容は「今日は四十九日の準備をしました。ご飯とウセーを用意しましたので召し上がってください。明日は四十九日の焼香です。今晩はゆっくりとくつろいでください」であり、みんなで手を合わせた。この晩は〈夜中の焼香〉といい、一晩中起きていて線香を絶やさないことになっている。しかし、K家では姉と弟たちで話し合って〈夜中の焼香〉は行わないことにした。故人の夫のKF氏（一九一七年生まれ）は、「妻はマザムンになった」といい、妻の遺骨が帰って以来、納骨が済んでも仏間に入らなかった。マザムンとはさ迷っている霊のことである。「〈部屋に入ったら死んだ妻が＝筆者注〉私に抱きついてくるからよ」といって、四十九日と〈魂別れ〉にも出て来なかった。

(2) 仏壇の飾りつけ

仏壇は法事の前日から準備されていたが、当日はさらに餅やご飯、果物、菓子なども供えられる。仏壇の供物の飾り方にもしきたりがある（写真3）。仏壇の上段中央にはウンドゥン（位牌入れ）が置かれ、その両脇に花活け（一対）、盛餅（一対）、短く切ったサトウキビの茎を束ねたものと野菜（一対）、長いサトウキビの茎数本（一対）が置かれる。長いサトウキビの茎は、ウヤピトゥがあの世に帰るための杖、あるいはお土産をあの世まで担いでいくときの天秤棒の役割をするといわれる。仏壇の中段中央（ウンドゥンの下）に水と茶（一対）を供え、その両脇に三段重ねの餅（名称不明）、ブトゥグヌイー（握り飯二個、一対）、泡盛の三合瓶（一対）を供える。仏壇の下段中央にはらんがくの一種であるコーグヮシ（一対）、果物（一対）、下段の手前には銚子（一対）、餅の入った重箱（一対）、ウセーの皿（一対）、カザリズナ（一対）を置く[11]。カザリズナは厚揚、カマボコ、チクワなどをほぼ一センチ角に切り、油で揚げたものである。さらに、花米も供えられる。

(3) 当日の儀礼

親戚や近所の女性たちが手伝いにやってくるので、台所は朝からにぎやかである。男性は座敷（一番座）で接客をし、女性はウヤピィトゥの料理と座敷の人々の茶菓や食事の上げ下げをする。法事では「生きている人より死んだ人の方がたくさんメシを食べる」といわれるように、次々と料理が焼香台の前に一対ずつ供えられる。料理を出す際には、必ず水の入った器も供えられる。あの世には水がないからであり、「水は宝」

写真3：K家の四十九日の仏壇
（下段中央の菓子は本来は蓮の花一対だがこの時は蓮と鯛であった）

といわれている。料理を供えるたびに、仏壇のプトキンメーに線香を立てて、[12] 年長者のF氏（一九三二年生まれ）が中心になって挨拶を述べ、居合わせた全員が手を合わせ、最後に焼香台の鉦を鳴らす。また、食事を供える前には、おなかを空かしてやって来る死者たちにミズノコを門の外に撒く[13]（写真4）。

写真4：ミズノコを撒く

当日の料理は次の順序で供えられた。

①朝食（アサゲ　写真5）　午前九時頃

粥を盛った椀、ウセー、吸い物の載った膳を一対供え、茶と水を左側に置く。線香を立てた後、F氏が「朝ご飯を準備しましたから召し上がってください」と方言で述べ、全員で手を合わせた。

②十時のお茶（十時ヌサー）　午前十時頃

大福とカステラと茶を入れた小さな膳を一対供える。F氏が「十時のお茶を付けましたから召し上がってください」と方言で述べ全員で手を合わせた。

③ミシと肴　午前十一時過ぎ

カルピスと刺身の載った膳、ウセーの載った膳、泡盛の瓶と杯の載った膳を一対ずつ供え、F氏が方言で挨拶を述べ、全員で手を合わせた。ミシとは米を発酵させて作る白色の飲物であり、カルピスで代用した。

④昼食（ジボメー、写真6）　十二時頃

御飯、吸い物、ウセーの載った膳一対と、水を入れた椀一対の載った膳が供えられる。このときは居合わせた故人の弟のU氏（一九二四年生まれ）が、次のような内容の挨拶を述べた。

「大正から昭和、平成にかけての長い九七年の間、あなたはいろいろと御苦労なさいました。戦争の時は南風見《はえみ》に疎開して、[14]食糧難の中で炊事係としてどんなに苦労なさったことか。マラリアに罹り九死一生を得て、戦後は家のため夫のために尽くして、本当にご苦労様でした。私たちは焼香だけしかできませんが、どうぞお受けとりください。こういったコウモツ（供物）はよそのガキどもに取られないように、ダキマシして（大事に抱えこんで）持って行ってください。極楽の道を通ってください。ナムアミダブツ、ナムアミダブツ、ナムアミダブツ」。周りの人々からは「いいスサリグチだなあ」という声が上った。後にU氏は、「年を重ね、一家の大将となると、法事に出るようになる。スサリグチは、法事で自然に聞き覚えた。スサリグチは、自分の常識でわかる範囲でいう。これが簡単なようだけど若い頃は言いきれない」と語った。[15]この後、男性たちの集まっている一番座に、パックに詰められた料理が出て、長男の挨拶があり、昼食となった。招待客はお昼過ぎからやってきた。

⑤三時のお茶（三時ヌサー）　午後三時頃

十時のお茶と同じように供えられ、挨拶が述べられた。

⑥送り（ウグリ）　午後三時頃（写真7）

最後は送りの吸い物を供えて死者を送る。ミシ（カルピスで代用）、水、ナカミ汁（豚などの内臓が入った汁）、お茶を一対供え、F氏の挨拶で全員で手を合わせた。挨拶の内容は、「四十九日の今日の出したり下げたりのコウモツはもうこれ

写真5：朝食の前に挨拶を述べるF氏

写真6：昼食

以上はありません。みんなあなたのものですから誰にも取られないように大事にダキマシして、グショーに持っていって宝にして使ってください。シンガニ・マンガニ（あの世のお金、ウチカビ、つまり紙銭のこと）もグソーでお使いください」である。最後に「グソーの道はまっすぐ安楽したぼれ（あの世への道はどうぞまっすぐ行かれて安楽してください）」と述べて終わった。「やっぱり方言でやるスサリグチは味があるなあ」という声があった。[16]「でも、ダキマシってよくばりという意味であんまりいい表現じゃないな。持っていきなさいだけでいいんだよ。昔の人はみんなああいう。泥棒に取られることしかいわない」（長男KR氏）、「別のワルモノが取る、別のあれに取らさないようにいう」（F氏）、「昔からいわれていることは意味があるんだよ」（甥）などという声があった。

送りでは、一人ずつウヤピトゥに線香を上げた。焼香の後、「お母さん、たくさんお金を持って行ってくださいね」といいながら、姉と弟たちはウチカビを燃やした（写真8）。正式には、「ウヤピトゥヌクマタ、トリオーリ」（ウヤピトゥの分です。通してください）といいながら燃やし、最後にナムアミダブツと唱えるという。その後、仏壇に供えたものを下げ、その一部をダンボールの箱に入れた。燃やし終わったウチカビの容器の中には、供えてあった茶と酒、香炉の灰をつまんで入れた。これらは車で墓まで運ばれる。

墓地では全員で手を合わせ、持っていった供物と墓地に飾ってあった造花などを燃やした。帰宅後、仏壇に線香を上げ、墓まで送ってきましたと報告をした。

写真7：送りの吸い物

写真8：ウチカビを燃やす

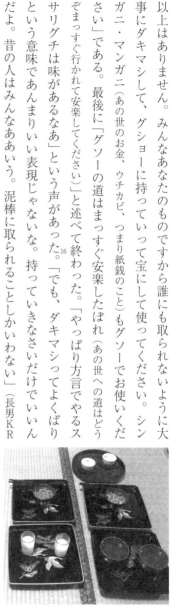

（4）四十九日にみられる死生観と「自葬」の伝統

四十九日では、死者に料理を供え、そのたびに挨拶をすること、供物の一部やウチカビを死者に持たせて墓まで死者を送ることが主要な儀礼になっている。死者へ掛ける言葉は、供物を横取りしようとするワルモノ（F氏による）のいる中、供物を大事に抱えて、まっすぐあの世に行くようにという内容であった。同島の死後の世界は、水も食べ物もない世界であり、食べ物を横取りしようとするものたちがうようよしているといえよう。最後のF氏の挨拶では、死者はまっすぐあの世に行くことが期待されている。ここにみられる死生観は、従来の死生観と変わりはない。人々は従来の「自葬」の伝統に従って四十九日を行っているといえる。しかし、〈ダキマシ〉という言葉に違和感を述べた長男のKR氏は、このような死生観に納得していない。

六　現在の波照間島の人々によって行われる葬儀（3）—〈魂別れ〉—

沖縄では霊魂（魂）を重視する。葬儀に際しても、死者の遺骸と霊魂の両方をあの世に送らなければならないという死生観がある。そのため、〈魂別れ〉は、沖縄の多くの地域で行れていた。波照間島では、昔は法事とは別に日を選んで行われていたというが、四十九日の前なのか後なのかははっきりしない。今は四十九日の送りの後に、ひき続き行われる。ここではK家の〈魂別れ〉について報告する。

（1）〈魂別れ〉の内容

K家の〈魂別れ〉は、墓に送りに行った人々が帰ってきてから始められた。玄関の戸は開け放し、玄関に向かって細長い机を置く。机の上には、ロウソク、線香箱と線香立て、十二個の茶碗を載せた盆、水の入ったヤカン、花米の入った重箱と空の容器(つまんだ花米を入れる)、泡盛の三合瓶などが置かれる(写真9)。机の手前には、供物が供えられる。供物は重箱に入った餅や、ウセーの皿と酒の膳一対、山盛りのご飯、吸い物、刺身、煮物の膳一対であり、さらに水の入った器が供えられる。

供物を下げてから儀礼が始まる。「今から魂別れを始めます。あなたはこの四十九日間、朝昼晩の食事、十時と三時のお茶を上げたり下げたりされてきました。でも、あなたは今日からホトケの世界、グソーの人間です。こちらは生きている人の世界です」と述べ、死者の魂に別れがきたことを告げる。

〈魂別れ〉では、線香と水と花米を供えて、別れの言葉を掛ける。机の右側に線香に火を点けて出す人(線香担当と記す)が座り、左側に茶碗に水を注ぐ人(水担当と記す)、そのそばに重箱から花米をつまんで空の容器に入れる人(花米担当と記す)が座る。これらの担当者は、故人の息子たちである。別れをする人が、一人ずつ台の前に座り自分の家族の人数を述べると、線香担当は人数分の線香に火を点け別れをする人に渡す。水担当は、人数分の湯飲み茶碗にヤカンから水を注ぐ。花米担当は、重箱の中の花米を人数分(あるいはその二倍)つまんで容器に入れる。この儀礼を〈コウミズバギル〉(香と水を別ける)という。家族の人数分の線香が火を付けて手渡されると、「これは私の分、これは息子の—の分、これは孫の—の分」などと、家族全員(必ずしも同居しているとは限らない)の名前をいいながら線香を立てて、別れの言葉を述べる。故KS氏の義理の妹たちは八〇代という高齢なので、曾孫の分も入れて「十七名」「十九名」などという。家族全員の名前を紙に書いてきた人もいて、担当者から「適当でいいよ」という声が上がった。「はい、次の人、人数を申告して」という担当者(三男)の言葉に笑いも起こり、和やかな雰囲気であった。

写真9:〈魂別れ〉の供物と机(準備途中)

(2)〈魂別れ〉にみられる「自葬」の伝統と変化

〈魂別れ〉は生きている人と死んだ人の世界が違うことを納得させ、死者の霊魂をあの世に送る儀礼である。Ｋ家では供物を用意し、死者の魂を送る旨を挨拶で述べた後、〈コウミズバギル〉の儀礼が行われた。従来の〈自葬〉の伝統に従って〈魂別れ〉が行われているといえよう。しかし、故ＫＳ氏が長寿を全うして死を迎えたという理由もあるのだろうが、Ｋ家では〈魂別れ〉は和やかな雰囲気のうちに進められた。〈コウミズバギル〉の進め方の効率化や場の雰囲気からは、死者の霊魂を送るという緊張感はうかがえなかった。

七　現在の「自葬」にみる死生観の変化

これまで報告した事例から、人々の言動には死生観の変化がみられることを指摘する。そして死生観の変化は、葬儀の外部化に基づく怖れの感覚の希薄化によるところが大きいと考えられることを述べる。また、死生観の変化と、今後の「自葬」の伝統について若干の考察を記す。

(1)現在の「自葬」にみる死生観の変化

Ｋ家の四十九日における夜中の焼香の中止、〈魂別れ〉の場の雰囲気と〈コウミズバギル〉の手順の効率化からは、従来の死生観がすでに実感を伴ったものではなくなっていることがうかがわれる。〈魂別れ〉の雰囲気には、死者の霊魂を送るという緊張感がみられなかったが、死者の霊魂という概念自体が描けなくなっているのではないかと考えられる。現在の「自葬」には、人々の死生観の変化がうかがえるといえよう。特に死生観の変化のうかがえるのが、〈墓の口開け〉や四十九日におけるＫＲ氏の言動である。しかし、ＫＲ

氏が従来の死生観をまったく否定しているわけではないこともみられる。納骨後に述べられる、〈トメ〉の言葉は、かつての死生観を表したものであるが、氏はこの〈トメ〉の言葉を重要だという。死生観の変化は徐々に進んでいくのであろう。KR氏の発言に対して、「昔からいわれていることは意味があるんだよ」という声が故人の甥からあったが、その甥自身すでに〈昔からいわれていること〉の意味は理解していないのではないかと推測される。

(2)死生観の変化と葬儀の外部化

本稿で報告した事例には、死者に対する対照的な二つの態度がみられた。故人の夫KF氏の亡くなった妻への態度と、息子のKR氏の言動である。百歳近い故人の夫のKF氏は、死んだ妻の遺骨が帰って以来、仏間には入らなかった。四十九日と〈魂別れ〉にも自室にこもっていた。[17]仏間に入ると、亡くなった妻が抱きついてくると怖れたのである。ここには、乳飲み子が死んだときに秘密裡に宿を移したのと同じように、どんなに愛しいものであっても、死者は怖いという死者への怖れの感覚と忌避の態度がみられる。しかし息子のKR氏の言動には、父親のような死者への怖れの感覚はみられない。KR氏は四十九日の年長者の挨拶に対して、「ダキマシ」という言葉はいやだといった。死者はあくまでも自分の母親とみなされていて、食べ物を独り占めして抱えてグソーへ行く母親のイメージは描けないし、またそのような姿の母親のイメージは描きたくないのであろう。このような理由もあり、波照間島の人々の死生観への批判が述べられたものと考えられる。

ここにみられるのは、世代によって異なる死者への怖れの感覚であり、死生観の変化である。火葬になる前を身をもって知っている年長者は、火葬が主流になった現在でも、死者への濃厚な怖れの感覚を覚えているが、若い頃から火葬に慣れてしまった世代では、そのような死者への怖れの感覚は希薄化してしまったものと考えられる。

現在の波照間島で行われる「自葬」は、かつてのような死体を扱う「自葬」ではない。死体にかかわる過程は、主に島外の医療施設と葬儀社と火葬場が担当し、死体にかかわらない過程を、帰島後の「自葬」で行っているといえよう。火葬が普及した後の八重山離島では、死体に接したり、死体を身近に見る機会は、以前よりずっと少なくなった。火葬になる前の人々の死体への強烈な怖れの感覚についてはすでに述べたが、死体に接する機会が少なくなれば、死者への怖れの感覚は以前より希薄化し、死者への態度も変化してくるものと考えられる。死生観の変化の理由は、もちろん死体に対する怖れの感覚の希薄化だけではない。現代社会の科学万能の風潮と情報化、島外で暮らした経験のある人が多いという島の人々の多様性なども考えられよう[18]。しかし、葬儀の外部化による死者への怖れの感覚の希薄化という理由は大きい。

(3) 今後の「自葬」の伝統

島の人々の死生観の変化は、「自葬」の伝統にもかかわってくる。「自葬」では年長者が指導者である。スサリグチや、死者へ言葉を述べるのも年長者である。これらの言葉は同島の方言で語られるが、年長者でなくても、人々は方言を聞き取り理解することはできる。僧侶の読経に対して、「意味がわからない」などの声が聞かれるが、「自葬」では人々は年長者の語る言葉の意味を理解して、全面的とはいえないまでも納得しているものと考えられる。年長者の語る言葉の意味は、従来の死生観に基づいたものであった。従来の死生観が多くの人に納得されなくなった場合、はたしてどうなるのであろうか。筆者は「自葬」の概念に、「自分たち地域社会の死生観に従って死者を送る葬儀」という概念を付け加えた。島の人々の死生観の変化の中で、「自葬」の伝統も、今後変化を余儀なくされるであろう。

まとめとして

ここでは八重山離島の葬儀の外部化の現状を述べ、現在、波照間島で行われている「自葬」の存在と、その変化について報告した。さらに同島の「自葬」にみられる人々の死生観の変化について指摘し、若干の考察を加えた。

離島という地理的状況、現在の医療及び介護制度では、島で死ぬのが難しいという社会状況、洗骨という二次葬が存在するゆえにあえて火葬を希望するという現状、そして島の過疎高齢化などが相まって、二十年以上も前から、八重山離島では石垣の医療施設と火葬場の利用が始まっていた。その後、斎場の利用が急速に進み、それに伴って僧侶の葬儀に関与する機会も増えた。八重山離島の葬儀の外部化はさらに外部化を促し、その結果急速に葬儀の様相が変化したといえる。波照間島では島内で行われる葬式や、帰島後再び行う告別式も葬儀社に依頼している。離島の葬儀の外部化は、島外での葬儀＝葬儀の外部化、帰島後の葬儀＝葬儀の非外部化という枠では把握しきれないことがわかる。

しかし、本稿で報告した納骨、四十九日、〈魂別れ〉は島の人々によって供物が用意され、従来のしきたりに従って進められていた。年長者が述べる言葉は、従来の同島の死生観に基づいたものであった。これらの儀礼は同島の「自葬」の伝統に従って行われているといえよう。本土では、納骨は石材店に依頼し、四十九日は省略化、あるいは親族の食事会化の傾向にあるが、波照間島では従来どおり「自葬」で行われている。「自葬」の伝統が継承されているといえよう。本土にはない「自葬」の伝統の力がうかがえる。沖縄本島ではすでに行われなくなった〈魂別れ〉が今でも行われていることには離島における「自葬」の伝統の根強さがみられる。

しかし、諸儀礼には変化がみられた。まず、儀礼の簡素化と効率化である。K家における夜中の焼香の中止、一番座に出すお膳がパック詰めになったなどは簡素化であり、〈魂別れ〉が四十九日の後に続けて行われることや、〈魂別れ〉の進め方などは効率化である。これらの変化の多くは、過疎高齢化の社会においてはしかたがないことであり、世代によっても異なるであろうが、従来の死生観がすでに実感を伴ったものではなくなっていることがうかがわれた。人々の言動からは死生観の変化、あるいは死生観が変化しつつあることがみられた。死生観の変化にはさまざまな要因が考えられるが、葬儀の外部化による死者への怖れの感覚の希薄化は大きな要因といえよう。島の人々の死生観の変化に従って、「自葬」の伝統も変化を余儀なくされると考えられるが、その際、「自葬」の伝統の力と根強さがどのように作用するのか、八重山離島の葬儀に関して調査を続けていく必要がある。

本稿では、S家やK家の事例から論を進めたため、一般性や客観性に欠けているおそれがあるかもしれない。だが、人々の死者に対する接し方の違いや、場の雰囲気を報告することができたといえよう。しかし、「自葬」の伝統を継承している人々の心意や、葬儀の場に集う人々の多様性と、死生観の変化については残念ながら論じることができなかった。

さらに課題は残る。島にはそれぞれの個性がある。葬儀の外部化という同じ状況下にありながらも、その対応は島ごとに異なるものと考えられる。今後は波照間島以外の島々の調査も必要である。

1　〈魂別れ〉は死者の霊魂との別れであり、〈抜魂〉は異常死を迎えた死者や集落外で亡くなった死者の霊魂を呼び寄

せることであり、〈畑あげ〉は地面に絵を描いて死者に儀礼的に畑をわけることである。

2 太政官布告等については森謙二『墓と葬送の社会史』を主に参照した。この太政官布告は「神官・僧侶以外の、すなわち神道・仏教以外の自分の信じる宗教に基づく葬儀＝「自葬祭」の禁止を定めたもの」であるという〔森　一九九三　一四〇〕。この布告は明治十七（一八八四）年に解除となった〔森　一九九三　一六八〕。

3 筆者の調査では、沖縄本島北部では、カミンチュ、ウートートーオバア、ウートートーサー、サーダカウマレの人、ウガミヤ、ウガンサー、宮古地方ではムヌスー、カンカカリャー、シモザのユタ、ドズ、八重山地方ではムヌチ、カンカカリャーなどと呼ばれる霊的職能者が葬儀にかかわった。

4 石垣市環境課は、石垣市火葬場の火葬者数を石垣市と他市町村にわけて記録していたが、新しい火葬場の完成した二〇一六年度より、他市町村をさらに八重山地区（竹富町と与那国町であり、八重山離島のこと）と八重山地区以外の他市町村にわけて記録するようになった。それによると、二〇一六年度の石垣市火葬場を利用した八重山地区の火葬者数は五九人である。二〇一六年度の竹富町住民登録者の死亡者は四九人、与那国町住民登録者の死亡者は二一人であり（両役場に問い合わせた）、七〇人の死亡者のうち五九人が石垣市火葬場を使用したわけである。よって、二〇一六年度の八重山地区の死亡者の石垣市火葬場の使用率は約八四％ということになる。

5 S氏は親が波照間島出身であり、島の事情にも通じているので波照間島の葬儀を担当している。そのため、波照間島のほとんどの人はサンレーを利用しているといわれる。

6 S氏によると、二〇一六年、島で亡くなり火葬しなかった人は二人いたという。二〇一六年度の波照間住民登録者の死亡者数は十一人であり（竹富町役場に問い合わせた）、去年の波照間島の火葬率は約八割といえる。

7 生まれ年の十二支が同じグループの代表である。

8 泉武は「スサレロ（スサリグチのことであろう＝筆者注）は葬送儀礼の各段階において、死者の魂に直接語り掛ける唱えごとである」と述べているが〔泉　二〇一二　三四五〕、新たに亡くなった死者の魂に語り掛けるだけではなく、土地の神とすでに墓にいる死者たちへ語り掛ける唱えごともスサリグチなのである。

9　他の島では納骨の際には、墓の土地の神にもスサリグチを述べるが、阿利盛八氏（一九三四年生まれ）によると、波照間島では墓造りや洗骨の際には述べるが、納骨のときは述べないという。

10　図2における右側の大きな蓋付の甕も洗骨した骨を入れたものと考えられる。

11　「仏の道は何でも一対」といわれているので、供物は全て一対用意される。

12　プトキンメーとは、仏壇の中の脇の方に置かれる小さな香炉である。

13　ミズノコとは器の中に野菜の葉や花を刻んで入れ、さらに米と水を加えたもの。

14　戦争末期、波照間島の人々は、西表島南風見に集団疎開させられ、マラリアに罹患、帰島後も多くの死者を出した〔補稿参照〕。

15　戦前、U氏は台湾の鉄道で働き、戦後は町会議員をはじめ、島のさまざまな役職を務めた。

16　スサリグチは本来方言で述べられるのだが、方言のできる人のいない場合は標準語で述べられることもあるのだろう。

17　ただし、一年忌には中心になって死者に言葉を述べていた。

18　KR氏も、若い頃本土や海外で働いた経験をもつ。

第二章　簡易火葬場の設置と利用の変遷 ―西表島祖納の真山火葬場の事例から―

はじめに

現在、八重山の公営の火葬場は、石垣市の市営火葬場「やすらぎの杜　いしがき斎場」であるが、西表島西部の祖納集落（以下、祖納と記す）には真山火葬場という簡易火葬場がある。この火葬場は八重山で唯一の簡易火葬場である。真山火葬場は祖納の老人会によって一九五七年に造られ、祖納のみならず周辺集落によって使用されてきた。祖納では真山火葬場ができて以来、洗骨はしたことがないといわれる。

火葬の導入による葬儀の再編成と、その外部化について論じた加藤正春は、「一般的にいって、火葬の導入は葬儀の外部化を導くようである」と述べた。火葬はそれだけが単独で導入され、普及していくわけではないからである〔加藤　二〇一〇　一六〕しかし、「小さな地域社会のなかでの火葬の導入は、すぐには葬送儀礼の外部化を招かないのかもしれない」とも述べる〔加藤　二〇一〇　十三〕。ここでは、祖納の簡易火葬場である真山火葬場の設置と、その利用について述べ、小さな地域社会では火葬場の設置が必ずしも葬儀の外部化を招かないこと、簡易火葬場を使用する葬儀がシマの人々の手によって行われる「自葬」であることを述べる。

しかし、現在、真山火葬場の利用はほとんどない。祖納とその周辺集落の人々は、他の八重山離島の人々と同じように、石垣の葬儀社の斎場を利用して葬儀を行い、石垣市の火葬場を利用する。簡易火葬場の利用が外部機関としての火葬場に吸収されつつあるといえよう。ここでは、外部の火葬場を利用せざるをえなくなった要因についても論じる。

一　沖縄県の火葬場設置とその研究

沖縄県の火葬場設置と八重山の火葬場について述べ、次に同県の火葬場設置に関する従来の研究と本稿の立場を述べる。

(1) 沖縄県の火葬場設置の概要

明治四二(一九〇九)年十一月十八日の「琉球新報」からは、沖縄本島には天久に火葬場があったことが確認できるが、この火葬場を利用したのは本土出身者や一部の富裕層、あるいは事故死したものなどに限られていたという〔大湾　二〇一五　三八〕。昭和に入ると衛生上の問題などから、各地で火葬場の設置運動がおこった。西原村(西原町)では、戦前、火葬場が造られたが、住民の十分な理解が得られず、利用者はほとんどいなかったようである〔宮里　一九八七　一〇〇～一〇二〕。石垣島では大正時代から営業としての火葬場があり、昭和十五(一九四〇)年には石垣町営火葬場が設置されている。

戦後、早々と火葬場が設置されたのは名護町(現名護市)であるが、火葬に対する忌避の感情や火葬場の使い勝手が悪かったことなどが影響し、地域差はみられるものの、火葬は一九六〇年頃までは普及しなかったという〔比嘉　二〇一五　二七〕。火葬場の設置だけでなく、住民の火葬に対する理解と、火葬場の使い勝手が火葬場普及のためには必要だったことがわかる。一九五二年には、婦人会が中心となって火葬場建設運動を続けてきた大宜味村喜如嘉に火葬場が設置された。

沖縄本島における戦後の火葬場の設置と火葬の普及は、一九五〇年代くらいから始まり、七〇年代中頃に完全に定着したのではないかと加藤は述べ（加藤　二〇一〇　六八）、一九七〇年の沖縄県の「火葬場一覧表」を記している（加藤　二〇一〇　十九）。この「火葬場一覧表」には、十八の火葬場が報告されている。そして、宮古島と石垣島は除くとして、当時の離島の火葬場は伊江村火葬場と与那城村平安座火葬場のみであった。両火葬場とも沖縄本島の周辺離島である。伊江村火葬場は一九七〇年に[1]、与那城村平安座火葬場は一九六九年に完成している（平安座自治会編　一九八五　六八六）。一九五七年に祖納に造られた真山火葬場はこの表には含まれていないが、沖縄県の離島では最も早く造られた火葬場といえよう。

二〇一八年の厚生労働省の全国火葬場データベースによると[2]、沖縄本島地方には二一の火葬場が、宮古地方には宮古市斎苑と伊良部白鳥苑の火葬場が報告されている。[3] 八重山地方には石垣市火葬場が報告されているのみである。

(2)八重山の火葬場―石垣市営火葬場と真山火葬場―

八重山の火葬場である石垣市営火葬場と真山火葬場の概要について述べる。石垣市の火葬場設置については、『石垣市史　各論編民俗下』の森田孫榮（二〇〇七）「葬制」（「二　葬法の変遷―納葬から火葬へ―」）を参照した。

明治以降、石垣島で最も早い火葬は本土からの入植者のものである。[4] 大正期には、石垣島の東南、糸数原海岸に私設の火葬場があったが、石垣島の人々の使用した火葬場ではなかった。明治三〇（一八九七）年前後に、八重山糖業株式会社の成立を契機に入植した大和人の火葬場であったという。[5]

石垣島に営業としての火葬場が開設されたのは、大正七（一九一八）年である。同年二月五日付けの「先島新聞」には、次のような広告が掲載されている。「火葬場新築　糸数原真栄田鬼屋石ノ所　葬式一切請負、但シ人夫葬式品一切引受ケマス」。広告からは葬儀社もかねていたようである。従来の私設火葬場は設備的にも不完全で、市街地から離れた大浜村地区内にあるので不便であったため、昭和十四（一九三九）年三月に石垣町会で町営火葬場建設の件が満場一致で可決された。昭和十五（一九四〇）年には、字石垣真地原に火葬炉二基を備えた石垣町営火葬場が設置された。森田孫榮は町営火葬場設置の動きを、「時代が下り旧弊が徐々に見直されていく趨勢の中で、葬礼にまつわる従来の習俗も変貌をみせつつあった。その顕著な例として石垣町営火葬場新設への胎動があげられる」と述べている〔森田　二〇〇七　四七〇〕。しかし、昭和十五年という時代の背景を考えると、この動きは戦争体制のための生活改善であり、洗骨廃止という旧慣打破と結びついていたのではないかとも考えられる。この火葬場の完成によって、従来の洗骨改葬を伴う風葬から火葬へ移る傾向が強くなってきたという。戦後、一九五八年には霊柩車が購入され、遺族中心の自動車による葬送の形式になり、風葬の習俗もついに廃されたという。火葬場の利用は、交通手段の有無にも大きく左右されたのである。火葬の普及については、前述の比嘉ひとみも述べているように、火葬場の使い勝手も影響している。

一九六八年には石垣市火葬場が新設され、この火葬場は八重山一帯（石垣市・竹富町・与那国町）で利用されてきた。石垣市火葬場利用件数の過去十年間の年間平均は四五七件である[6]。この石垣市火葬場は竣工から四〇年を過ぎ、建物や設備の老朽化が進んだため、二〇一六年に新たに市営火葬場「やすらぎの杜　いしがき斎場」（以下、石垣市火葬場と記す）が竣工した。建物は今後の八重山全体の人口の変動を考慮に入れ設計されたものである。遺体三体が焼ける火葬炉、炉前ホールと告別ホール、収骨室、待合室二室を備えた明るい建物である。火葬料金は、利用者の住居によって石垣市内と市外にわかれるが、同じ市外でも八重山地区（竹富町・与那国町、いわゆる八重山離島）は、料金が他の地区よりも安く設定されている。

石垣市の火葬率は一〇〇パーセントといわれている。八重山離島の石垣市火葬場の使用率は二〇一六年で約八四％である（二〇一七年筆者調べ）。しかし、石垣市以外での火葬もあり、この数字が八重山離島の火葬率というわけではない。また、二〇一六年以前には八重山離島のみの火葬者数の記録は作られていない。

次に真山火葬場について述べる。祖納とその近隣の人々は、祖納の前にそびえる祖納岳を真山（マーヤンマ）と呼ぶ。そのため、真山に造られた火葬場は真山火葬場と名付けられた。真山の入り口には西表西部診療所（以下、診療所とのみ記す）があり、その先にガンヤー（龕を保管する小屋＝筆者注）がある（図1、写真1）。集落から真山を登ると、診療所まではこの世、その先はあの世であるといわれている。ガンヤーの奥には墓が並び、共同墓地の観を呈している。また、登っていく道の両脇にも墓が点在する。

真山火葬場は一九五七年に約二万三千円の費用で造られ、二〇〇七年に約四二五万円かけて改修工事が行

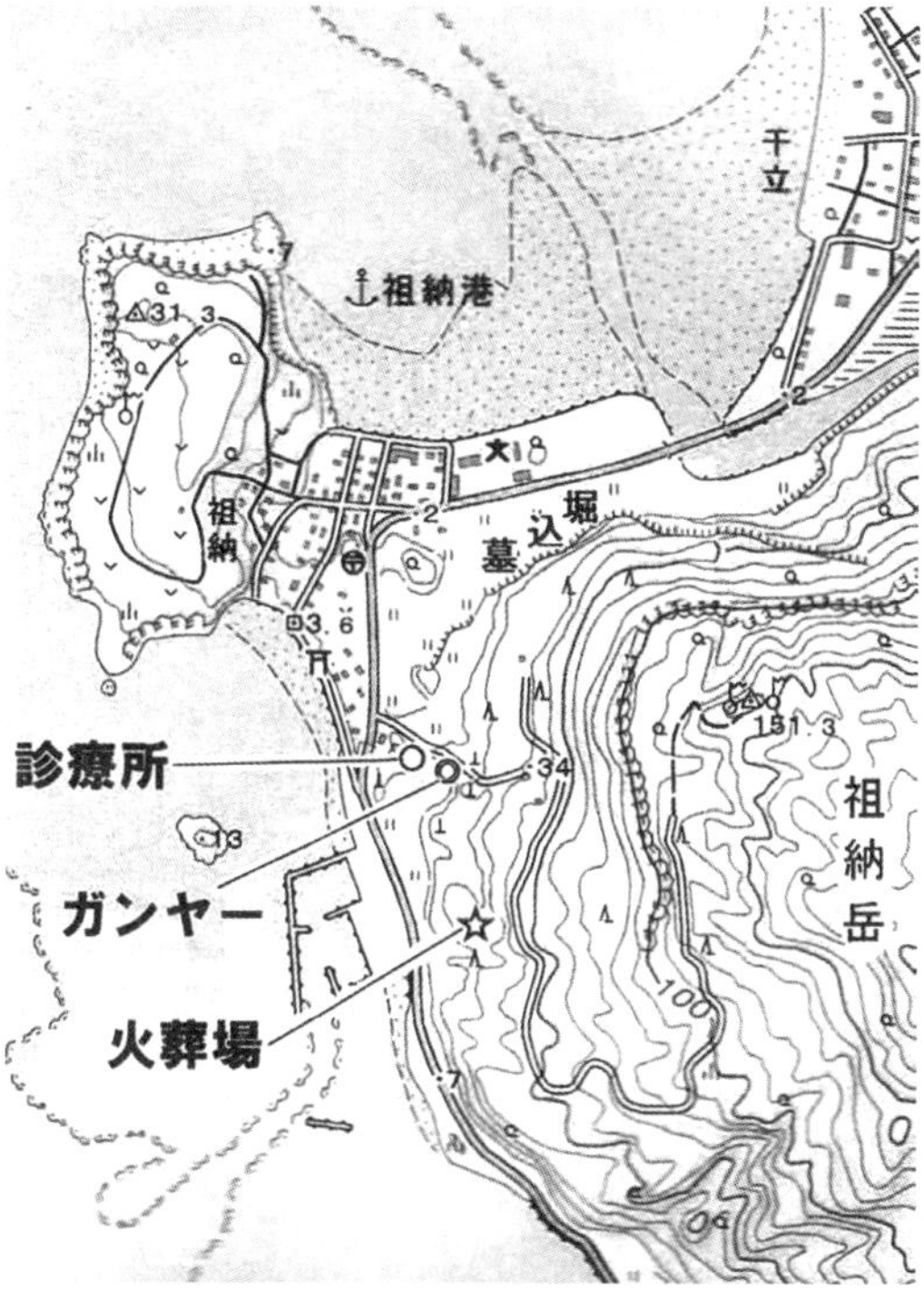

図1：真山火葬場等の位置
国土地理院発行地図「船浦」（2016 年発行）を加工した。

写真1：祖納のガンヤー

われている。火葬場正面左側に建てられている「建設記念碑」は、改修の際に大理石で作り直したものである（写真２）。火葬場の建設の経過は、この「建設記念碑」に記されている。[7]「建設記念碑」の碑文をここに記す。読みやすいように一部句点を加えた。

「建設記念碑」

「人は生まれ人は死ぬ」それは不測の天命であり、その運命の中で「生を育み死を葬る」それは古今に通ずる人間の美徳である。吾々は一九五六年九月十九日（旧十三夜）の決議に基づいて、総工事経費二二、九九〇円会員一人三五〇円一般寄付一二、七九〇円、及び労力奉仕（会員延一七三人部落民一八〇人、計三五三人）によってここに完成した。本会設立十《（ママ）》周年記念として、この事業によって今後葬儀はてい重に行った祖先伝来の美風が末永く保たれることを念ずる次第である。

一九五七年九月二十一日吉日建立祖納温故会

二〇〇七年九月二十一日吉日新調建立　祖納公民館

写真２：真山火葬場（左の黒い石が建設記念碑）

改修の経過は、火葬場の屋根の柱に掲げられた板「真山火葬場整備事業」に記されている。板に記された文章をここに記す。

「真山火葬場整備事業」

一九五七年火葬場を建設し此処から天国へと旅立った先人たちは遺言を建設記念碑に記録して私共へその想いを託されました。それから五〇年が経ち記念碑の文字も消えかけ火葬場の傷みも激しく早急に整備を必要とされる事から二〇〇七年三月三十一日定期総会に於いて真山火葬場整備事業計画を決議し事業に着手した。整備費として一般募金を祖納七十人三十九万六千円、干立二十二人九万五千円、他地区十一万円、東京西表郷友会二十四人十万二千円、在沖西表郷友会五十三人三十四万六千円、石垣在西表郷友会三十八人六万五千円、総人数二百九人、計百十万九千五百円、竹富町役場補助百万円、公民館負担二百十四万二千二百二十八円、総計四百二十五万一千七百二十八円、工事人夫延べ百五十四人、公民館役員奉仕三十日によりトタン屋根から瓦葺屋根に葺替え駐車場拡張、記念碑は大理石に刻み平成二十一年三月十二日落成した。今後共に先人が残したこの美風を島がある迄いついつまでも受け継いでいく事を切に願うものである。

二〇〇九年三月十二日丑年

期成会長　東浜孫助　祖納公民館長　石垣金星

真山火葬場を利用したのは祖納だけではない。改修時の公民館長であった石垣金星氏（一九四六年生まれ）は、西表西部地区（以下、西部地区とのみ記す）の公民館

写真３：壁に掛けられた蓮の絵（中央）と耐熱煉瓦で覆われた窯（後部）。

写真４：屋根の下には「南無阿弥陀仏」と刻まれている。

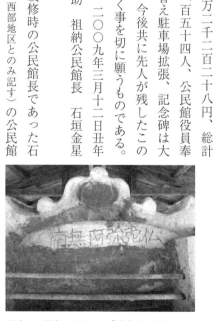

八館からも寄付を募ったという。西部地区の集落の人々も、この火葬場を利用してきたからである。真山火葬場は、地域の簡易火葬場としての役割も果たしていたのである。

改修工事では、火葬場の屋根を瓦葺にし、駐車場を拡張し、窯を改修した。窯の改修に際しては、バーナー式にしようという意見もあったが、従来の窯を使い続けることにした。「火葬場は毎年使うわけではない。石油で焼く窯にしたら後の管理が大変になる」「石油はいいがお金がかかる」という理由だった[8]。ただし、沖縄電力に頼み、電気を入れた。火葬場正面の壁には、三枚の蓮の花の板絵を飾った（写真3）。窯の入り口の上部には、「南無阿弥陀仏」という文字を刻んだ（写真4）。絵も文字も石垣金星氏が描いたものである。

（3）沖縄県火葬場設置の研究と本稿の立場

ここで沖縄県の火葬場設置の研究史における本稿の立場について述べておきたい。加藤正春は『奄美沖縄の火葬と葬墓制―変容と持続―』の中で、奄美沖縄における火葬の導入と普及過程について、詳細に報告している。そして、「行政側にはつねに火葬推進の意志があるのではないか」と述べ、「火葬の普及は儀礼の外部化をはじめ、さまざまな社会生活上の変化をうながし、逆にそのような変化が火葬の普及を促進している」と記している（加藤　二〇一〇　七〇）。

地域の火葬場の設置運動については、堀場清子『イナグヤナナバチ―沖縄女性史を探る』（一九九一）、宮里悦「火葬場設置運動の再出発」（一九八六）がある。宮里悦『やんばる女一代記　宮里悦自伝』（一九八七）にも「火葬場設置運動」として述べられている。これらは沖縄本島大宜味村喜如嘉の洗骨廃止運動を通して、沖縄の女性運動と火葬場の設置について論じたものである。洗骨作業は女性が担当することが多かったため、喜如嘉の火葬場設置運動は主に女性によって進められてきたからである[9]。粟国恭子（二〇一五）「戦後沖縄の〈洗骨〉

習俗の変化―伝統的ジェンダーと女性たちの選択」も、洗骨を担った沖縄の女性たちに注目し、伝統的ジェンダー・ポリティクスの問題として火葬場の設置を取り上げた[10]。

しかし、地域における簡易火葬場設置に関しては、その土地の地域性なども大きくかかわっているはずである。本稿で扱う真山火葬場は、祖納の男性老人クラブである「温故会」によって建設された[11]。祖納は、明治時代から西表炭鉱が開発され、多くの人とモノと情報が流入してきた地である。本稿では、西表炭鉱が葬制に与えた影響について注目し、なぜ一九五〇年代という比較的早い時期に祖納に簡易火葬場が造られたのか、どのようにして人々は簡易火葬場を建設したのか、地域の簡易火葬場として西部地区の住民にどのように使用されてきたのかについて述べる。

真山火葬場を使用した火葬は、地元住民によって行われた〈丁寧な火葬〉であると経験者は語る。しかし、現在では石垣市の火葬場を利用することが多くなり、真山火葬場は使用されなくなってきた。石垣市の葬儀社と火葬場を利用する現代の八重山離島の画一的な葬制へ移行したのである。ここでは、このような葬儀の外部化を招いた要因についても論じる。

二　西表島と祖納地区の概要

ここでは調査地である西表島と西部の祖納地区の概要について記す。

(1)西表島の概要

西表島は、沖縄県で二番目に大きな島であり、島のほとんどは亜熱帯の自然林で覆われている。資源の宝庫といわれながらも、マラリア有病地であったため、その開発は遅れていた。

島は東部地区と西部地区にわかれ、集落は主に海岸沿いに形成されている。東部地区は、戦後新たに開発された地である大原、豊原、大富の集落と、古見などの古い集落からなる。東部地区の中心となる大原は、石垣港と高速船で約四〇分で結ばれている。

西部地区は、戦後の移民によって作られた新興地区（船浦、上原、中野、住吉、浦内）と、古い集落（祖納、干立、白浜、船浮）からなる。後者をここでは祖納地区と記す。白浜、船浮は西表炭鉱によって賑わった集落である。祖納以西には、成屋（一九二〇年廃村）、網取（一九七一年廃村）、崎山（一九四八年廃村）、鹿川（一九〇一年廃村）という集落も存在していたが、現在では廃村となっている。上原港は石垣港と高速船で約五〇分で結ばれているが、冬期には天候の関係で欠航が多い。欠航の場合は、車で約一時間かけて大原港まで出て高速船を利用する。

(2) 祖納地区

祖納地区の歴史は古い。この地域は水が豊富であったため、稲作が早くから行われていた。成化十三（一四七七）年に朝鮮人漂流民が与那国島に漂着、島づたいに首里まで送られ、最終的に帰国した記録が『朝鮮王朝実録』に載っているが、[12] 祖納と推定される島では、粟作よりも稲作がより多く行われていたことが記されている。祖納に残る「慶来慶田城《けらいけだぐすく》翁屋敷跡」は、八重山の有力な一門である錦芳氏の先祖とされる慶来慶田城用緒（十五～十六世紀）の住んでいた屋敷跡である。

祖納は祖納地区の中心的存在であり、祖納と隣村の干立は、二期作が可能な稲作地帯である。漁業も行われていたが、ほかの八重山の島々のようにカツオ漁のような大掛かりなものはなかった。明治後期から終戦まで、祖納地区の経済に大きな影響を与えたのは、西表炭鉱の存在であった。西表炭鉱は明治十八（一八九五）

年に三井物産が囚人を使って開発した炭鉱であり、[13] はじめの頃は三井及び大倉という財閥が採掘を行っていた。しかし、マラリアのために坑夫の死亡が相次ぎ、採掘は一時中断された。その後、他の資本によって採掘が続けられ、石炭は主に台湾に向けて輸送された。大正十三（一九二四）年頃は、高雄、香港にまで販路を広げていたという。昭和初期、一時は不況によってわずか那覇市場の需要を満たす程度であったが、戦時下の需要によって活気を取り戻し、終戦まで採掘は続いた。

戦後の祖納地区には十条製紙の伐採と植林の仕事があり、住民は家族で働くことができた。しかし、十条製紙の仕事がなくなると、農業以外の現金収入の道は途絶えた。そのため、子供が石垣島の高校に通学するようになると、一家して島から離れていった。過疎高齢化が進み、かつて五〇〇～六〇〇人いたといわれる祖納の人口は、現在では約一五〇人である。祖納の戸数は約五〇戸であり、五〇年前からすると半数は空き家であるといわれる。九〇歳以上の独居老人の家も四～五軒ある。

しかし、伝統行事は守り続けられ、祖納・干立の節祭（シチィ）は、国の重要文化財にも指定されている。[14] なお、祖納は戦前には西表村と呼ばれていた。

三　西表炭鉱の祖納地区に与えた影響

西表炭鉱は、経済的にも文化的にも周辺地域に大きな影響を与えた。ここでは西表炭鉱の祖納地区に与えた影響についてみていきたい。

（1）西表炭鉱の祖納地区に与えた影響

西表炭鉱が周辺の集落に与えた影響としては、まず、経済的な影響があげられる。採掘が始まってからわずか十年もたたないうちから、祖納地区の経済は炭鉱依存の様相を呈している。以下、当時の新聞記事を紹介する。明治三三（一九〇〇）年八月五日「琉球新報」には、西表島炭坑用材の需要が増加したため、その付近の村民はその伐採に「殆ど家業も省みさる程」であるが、「農業等に力を尽すよりも労せすして相応の利益あるに因れり」とある〔竹富町史編集委員会ほか　一九九四　八五〜八六〕。明治三五（一九〇二）年十月十九日「琉球新報」には、当時の大倉炭鉱は「西表村民の為めには大倉組は恰も金主に於けるが如し」とある。村民は日雇いや請負事業に従事し、そのおかげで、「租税の義務も容易に果す事を得可し。尚ほ、余財は以て衣食の程度も□つゝ在り」とある〔竹富町史編集委員会ほか　一九九四　一〇九〜一一〇〕[15]。明治四四（一九一一）年四月二十一日「琉球新報」には、「米を飽食し芋を用ふるは稀に見るのみ。祝祭日等の礼服は殆ど四箇と比すべく他字の及ぶ所に非らず」とある〔竹富町史編集委員会ほか　一九九四　三九二〜三九三〕。これらの新聞記事からは、明治三〇年代からすでに西表村〔祖納地区〕の人々は、生活費から納税まで西表炭鉱からの収入に依存していたことがわかる。

鉱山ができれば、石炭を運ぶ港もできる。前掲の明治四四年四月二十一日の「琉球新報」には、「船浮港は月二回汽船の便ありて那覇、台湾間の要衝に当たる」とある。大型汽船の就航は、外の文化を運び、集落の人々の目を外の世界に向けさせた。祖納の星勲は、「鉱山と港は島の地元民族の智植の処であり、原始民が更生した、文明文化の源泉である」とまで述べている〔星　一九八二　四七〕[16]。

次に、西表炭鉱と周辺集落の人々がどのような関係にあったかを、三木健『西表炭坑概史』からみていきたい。三木は両者の関係を具体的に述べているので、多少長くなるがここに引用する〔三木　一九七九　五八〜五九〕。なお、三木は炭坑と炭鉱を使いわけているため、三木の引用等では三木に従う。

意外にもこれらの部落の人たちが、直接炭坑夫として働いていた例は、皆無に近い。ではこれらの人たちはどうして生計をたてていたかといえば、村の男は坑内で使う坑木用材を、西表の山奥から切り出して売り、女は畑や屋敷周辺でつくる野菜を、炭坑部落に売って生計をたてていた。また、月に二、三度本船が石炭を積みにやって来ると、既存村落の人たちは、その本船への積み込み作業を受請ってやった。西表炭坑は湿気が多く、坑木の腐食も早かった。このため多くの坑木を必要とした。村の男たちはノコ一丁を腰にさして山に入り、木を切り出してはこれを炭鉱会社に売り、日銭を稼いでいた。〈日銭〉とはいっても、炭鉱会社が発行している炭坑切符である。[17] 会社から代金がわりにこの切符をもらうと、男たちはその足で会社の直営売店に行って日常物資を購入して帰った。

主婦たちは、畑でつくった野菜の類いを小さなサバニに積み船浮湾沿いに点在している炭坑の村を廻って売り歩いた。サバニが村の近くに着くと、夫婦で住み込んでいる炭坑のカミさんたちが、ドッと浜におりてきてその日の野菜を買っていった。[18] 野菜を売りさばくと、主婦もまた直営売店に寄って日曜雑貨を購入して帰った。

筆者が祖納の年長者にお聞きしたところによると、西表青年団が石垣へ行くときには、青年団の団服を揃えて着用していったので注目を集めたというが、[19] これも炭鉱による現金収入があったからであろう。紙煙草を吸って歩いたのも、八重山では祖納の青年たちが最初だったという。紙煙草がどこでも手に入るという時代ではなかったが、彼らは炭鉱の直営売店で購入できた。[20] 昭和十四年には祖納に簡易水道ができた。十字路に給水ポストを設置したものであり、給水時間が決まっていたというが、那覇市の次にできた水道だったと人々は自慢する。西表炭鉱によって祖納地区には現金収入による豊かな生活がもたらされ、石炭を運ぶ大型船の就航もあり、新しいものを積極的に受け入れる精神風土が育まれていったといえよう。

しかし、三木はこのような炭坑依存関係は、その日暮し的な生活形態をつくり、基幹産業としての農業を、真に根着かせることができなかったという。戦争で炭鉱が崩壊するや、島の経済は大きな打撃を受けざるをえなかったという〔三木　一九七九　五九～六〇〕。

(2) 炭鉱が祖納地区の葬制に与えた影響

炭鉱によって外の世界から持ち込まれたものの中で、本章に直接関連したことをあげよう。まず、西表炭鉱に坑夫教化のための仏教の布教所ができたことである。大正四（一九一五）年に初めて駐在布教師が派遣されたが[21]、風土病のため長続きしなかった。二年後に赴任した池田恵真（浄土真宗本願寺派）のときに、各鉱出費により南風坂に布教所が設けられた。池田恵真は病気のため大正一〇（一九二一）年六月十日に亡くなった。葬儀は二日後に後任の藤井深遠によって南風坂海岸（布教所前庭）で行われ、荼毘に付された。藤井深遠は大正十一（一九二二）年に布教所を白浜に移転、島の人々を対象に「仏教婦人会」「仏教青年団」を組織し、児童教化機関として日曜学校を開設した。また、各坑巡回坑夫教講を行い坑夫たちに安慰を与えたという[22]。

次に西表炭鉱で行われていた葬送をみてみよう。炭鉱には何千人という坑夫が働いていたが、劣悪の環境の中でマラリアや脚気に罹患し、多くの坑夫が次々と死んでいった。大正一〇年代、白浜の西に位置する内離島の沖縄炭鉱販売部の売店で働いていた山田惣一郎は次のように回想している〔三木　一九七九　七九～六五〕。「「木炭」という部落と、元成屋の間に火葬場があり、日本内地から来た坑夫たちが死ぬと、そこでダビにふしたのです。火葬場の煙突から煙の出るのが、対岸の船浮からよく見え、「ああ、きょうも誰か亡くなったな」と思って見たものです」〔三木　一九七九　六七〕。しかし、筆者が祖納や干立でお聞きしたことは、「炭鉱で亡くなった人は浜に穴を掘って埋めていた。台風でも流されないようなところだった」という。坑夫たちは土葬だったというのだ。土葬か火葬かは、炭鉱によって、あるいは死の状況によって異なったのであろう。昭和八（一九三三）年十一月二十七日の「先嶋朝日新聞」には元成屋八重山炭鉱跡の路上には人骨が散乱していたのみならず、砂浜の五カ所に棺が露出していたとある。骨はまとめて荼毘に付し、納骨堂を建立したという（竹富町史編集委員会ほか　一九九五　六七二）。このとき散乱していた人骨が山田惣一郎の述べた火葬場で焼かれたものかは不明だが、炭鉱周辺の各所に坑夫の骨が埋められていたのであろう。

炭鉱会社の役員の場合は、盛大な葬儀が行われた。昭和十二（一九三七）年十二月十二日の『先嶋朝日新聞』の記事「合名会社丸三鉱業所代表社員・小栗公一氏の葬儀荘厳を極む」には、小栗公一の葬儀が白浜丸三事務所構内で社葬で行われたことが報じられている。葬儀の模様は、同記事によると以下のようであった。大の花輪が十四対、弔旗が八十余旗林立した中、遠山、網取、船浮、祖納、干立より男女青年団、一般有志並びに祖納校学生（祖納小学校の生徒であろう＝筆者注）、白浜有志及び従業員の参列で、式は午後二時に始まった。そして、午後六時に荼毘に付されたとある（竹富町史編集委員会ほか　一九九七　二四五～二四六）。

このように、西表炭鉱では土葬と火葬が行われていたことがわかる。火葬にも二種類あった。亡くなった直後の火葬と、散乱していた古い人骨の火葬である。炭鉱の周辺集落の人々は自分たちと異なる葬法を知った。

四　真山火葬場建設

祖納の人々は、なぜ、どのようにして集落に火葬場を建設したのだろうか。祖納のかつての墓制と火葬の導入について記し、さらに真山火葬場の建設の経過についても述べる。

（1）祖納の墓制の変遷と火葬の導入

祖納の葬墓制については琉球大学民俗研究クラブの「八重山竹富町字西表祖納部落調査報告」（一九六九）、沖縄大学沖縄学生文化協会『郷土』第八号（一九七〇）、大湾ゆかり「竹富町西表島祖納の葬墓制―特別展関連の調査報告―」（二〇一六b）がある。大湾は、昔は古い骨を集めて焼いたこともあったことや、死者が重なったときには、畑や土手に穴を掘って埋めて、洗骨後に本墓に移したという琉大の報告から、「（祖納では＝筆者注）、風葬していた時代にも、状況によって骨を焼いたり、土葬していたことがわかる」と記している（大湾二〇一六b　九八）。重要な指摘である。祖納の前大用安氏（一九二四年生まれ）も、「昔の墓は大きな乾燥砂岩を掘って作っていた。それができない人は土を掘って埋めてやっておったそうだ」という。

那根昂氏（一九二九年生まれ）は、「昔の墓は砂岩を利用していたので、砂岩のある所に墓があった」という。今でも祖納小中学校の反対側の田んぼの奥には、崖を削って作られた堀込墓がみられる（図1）。前大氏のいう砂岩を掘って造った墓であろう。これらの墓の口の小さな蓋には、穴が開けてあるのが特徴である。通気性を良くして、遺体を早く骨化させるためであろう。また、かつては大きな石積みの墓も作られたが現在残っているのはごくわずかである。前述の前大家では昭和十四、五（一九三九、一九四〇）年頃に、二〇〇～三〇〇メートル離れた真山に墓を移した。真山の現在の墓は前大用安氏が六四歳の時に造り替えたものである。現在、祖納では墓は真山に集まっていて、コンクリートや石材で造ったさまざまな形の墓をみることができる。現金収入のあった頃は、墓の新設が相次いだのであろう。

前大用安氏の昭和十二（一九三七）年頃に行われた祖父の洗骨では、[23] 祖父の棺は墓の中に入れないで、墓の外に埋めてあったという。地下水が墓のそばから流れ出ていたので、衛生上の理由で埋めたのかと氏は思ったという。那根昂氏によると、洗骨前の棺が墓にあった場合は、墓の敷地内に穴を掘って新しい棺を埋めておいたという。おそらく、前大用安氏の祖父の棺が墓の外に埋めてあったのは、その前にまだ洗骨の済んでいない棺が墓に入っていたためであろう。しかし、石垣金星氏によると、「普通は三年目で洗骨をしていたが、中に入れたカンオケが三年経たなくて次の葬式が出たときには、中に入っているカンオケを出して薪を積んで焼いた」という。これらの話からは、祖納では充分に骨化していない遺体の洗骨を避けようとする配慮があり、そのため新しい棺を墓の中に入れず土葬したり、骨化してない前の遺体を焼いたことがわかる。

　このように祖納には、火葬場のできる前から、風葬（室内葬）とともに、状況によっては土葬と火葬がすでに行われていた。アジア・太平洋戦争が終わると、軍隊から人々が帰ってきた。軍隊経験者は戦地で露天焼という死体の焼き方があったといい、露天焼を勧めたという。

(2) 火葬場建設

　以下、火葬場建設までの経過を、話者の話からまとめた。火葬を採用した最初の頃は、穴を掘って薪と石炭を置き、その上に棺を載せて焼いていた。露天焼である。干立の先に石炭が露出していたので、それを利用したという。露天焼は当時の部落会（今の公民館に当たる）が行っていたが、あまりうまくいかなかった。それを見た温故会が、近い将来の自分たちの焼かれる姿を考えたのであろう、「露天焼はだめだから火葬場を造ろう」と火葬場建設を決めた。これが、建設碑文にある「一九五六年九月十九日（旧十三夜）の決議」であろう。温故会が資金を集め、職人を石垣島から呼んで窯を造らせた。火葬場の周囲の設備や施設は集落の人々で造った。

　窯は登り窯と同じ構造であり、薪で焼くようにできている。[24] 右側の口から遺体を入れ、左側の口で薪を燃やす。窯は砂岩でできていて、窯の内部の左右に煙道がある。煙はこの煙道から地下を通って、約十メートル離れた山の斜面に設置された煙突から出ていく（図2）。このような構造の窯は、当時の沖縄県の火葬場で使用されていたものと考えられる。

火葬場は完成したが、最初は窯の使用法がわからなかった。初めて火葬場を使ったときは火を入れても遺体が燃えなかった。相当時間が経ってから窯を開けてみると、窯の中には薪がいっぱいに詰まっていて、煙道も薪で塞いであったという。しかし、火葬場の窯の使用にも徐々に慣れていった。

（3）祖納に火葬場ができた理由

祖納に真山火葬場ができた理由について考えてみたい。前述の前大氏は、「祖納には台湾、九州に働きに行く人が多かった。また、男は軍隊で外の空気を吸っている。火葬すれば洗骨はなく、さっぱりして便利と考えたのではないか」という。外で働いた人や軍隊経験者が火葬を推進したというのであろう。那根氏によると、「洗骨はもういいから火葬にしようということになった。戦争に行って帰ってきた人が、戦地で露天焼という焼き方があったといった。ここには木と石炭があるから火葬にすることになった」という。

では、なぜ「洗骨はもういいから火葬にしよう」ということになったのだろうか。昔の祖納の墓は山の斜面などの砂岩を掘り込んだものであり、墓の入り口には穴が開いていて、墓の空気の流通もよかった。できるだけ早く遺体を骨化させるためであろう。しかし、経済的に余裕ができると、砂岩を利用した堀込墓は廃棄されるようになり、真山に新しい墓を建てるようになったと考えられる。新しい墓は、従来の墓より密閉されている傾向がある。墓の通気性が悪くなると遺体は骨化しにくくなる。祖納では堀込墓の場合は、三年で遺体は充分骨化したが、真山に新しく墓を造ってからは、三年では充分に骨化しないことが多々あったのではないか。洗骨時に遺体が充分に骨化しなかったこともあり、「洗骨はもういいから火葬にしよう」ということになったのではないか。そして、軍隊でやっていたという露天焼になったのであろう。充分に骨化しなかった遺体を焼くことは、洗骨の際にすでに行っていた。敗戦によって従来の価値観が否定されるという風潮や、生活改善運動も(琉球大学民俗研究クラブ 一九六九 三二)、一次葬に火葬を取り入れる方向に寄与したのであろう。幸い、薪は豊富にあり、石炭も入手できた。しかし、露天焼では遺体はなかなか焼けなかった。「そういうのを見ていてちゃんとした火葬場が必要と思ったのではないか」と石垣金星氏はいう。

では、なぜ他の島々は火葬場を造らなかったのに、祖納は火葬場を造ったのか。そこには、西表炭鉱の影響が考えられる。炭鉱時代から培われた祖納の人々の進取の気質と、人々の火葬に対する抵抗感が少なかったという理由である。前述したが、西表炭鉱では火葬も行われていた。

五 真山火葬場の使用法

ここでは真山火葬場の使用法について具体的に述べる。さらに、真山火葬場が地域の簡易火葬場として周辺集落の住民にどのように使用されたかも記す。

(1) 真山火葬場の使用法

葬儀の内容を詳細に記すことは省き、火葬場での火葬を中心に述べる。火葬場の使用法については、実際に火葬を担当したことのある干立の公民館長山下義雄氏(一九六五年生まれ)と、かつての祖納公民館長であり今でも葬儀の中心となる石垣金星氏から主にお聞きした。

祖納の葬儀は、公民館が主体で公民館長が中心になる。葬儀の準備は、集落の人々が役割分担で行う。老人クラブが花を作り、婦人会が料理を担当し、火葬に関する作業は青年会が行う。葬儀のやり方はすべて「萬集」という冊子に記録され保存されているので、それに従って行われる。[25] 葬式の知らせが入ったら青年たちはまず火葬のための薪を採りに行く。告別式後、遺体の入った棺を龕に載せて、[26] 葬列を組んで真山火葬場まで運ぶ。龕は前後を四人で担ぎ、途中で絶対に下ろすことはない。[27] 診療所から山道を登って行くとすぐに火葬場に入る小道がある。

火入れは夕方四時頃であり、翌朝の七時頃には遺体はきれいに焼き上がるという。[28] 焼き方は、窯の中に遺体を入れて、窯の蓋を閉じて、煙が洩れないようにして焼く。以下、火葬の手順を記す（写真5・6・7、図2）。

1. 車輪の付いた鉄の台の上に棺を載せて、「これから焼きます」と手を合わせ、窯の蓋を開け、棺の載った台を窯の中に入れて、入り口の蓋を閉める。
2. 泥団子を作って窯の入り口の蓋の隙間を塞いでいく。
3. 遺族に火をつけてもらい、煙突から火が上がったのを確認してからさらに薪を入れる。空気の漏れている隙間には、泥団子を作りバンバンと投げつけて塞ぐ。
4. 夜の十一時〜十二時まで、六〜七時間ほど薪を燃やす。天候によっては午前二時〜三時まで燃やす。[29]
5. 最初はすごい臭いがするが、次第に臭いがなくなってくる。煙突から出る煙の色も、最初は濃い茶色の煙だが、次第に色が薄くなり、白い煙に変わっていく。匂いと煙の色や煙の出具合で窯の中の状態（遺体の焼け具合）を判断する。暗いので煙の色は懐中電灯を照らして見る。焼き方が足りないとコツ（骨）が多く残ってしまうので、見極めるのが大事だといわれる。
6. 焼け具合を判断して火を消すが、火を消した後も窯の蓋は閉じておき余熱で焼く。そのため、焼く時間は合計十時間くらいになる。火を消したら、いったん火葬場から引き上げる。

7.「一通りの火入れはしました」と夜中に喪家に報告に行く。喪家の門前に用意してある塩水で手足を浄めて、酒とおかずで慰労してもらう。

8. いったん解散して、太陽が上がる前に火葬場に戻り、責任者が中を開けて状態を確認してから身内に連絡する。

9. 余熱がとれたら収骨する（朝八時、九時頃になる）。ススキを箸にして左手で持ち、形のある骨を拾い、隣の人に順に渡していき、最後の人がコツガメに入れる。[30] これを儀礼的に何回か行う。この収骨の仕方は洗骨のときと同じであるという。その後はめいめいが骨を拾って入れる。残りの骨をコツガメに

写真５：窯の入口（入口中央に鉄の蓋が被せられている。手前に横になっている車輪付きの鉄の台に棺を載せる）

写真６：窯の中（両脇に空いている穴が煙道である。中央に棺を載せる台を置き、奥の穴に薪を入れる）

写真７：窯の後（中央の穴は薪の焚口である。低くなっている所に灰が留まるのだろうか）

図2：真山火葬場の使用方法（概念図）

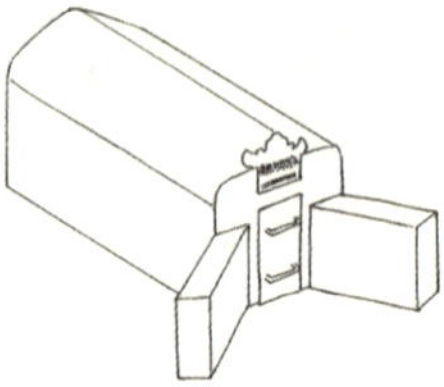

1. 斜め上から見た窯

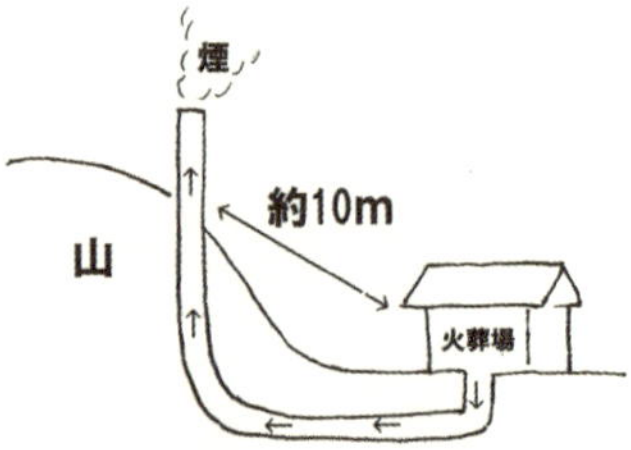

2. 煙の流れと煙突の位置

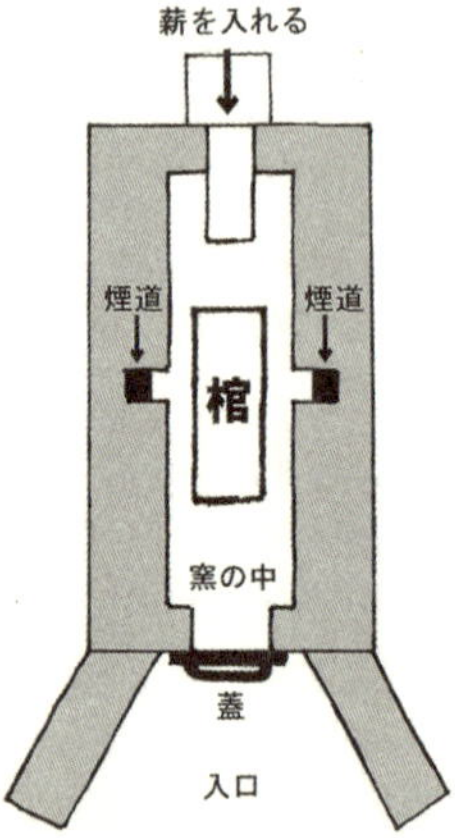

3. 上から見た窯（断面）

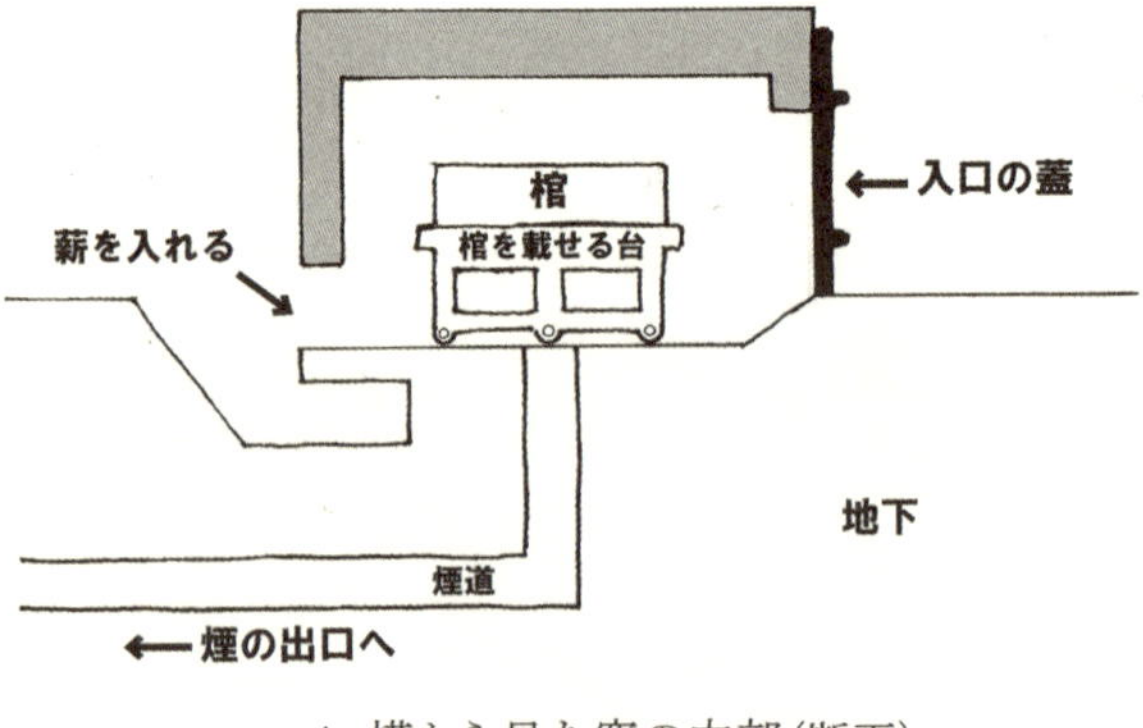

4. 横から見た窯の内部（断面）

押し込んでから骨を潰し、灰も入れる。残った灰は火葬場の外に捨てる。

10．収骨後、旗を先頭にして墓まで行って納骨する。

これらの作業はすべて先輩から教えられる。火葬する際には、いわゆる熟練者が責任者となり、火葬の監督をする。このような熟練者は、かつての消防団長や祖納の役員である。火を燃やしたりする人は四、五人くらいで足りるが、実際は十人以上で焼く。火葬場には屋根が付いているので、そこで食べ物を食べ、酒を飲みながら作業をする。石垣金星氏によると、「十～二〇人くらい若者が集まってわいわいいいながら、先輩から火葬のやり方を習った」という。氏は、「思い出話をしながら焼いてやるのがいい。いつか自分もそうやって見送られるかもしれないと思ったりする」という。だから、「石垣の火葬場で焼くのはあまりにもそっけない」という。真山火葬場の火葬は地元住民によって行われた〈丁寧な火葬〉であると石垣金星氏は語る。単に自分たちで火葬を行うだけでなく、作業者が故人の思い出話をしながら故人を送ったのであり、これも地域社会の伝統に従って死者を送っていたといえよう。真山火葬場での火葬は「自葬」であったといえる。

(2) 周辺集落の火葬場使用

他集落の人の火葬の場合でも、祖納の人が監督として火葬場に付いていた。他の地区の青年たちは薪を切ってくるのが主な仕事である。「地域上、お互い様なので火葬の料金は受け取らない」というが、喪家から祖納公民館には謝礼を出した。

干立集落は祖納に隣接した集落であり、戸数約七〇戸、人口約一三〇人である。祖納と同じように、昔は山の斜面を削って墓を造っていたが[31]、現在ではさまざまな形の墓が造られている。葬式は祖納と同じように公民館が中心になって行う公民館葬である。老人クラブが造花や棺を作り、婦人会は料理を作った。お通夜のときなどはみんなで集まって、作業をしながら酒を飲んで過ごした。地域の人が入れ替わり立ち替わりやってきて、亡くなった人に声を掛けた。告別式のあと棺を龕に載せ、弔旗、松明持ちが先頭を行き[32]、真山火葬場まで葬列を組んで進んだ。

干立でも、火葬は青年たちが担当した。仕事はまず薪を切ることから始まった。青年時代に何回も火葬に携わった山下義雄氏は、火葬について次のように語った。概要を記す。

干立ではだいぶ前から火葬している。自分が子供の時からマーヤン（真山火葬場）を使用して焼いていた。子供の頃から身内が亡くなるとそういうのを当たり前のように見てきた。十九、二十歳の頃からは焼く係を担当した。一カ月にたて続けに二～三回焼いたこともあった。そのときは自分は火葬場の職員じゃないぞと思った。焼くときの臭いもはじめはきつかった。雨のときは煙が下りてきて、とてもその場にいられないような感じだった。段々、臭いは気にならなくなったが、臭いが服に付くので古着を使って使用後に捨てた。

初めてのときは怖かったが、あるとき、先輩から「生まれたときは人に祝福され、亡くなったときは人に送られる」ということの大切さを教えられた。干立では盆供養のアンガマや十六日祭などの祖先供養があり、祖先に対してきちんとしなければという気持ちがある。

山下氏は火葬場で先輩から、自分たちで焼いて死者を送るということの大切さを教えられたという。これも広い意味では、集落の人々の死生観といえよう。干立の人々も、自分たちの手で自分たちの死生観に従って死者を送ってきたわけである。干立の真山火葬場の使用も「自葬」であったといえよう。

白浜でも真山火葬場を使用していた。真山火葬場の改修後、一番最初にこの火葬場を使ったのは白浜の人であり[33]、その後も白浜の人が続いたという。

西部の新興地区でも三〇年くらい前は、葬式があると真山火葬場を使用したという。火葬場には青年たちが行った。指導者がいるのでその手伝いだが、焼いてから三日間は焼いたときの臭いが残って何もできなかったという。西部の新興地区は上原港にも近い。新興集落であり、集落の体質も祖納地区とは異なる。早いうちから、石垣の葬儀社と火葬場を利用するようになったのであろう。たとえ家で亡くなっても船をチャーターして石垣に運び、火葬と葬式をしたという。

六　近年における葬儀の変化と真山火葬場の使用

西部地区では、「昔はうちで葬式して、龕で火葬場に遺体を持っていき、火葬してお骨を墓に入れたが、最近は具合が悪くなったら石垣に行くので真山火葬場は使用していない」といわれる。干立の山下義雄氏は、「今はお通夜をここですること自体なくなった。石垣で火葬して帰ってくるから、島の告別式は骨前告別式になった」という。ここでは、現在の西部地区の葬儀の変化と真山火葬場の利用状況について述べ、現在の真山火葬場の使用に対する人々の考えについて記す。

(一)西部地区の近年の葬儀

西部地区ではここ一〇年で緊急搬送業務が増加した。診療所で手に負えないと緊急搬送で海上保安庁がヘリコプターを出し、石垣島の病院に運ぶ。[34] 石垣で亡くなると、葬儀社を利用して通夜、告別式、火葬を行う。石垣で火葬される理由は医療制度だけではない。山下義雄氏は「干立では二〇一〇年くらいまではマーヤンで焼いたこともあったが、最近はやりたくても法的にむずかしくなってきている」という。現在は独居老人が多い。独居老人が亡くなると、警察が司法解剖のために船で石垣に運ぶ。石垣に運ばれると火葬になる。そのため、地元では勝手に葬式ができなくなり、自分たちで焼いてあげることもできなくなったという。

帰島後に再び告別式をやる場合には、葬儀社の職員が一緒にやってきて、家に告別式の祭壇を組み立てる。[35]「謹告」を集落の掲示板にはるのも、葬儀社の職員が行う。島に家族がいない家や、新興地区で付き合いのほとんどない家では、帰島したら直接墓に行って納骨する。この場合には、四十九日まで石垣の葬儀場で済ませてくる。

(2) 現在の真山火葬場の使用に対する人々の考え

近年ではほとんど使用されなくなった真山火葬場であるが、真山火葬場を使用してきた人々は現状をどのように考えているのだろうか。

最近、石垣島で夫の葬儀と火葬を済ませてきたある干立の女性は、真山火葬場の使用について次のように語った。「こちらの火葬場は薪で燃やすから、みんなで薪を取りにいき、火葬場でも身内がずっと付いている。焼けるまで何時間もかかる。身内はその間の酒や食べ物を用意しなければならないので手間がかかる。家族が多いといいが、家族が少ないと身内は大変」という。祖納の高齢者たちも、「薪で焼くのは今の時代に合わない」といい、島外にいる自分たちの子供に負担をかけたくないという気持ちがうかがえる。

真山火葬場を改修した祖納の石垣金星氏は、石垣市火葬場を利用する火葬に対して、こちらの火葬は〈丁寧な火葬〉だという。石垣市火葬場は設備も整い、焼くのにかかる時間も短い。しかし、真山火葬場では時間をかけて集落の人によって思い出話をしながら焼いてもらえるから、〈丁寧な火葬〉だというのである。だが、石垣金星氏も「だれも石垣で火葬されたいとは思わないが、家族にとってはその方が面倒くさくない」と現実をみている。干立の山下義雄氏も、「自分たちで焼いてあげたいが、今後、島で焼くことはないだろう」という。

西部地区の葬儀の画一化を促したものは、医療制度や法的規制だけではなく、集落の過疎高齢化という現実もあった。現在の過疎高齢化の中では、真山火葬場の使用は実情に合っていない。そのことは集落の人々もよく認識している。

まとめとして

かつての西表西部地区には炭鉱があったため、坑夫や社員の死に際しては、土葬や火葬などが行われていた。その影響を受けた祖納では、一九五七年に簡易火葬場を設置し、火葬という葬法を取り入れた。簡易火葬場の設置に関しては、新しいものを積極的に受け入れる祖納の精神風土や、アジア・太平洋戦争、生活改善運動の影響もあったものと考えられる。

真山火葬場での火葬は、地元住民によって行われた〈丁寧な火葬〉であると経験者は語る。真山火葬場の使用法をみるに、真山火葬場の使用は「自葬」であったといえよう。しかし、現在では石垣市の火葬場を利用することが多くなり、真山火葬場はほとんど使用されなくなっている。祖納地区の葬儀も石垣市の葬儀社と火葬場を利用する葬儀へ移行したのである。地元の簡易火葬場の利用は、外部の火葬場利用にほとんど吸収されたといえよう。このような葬儀の外部化は、現在の医療制度や法的規制だけが原因ではない。島の過疎高齢化による、住民自身の選択も大きい。

1　伊江村役場に問い合わせた。
2　典拠：http://www.mhlw.go.jp/bunya/kenkou/seikatsu-eisei24/　厚生労働省全国火葬場データベース。
3　伊良部白鳥苑は、一九八一年に伊良部村によって設置されたものである。
4　石垣市誓言寺の谷口隆信住職の曽祖父母は、徳島から明治二三、二四年頃石垣島元名蔵に入植した。曽祖父は火葬だったので、当時、内地から来た人はみな火葬だったのではないかと谷口住職は語る。
5　彼らは同株式会社の崩壊後も島に寄留して商業を営んでいた。
6　二〇一二年に石垣市によって製作された「石垣市火葬場建設基本構想」http://www.city.ishigaki.okinawa.jp/home/shiminhokenbu/kankyou/pdf/isg_kasouba_kihonkosou.pdf による。
7　「建設記念碑」の右側面には温故会会員名（三二名）、左側には温故会役員名（七名）が記されている。
8　干立では、「石油やバーナーは死んだ人に失礼だから使用しない。昔どおり薪で焼いている」という人もいた。
9　火葬場建設運動は戦前から洗骨廃止という「旧慣打破」の中で取り上げられ、主に村の青年会や婦人会などによって進められてきたが、戦争によってその試みは中断され、戦後は主に女性たちの生活改善運動と結びついて進められたといわれる。しかし、実際には戦前の翼賛運動と関連した「生活改善」「旧慣打破」「迷信打破」を引き継いだものであったと堀場は指摘している〔堀場　一九九一　一二八〕。
10　粟国恭子は伝統的ジェンダー・ポリティクスの構図について、「ジェンダー（gender）は、社会科学の中で「社会的文化的な性のあり様」を意味している。社会における〈男〉〈女〉の役割のあり様を通して、社会問題として浮上してくる問題・ポリティクスに焦点を当てていく」と述べる〔粟国　二〇一五　一〕。
11　女性の老人会はことぶき会と呼ばれた。

12　伊波普猷「朝鮮人の漂流記に現れた十五世紀末の南島」を参照した。

13　ここでは三木健『西表炭坑概史』、及び『西表炭坑史料集成』を主に参照した。

14　五穀豊穣を祈願する行事であり、民俗芸能が奉納され、その翌日には集落の井戸の浄めなどが行われる。

15　□の中は「進」ではないか。

16　星は、「明治十八年三井開鉱以来の他邦人との混同交宜の機会が極めて多く、他邦の文明と人知々識才能の交流が多く、時代の現況と日常々識に学び」と記している〔星　一九八二　四七〕。

17　炭坑切符とは炭鉱会社独自の私製紙幣であり、会社はこの切符によって資金不足をカバーし、坑夫の日常必需品購入をこの切符によってさせることにより、再び坑夫たちの手持ちを確実に吸い上げることも可能であったという〔三木　一九七九　三二〕。昭和の初め頃には、集落の人々は炭坑切符による支払いを拒否するようになり、ついに炭鉱会社が折れて現金で支払うようになった〔三木　一九七九　五九〕。

18　現在でも祖納の老人たちは、「祖納には現金収入の道があった。炭鉱の請負師は祖納の人で、船積みの仕事は祖納の人がやっていた。また、イモや野菜を作って炭鉱に持って行くとよく売れた。白浜に船をつけると炭鉱の人がみんな買いに来た」という。

19　当時の西表青年団とは西表島西部の集落の青年団のことだった。

20　このような傾向はすでに明治四四（一九一一）年の「琉球新報」によって指摘され、「住民正直質朴なれども炭坑影響の為めにや軽佻浮薄の短所は大に戒むべきなり」とある〔竹富町史編集委員会ほか　一九九四　三九二〜三九三〕。

21　以下の記述は、藤井深遠「西表島開教記」〔三木健『西表炭坑史料集成』収録〕による。

22　大正十二（一九二三）年より石垣島でも布教を開始し、布教所を開いたが、これが現在の石垣島の本願寺である。竹富島の喜宝院を開いた上勢頭亨は、藤井深遠の弟子である。

23　氏の祖父は昭和七（一九三二）年に亡くなり、数年後に洗骨をした。氏が小学校高学年の頃である。氏によると洗骨は女性が行ったという。

24　石垣島でも昔の火葬場にはこれと同じような作りの窯があったようだと石垣金星氏は語る。

25　葬式以外には「萬集」を見ることはできない。

26　死者の膝は立てて、両手を胸にして棺に入れた。棺は龕に入るサイズである。大湾ゆかりによると、市販の棺は長いので切断して短くするという〔大湾　二〇一六b　九二〕。

27　ツカサの葬式の場合は診療所の前で龕をいったん下ろし、他のツカサたちが最後の別れをするという。

28　痩せた老人はよく焼けるが、遺体が葬儀業者によってきれいに包まれている場合は焼けないという。石垣島で亡くなっても、「自分の島で火葬されたい」という人もいる。「地元で焼いてあげたい」という遺族もいる。この場合は遺体を棺に入れたまま、石垣島から船をチャーターして戻ってくる。干立の例ではあるが、立派な棺にドライアイスと一緒に入っていた遺体を焼いたときは、全然焼けていなかったので遺族に知らせて焼き直したという。

29　雨が降ると薪が湿るので燃えにくく、焼くのにも時間がかかる。生焼けになることもあった。

30　昔は素焼きの水甕の小さいのを使ったというが、現在は市販の骨壺を買ってくる。

31　墓の口はやはり密封しなかったという。墓の口の部分に穴が開いていたのであろう。

32　松明の火で魂を導く、松明の火に付いてきてくださいの意味があるという。

33　このときは、自宅で朝になったら亡くなっていて、石垣島の病院に行く間がなかったので祖納で火葬したという。

34　病気で診療所に運ばれると、処置中の病人に知り合いたちが最後の挨拶をしに行くという。

35　現在、干立公民館では某葬儀社の葬儀祭壇を公民館が預かって管理している。寄贈したいといってきたが、話し合いの最中であるという。

第三章　葬儀に際して肉を使用する習俗の変化

はじめに

首里王府から地方に布達された諸記録には葬礼に関する記録がみられる。乾隆三二（一七六七）年に宮古地方に布達された『与世山親方宮古島規模帳』には、「諸村の葬礼の時、喪主側が豚を殺し、握り飯を作って、茶毘人たちにふるまう旧俗があるという。良くないことなので、今後は手伝い人までを賄い、茶毘人たちへのふるまいは一切禁止すべきこと」「百姓らは「仏事」と称して、神酒や酒を準備し豚などを殺し、分不相応の出費をしている者もいるという。良くないことなので、今後は財力に応じて執り行うべきこと」とある（宮古島市教育委員会文化振興課　二〇一〇　六四・七三）。光緒元（一八七五）年に八重山地方に布達された『富川親方八重山島諸締帳』にも、「茶毘の時、牛・豚を殺して酒肴の馳走をすることは、以前から禁止してあるが、今でもやめない所があると聞いている。悲しみ嘆いている場所で、このような立ち居振る舞いは、人情の妨となり甚だ宜しくないので、以後は一切やめること」とある[1]（石垣島市総務部市史編集室　一九九一　五三）。このような琉球国時代の記録からは、離島の百姓といえども葬儀の際に牛や豚を殺し肉を会葬者にふるまっていたということがわかる。肉を葬儀に用いる食文化が存在していたといえよう。前述の禁止令には、葬儀に精進料理を用いるべきだという仏教的思考はみられない。禁止令の内容からは、生活改善の一環としての質素倹約令として出されたことがわかる。

沖縄・奄美の一連の死者儀礼に儀礼食として肉が重要な位置を占めていることを指摘した一人が萩原佐人である。萩原は、「これらの地域では肉食が葬式の重要な儀礼要素として組み込まれており、この点が本土地域の葬式と大きく異なる特徴である」と述べている〔萩原 二〇〇九 二五七〕。明治時代まで肉食文化の発達しなかった本土では、仏教の影響もあり葬儀に際して肉を食する習俗はなかったからである。

しかし、現在の沖縄県では、諸々の事情で、かつてのような葬儀における肉の使用はあまりみられなくなった。本稿は、八重山離島の葬儀の事例から、葬儀に際して肉を用いる習俗とその変化について論じるものである。

一 葬儀に肉を使用する習俗についての主な研究

葬儀に肉を使用する習俗についての主な研究を概観し、本書の立場を述べる。

(1) 葬儀の際の肉食に関する言説の解釈

葬儀に肉を使用する習俗については、伊波普猷の「南島古代の葬制」における報告以来、沖縄・奄美の葬儀に関する論考や民俗誌などで言及されてきた。

伊波は、葬儀の際に豚肉をふるまう風習が、かつては南島全体にあったと述べ、「昔は死人があると、親類縁者が集まって、その肉を食った。後世になって、この風習を改めて、人肉の代わりに豚肉を食うようになったが、今日でも近い親戚のことを真肉親類《マッシ、オエカ》といい、遠い親類のことを脂肪親戚《ブトブトーオエカ》というのは、こういうところから来た云々」という民間伝承を紹介している〔伊波 一九八九a 三七〕。しかし、豚肉が死者にも供せられる事例から、「死者もやはりこの饗宴に加わって、豚肉を食うと考えられているような気がする」と述べる（伊波　一九八九ａ　三七、傍線は筆者）。いわば、この饗宴は死者の送別の宴であったといい、死者を慰めんがために会葬人の中でうたい舞うのもいたであろうと述べ、沖縄の「わかれ遊び」の風習の記述につなげている。伊波は、「昔は死人があると、親類縁者が集まってその肉を食った」という民間伝承が事実であったと述べているわけではない。「死者もやはりこの饗宴に加わって豚肉を食うと考えられているような気がする」と記していることからは、伊波がこの民間伝承に対して必ずしも肯定的であったとは考えられない。[2]しかし、折口信夫は「沖縄式とてみずむ」（傍線は折口）の中で、沖縄では葬式に出た豚肉を血縁の深浅によって分かち喰うと述べ、食人習俗の近親の肉を腹に納めるのは、これを自己の中に生かそうとする所から、深い過去の宗教心理がうかがわれるという（折口　一九五六　三六三）。

酒井卯作は、死者の肉を食べたという伝承を骨噛みと位置づけた。骨噛みについては、折口の述べたように死者を自分の命の中に生かし続けること、つまり再生信仰であると述べ、自己の中に死者の魂を内在させることによって永生を計ろうとする再生信仰の方が、他界観念よりもより伝統的な姿であったような気がすると記している（酒井　一九八七　三七五）。

沖縄の葬送に関して多くの論著を残す名嘉真宜勝も、豚肉にまつわる話について言及し、「これは話者自身が半信半疑で、昔はこういう風にやったらしいと語ってくれる類のものである」と述べている。しかし、「親族関係を表す言葉に、大変近い親戚をマーシシーエーカー（赤肉を食べる親戚、それから白肉を食べる親戚）、ブトゥエーカ（少し遠い親戚）という言葉が沖縄の地域ではまだ採集できる。これも今後研究すべき課題で、食人の風習が儀礼としてあったのかどうか、そういう問題が残されている」と記している（名嘉真　一九八九　二三四）。

八重山地方の葬儀に肉を使用する習俗について記したのは、喜舎場永珣「八重山列島の葬礼習俗」であり、池間栄三『与那国の歴史』や上勢頭亨『竹富島誌　民話・民俗編』などの民俗誌でも報告されている。喜舎場はこの習俗を〈食人の風習〉と呼び、八重山では「葬式に行くことを方言で「ピトゥカンナドゥパル」（人を噛みに行く）とか、或いは「ピトゥウクンナドゥパル」（人を送りに行く）などと言っている」と述べ、「きわめて往古においては人が死んだら親類縁者が集まって、死人を焼いて食べたり或いはまた生で食べたりした風習があったと言うが（中略）、それに代わる牛馬や豚及び山羊等の肉などを食い、以ってその食人の蛮風を矯正したという伝承がある」という〔喜舎場　一九七七　六一二～六一三〕。そして、伊波「南島古代の葬儀《ママ》」を引用し、古琉球の沖縄本島でも食人の風習があったと記している。「南島古代の葬制」の初出は、一九二七年の『民族』（二巻五号・六号）であり、そのタイトルは「南島古代の葬儀」であった。

池間は「与那国の葬儀に、獣肉料理を食べる風習は、上代に死人の肉を喰べていた風習の名残であると言われている」と述べ、やはり伊波「南島古代の葬儀《ママ》」を引用し、「上代の琉球に食人風習のあったことを指摘して居られる」と記している〔池間　二〇〇七　三八〕。そして「古琉球に食人の風習のあったことは、原始時代の食人の風習の続きであったと思われるが、ことに、琉球の先住民族アイヌの血の混合によるものであったという説は興味ある問題である」と述べる〔池間　二〇〇七　三八～三九〕。

前述したが、伊波はこの民間伝承を紹介しただけで、〈食人の風習〉のあったことを指摘しているわけではない。しかし、喜舎場も池間も伊波を引用し、この習俗があったと述べている。なぜ、伊波の意図を読み違えているのだろうか。それは、八重山にも伊波のあげたような伝承があちこちにあったためであろう。「昔は葬式に死者を食べていたが、ある時から死者の代わりに動物の肉を食べるようになった」という伝承が島々にあり、彼らが民俗誌を著わした当時でも葬儀に牛や豚を殺して肉を食べる習俗があったので、昔は死者の肉を食べる習俗が存在したと確信してしまったものと考えられる。

以上あげた研究は、「昔は葬儀に死者の肉を食べた」という伝承の流布と、葬儀に動物の肉を食するという現象から、「昔は死者の肉を食べていたが、その代わりに牛や豚の肉を食べるようになった」という言説に関するものが主であったことがわかる。筆者は死者の肉を食するという葬法の存在自体を否定するものではない。おそらく、それは折口や酒井の述べたように死者を自己の中に生かそうとする再生信仰からであろう。しかし、「葬儀における人肉食の伝承」と葬儀に動物の肉を食するという現象だけで、沖縄に葬儀の際の〈食人の風習〉があったとするには無理があると考える。「葬儀における人肉食の伝承」は中国の少数民族にもあり、[3] 琉球列島の地理的状況をも考えると汎アジア的な研究視点が必要になる。また、近現代の沖縄の研究者がどのような背景で、またどのような文脈でこのような習俗を語ったかについても考慮しなければならない。しかし、本稿は、かつての沖縄の葬儀で死者の肉を食したかどうかについて論じるものではない。

渡邊欣雄（一九七七）によると、一般的な動物供犠の儀礼は、①対象動物の死、②神霊への供献、③参会者による共食、・饗宴などの要素によって構成されるというが〔渡邊　一九七七　八八〕、萩原左人は、食屍肉伝承の事例は、③の行為に特別な意味づけをしている事例だという〔萩原　二〇〇九　二六二〕。人肉と豚肉を結びつける理由に関しては、おそらく人間と家畜の類似性（体の大きさや形状が似ていること）や近接性（人間と家畜が日常的に親しく接する関係にあること）などにあると思われると述べている。そして、両者を置き換え可能とする論理は、葬式の肉食以外の局面においてもみいだすことができるという〔萩原　二〇〇九　二五九〕。

(2) 葬儀における儀礼食という視点

萩原は、「米の文化と肉の文化」という対立概念を提示し、餅やご飯の儀礼食と肉の儀礼食について、以下のように論じた〔萩原　二〇〇九　二七四〜二七五〕。日本人が米志向の文化をもち、餅・ダンゴ・握り飯などのコメの食品がハレの世界を構成するという柳田國男「食物と心臓」の論に対して、萩原は稲作に特化した社会が形成されず、肉食忌避の意識の極めて希薄な沖縄・奄美の場合は肉への嗜好性が強い食文化が形成されているという。そして、正月に儀礼食として餅ではなく肉を使用する事例を挙げ、沖縄・奄美では肉に対して高い儀礼的価値が与えられてきたと整理している。

沖縄の食肉文化、特に豚の食肉文化は豊かである。豚を自分たちで屠殺し、食し、保存する知識が蓄積され、豚は正月のための御馳走としても、集落や故人のための供犠にも欠かすことができないものであった。一頭の豚は捨てるところなく、すべて利用された。肉はもちろんのこと、豚の頭やしっぽまで細かく切って吸い物などに使った。脂肪は貴重な脂となり、血は料理の際に肉に揉みこんだり、汁に入れたりした。血を加えると味がよくなるからである[4]。骨は出汁をとるのに使用した。沖縄の食肉文化には、肉のみでなくその骨や血の利用も含まれているのである。

本稿では、葬儀に際して肉を使用する習俗について、沖縄の食肉文化として捉え、葬儀の際の儀礼食という視点から論じるものである。具体的には、八重山離島の事例から肉が葬儀の儀礼食としてどのように使用されているのか、あるいは使用されていたのかについて述べ、斎場で葬儀が行われるようになった現在ではどうなのかについて報告し、若干の考察を加える。

二　現在でも葬儀に肉を使用する与那国島の事例

前述の『与那国の歴史』には、葬儀の準備には多人数を要するので、これらの人々には夜食や昼食として、獣骨の汁付きのお膳を出し、また、出棺前には屋外に集まっている会葬者へ、煮立ての肉に臓物の一切れずつを添えて酒を出したという〔池間　二〇〇七　三三二〕。現在でも与那国島では葬式や法事に肉を大量に用いる。ここでは与那国島の葬儀に際して肉を使用する習俗について報告する。

（1）葬式における肉の使用

現在、与那国島で行われる葬儀や法事については、第一部第二章及び第二部第二章で述べたので、ここでは葬儀の詳細は省き、筆者の調査と民俗誌の記述から、葬儀の際の肉の使用について記す。

現在、与那国島の葬式で使用されるのは豚肉が多い。かつては島に屠殺室があり牛や豚を潰す人がいたというが、今は冷凍肉を使用している。冷凍肉は石垣に注文することもあるが、祖納の崎原商店から購入することが多い。肉の量は、見舞客や手伝い、会葬者の人数を考えて購入する。崎原商店の崎原孫吉氏（一九四二年生まれ）によると、「普通は板状の三枚肉の冷凍を十五枚購入する。十五キロの冷凍肉が入った箱で三箱である。それ以外にも豚の足やあばら骨を購入する。豚の足はテビチを作り[5]、あばら骨は出汁をとるのに使う」という。三枚肉とはバラ肉のことであり、赤身と脂肪が交互に層に重なっていることから三枚肉と呼ばれる。冷凍の三枚肉だけで、四五キロも購入するわけである。豚の足やあばら骨を加えるとかなりの量になる。

葬式の準備は、島外から遺骨が帰ってくる前日から始まる。家の前の道路にはテントが張られ、調理のためのテーブルが設置され、調理の機材が運び込まれる。翌日に遺骨が帰ってくるが、この日が通夜である。この日は朝から、十人以上の男性が集まり調理を担当する。肉料理やサシミ作り、そばの汁作りなどは家の外で、これらの男性によって行われる。手伝いの女性たちは家の台所で、握り飯や餅、テンプラなどのおかずを作る。握り飯は米を四～五升炊いて握り、餅は米粉を捏ねて丸くして蒸す。これらは、喪家の人や手伝いの人の食事、会葬者へのふるまい、死者への供物になる。

冷凍肉は次のように調理される。解凍後、回転鍋を使って塊のまま肉を湯がく（写真1・2）。湯がいた後、水洗いして皮に付いているアクなどを包丁で取り除き、再び湯がく。作業の途中で肉をバーナーであぶるが、それは残っている豚の毛を取るためである。湯がいた肉は煮詰めた醤油のたれに浸す。この醤油たれは、濃い醤油を焦がさないように煮詰めて、みりんを少々加えて作る。この豚肉をイルギと呼ぶ。厚さ約一・二～一・五センチ、長さ約十五センチ前後に切った色付け三枚肉（以下、三枚肉と記す）のことである（写真3）。手伝いの人には作業中に三枚肉と昆布の煮物、塩、酒が回ってくるが、これは「別れの盃」だという。昼食には肉（ソーキやテビチ）の入ったソバが出る。

通夜の翌日が告別式であり、出棺は夕方になる。出棺の前には家の周りにいる人に、酒と昆布と豚肉を回すという。龕を中心に葬列を組んで墓まで進む。棺あるいは骨壺を墓室内に入れたあと、ムヌチ（第一部第二章参照）が中心になって遺族とともに重箱の供物（餅、ウサイ）を供えて拝む。ウサイはトウフ、テンプラ、三枚肉、昆布、カマボコなどである。これらは、墓での拝みが終った後、身内がつまみ、墓地の外の会葬者まで回す（写真4・5・6）。最後に喪家の代表が挨拶を述べ、酒がふるまわれる。さらに会葬者一人一人には、三枚肉と昆布をラップで包んだものが渡される。昔は三枚肉と昆布は、芭蕉の葉や月桃の葉に包んだという。

では、死者にはどのような食べ物が供えられるのだろうか。米城恵によると、次のような食べ物を供えるという。葬式の前日は祭壇に茶、水、花米、ウサイが添えられる。牛か豚を屠るのであれば、その生肉一、二斤を、「あなたの葬式はこのように行います」と死者へ知らせるように供える。その後、死者には食事が七回供えられる〔米城　二〇一〇b　五六六・五六七〕。

墓では前述したように、餅とトウフ、テンプラ、三枚肉、昆布、カマボコの入ったウサイを供えて拝む。なお、与那国島では十二月から一月にかけての約一カ月間、島をあげての神行事であるマチリが行われる。その期間は肉を食べることができない。マチリの最後の日に、太鼓を叩きながら車で島を一周するが、その

与那国島の葬式の肉料理

写真１：冷凍肉を出して解凍する。

写真２：回転鍋に肉の塊を入れて湯がく。

写真３：醤油のたれで色付けされた三枚肉

写真４：墓地まで運ばれた会葬者へ配るもの（右手前がラップに包んだ昆布と肉）

写真５：墓前に供えた重箱の餅（奥）とウサイ（手前）を会葬者に回す。

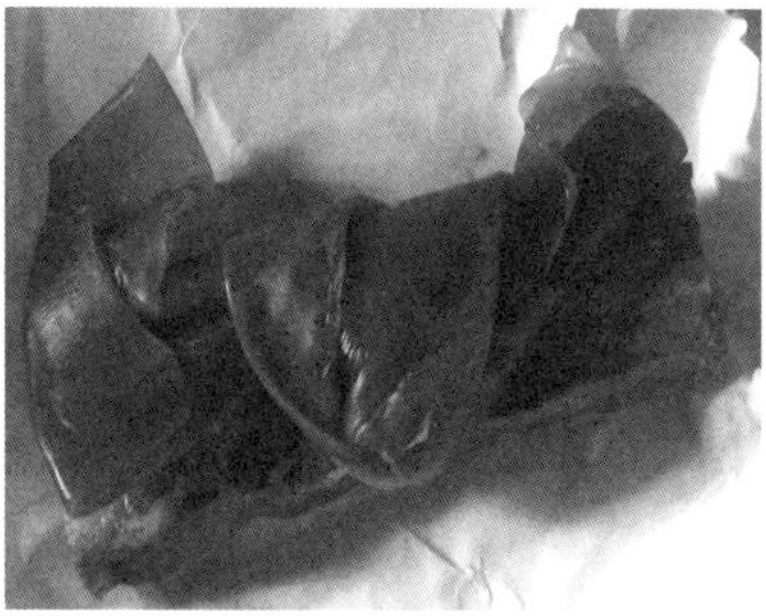

写真６：会葬者に配られる昆布と三枚肉（昆布にかくれて三枚肉はほとんどみえない）

太鼓の音が肉食の解禁を知らせる合図となった[6]。そのため、この期間の葬式では肉を使用せず、トウフや餅で代用する。

(2) 法事における肉の使用

死後七日ごとに忌日法事が営まれる。これをナンカといい、重箱餅（重箱に並べた餅）とウサイ（四種類のおかずが入る）を用意する。ミナンカ（二十一日）と四十九日は葬式の際と同じようにテントを張って料理をする。四十九日には、十二回の膳、ウサイ、米・塩・水・握り飯・餅などを祭壇に供え、トゥビトリを作り、酉の方向に向けて飾る（写真7）。これは雌鶏を丸茹でにして羽をむしり、今にも飛び立つような形にしてお膳に飾ったものである。トゥビトリは死者をあの世に案内する役目、供物をあの世まで持っていく役目、あるいは「こんなに立派に葬式をしています」と天に伝える役目といわれている。このトゥビトリは夜中から飾っておき、翌日のご飯の出し下げが終わったあとに吸い物にして出す。これを〈送りの吸い物〉といい、これをきちんとやらないと法事は終わらないといわれる。

二十五年忌以後はお祝いといって、餅もご飯も紅に着色する。チンムリや塩の飾り物を仏壇の前に供えサンシンを弾いて祝う。牛を石垣に送って潰し、三十三年忌を祝う家もある。牛の調理法は、茹でて塩で味をつける。法事の吸

写真7：トゥビトリ（永井由起子提供）

い物にはナカミ汁を使う。ナカミ汁は牛や豚の内臓とシイタケ、コンニャクを入れた吸い物である。昔は内臓の臭みをとるのが大変だったが、今は臭みをとってカットしたものを売っているので作るのが楽になったという。

葬儀における肉は、手伝いの人や喪家の食事、会葬者へのふるまい、死者の供物などに用いられている。また、肉だけでなくご飯（握り飯も含む）も餅も葬儀に不可欠だということがわかる。かつての他の島々の葬儀も、このように行われていたのであろう。

三　かつて葬儀に際して肉を使用した島々の事例

八重山離島のほとんどの島で、かつては葬儀に肉を使用したという話を聞く。[7] ここでは、西表島（祖納・干立）、竹富島、波照間島の事例から、葬儀でどのように肉を使用していたのかについて述べる。その際、肉以外に使用された食品についても記すことにする。資料は筆者の調査記録と民俗誌の記録である。

（1）西表島（祖納・干立）

祖納・干立の集落は西表島西部地区の古い集落である。祖納も干立も、葬儀はほとんど同じだといわれているので、ここでは一緒に記す。

祖納では、牛と猪は一五世紀末にはすでに食されていた。『朝鮮王朝実録』には、[8] 祖納では牛・鶏・猫・狗《イヌ》を飼っていて、牛を屠って食べるが、鶏肉は食べない、島人は槍を提げ犬をつれて豕《イノシシ》を猟し、その毛を燻《イブ》してから烹《ニ》て食べる、と記されている（伊波　一九八九b　七〇）。

祖納では、昔は葬式に行くことを、「ピトゥカイゾンギル」といったという。人を食べに行くという意味である。[9]石垣金星氏（一九四六年生まれ）によると、「葬式の日には手伝いの人に、握り飯、アーサ汁、豚の三枚肉を出した。一九七六年頃までは集落で豚を潰していたが、密告者がいて保健所が来たため自分たちで自由に屠殺ができなくなった。猪だけは自分たちで潰せるので、猪の肉は使う」という。現在、自宅葬の場合は、出棺前に手伝いの人や会葬者に、握り飯をラッキョウ、ニンニクとともに出す。握り飯は一人一個である。葬式の料理の簡素化が進んでいるといえよう。火葬場（祖納には簡易火葬場がある）から帰ってからは、婦人会が煮物、揚げ物などを作って出す。冬ならば猪の肉を出すこともあるという。猪猟が解禁になるからであろう。

死者に供える食事については、枕元には青果物、細長いダンゴ、キビ三本束ねたものを一対供え、また別れの御前としてご飯（普通は白飯で六十一歳以上は赤飯）、アーサのおつゆ、おかずと塩を供えたという（沖縄大学沖縄学生文化協会　一九七〇　一三一）。

干立にも、「昔は死んだ人を食べていたが、後に人の代わりに豚肉を食べるようになった」という伝承がある。ピィトファイ（人を食べる）という言葉があり、これは葬式に行くという意味である。干立の葬式では、料理はウフリウサイといって、赤い色をいれず、大根、コンニャク、昆布、揚げトウフ、テンプラなど五品、あるいは七品を作った。料理はパックに入れてみんなに配っていたというが、今は簡素化されて身内だけにウフリウサイを配るという。

宇保泰金氏（一九二九年生まれ）によると、食べ物をパックに入れて配る前は、芭蕉やクワズイモの葉で包んだものだったという。次に氏の聞き書きを記す。

トウフの一切れ、猪の肉の一切れを芭蕉の葉っぱにきれいに包んで、オニギリにしばってよ[10]、それをクワズイモの葉っぱに入れて、藁で結んでよ。芭蕉の葉っぱは中だ、クワズイモは毒があるから外よ。それを大きいザルにいっぱい入れて、一人一人みんなに配布した。そのあとプラスチックの入れ物になったさ。でも、今はやらない。

食べ物の包みをいつ配ったのかは明らかではないが、出棺前あるいは墓地での別れの際であろう。そして、墓から帰った後は家で盛大な宴会を行った。宇保氏によると、宴会をやっている最中、死んだ人とその友達関係の霊が大勢やって来るという。友達関係の供養されない霊たちが、自分たちも食べ物を貰いたいと大勢でやって来るので、そういうのを入れないために、家の門に塩を撒き、木の葉っぱに塩を入れたものを地面に並べ、門をカブラの木の葉っぱで塞いだという。宇保氏によると宴会は次のように行われた。

うちに帰ってきたら、また、お祝いする。ちゃんと準備して盛大にするよ。だけど、三味線だけは弾かん。今はオードブル買うけど、昔は猪の肉とか酒を用意して、人がワッサイワッサイ来て、盛大にご馳走食べるさ。そないしないと死んだ人がよ、「ああ、自分が死んでどうなったか」と見に来るってよ。見に来て、「ああー、盛大にやってるなあ」って、自分も帰ってさ、自分は向こうの友達関係集めて、また、向こうもお祝いするって。そんなしてきまりがあるさ。亡くなった人たちが来て覗いてみて、お祝いしてなかったら、「ああ、さみしいなー」っていってね、いい思いしないってよ。気の毒な顔して帰ったらよ、余りよくないって。供養できないって。

墓から帰って、喪家で盛大な宴会を開いたことがわかる。この宴会は、やってきた死者たちの霊を追い帰し、新しく死んだ死者をあきらめさせて、あの世に行かせるためのものであった。死者との縁切りの宴会であり、そこで食される肉は宴会を盛大にする御馳走であった。

(2) 竹富島

竹富島は、八重山の中心である石垣島に最も近い島である。石垣島の葬儀社や火葬場の利用は、離島の中で最も早かったものと考えられる。

竹富島では明治の中頃まで、人が死ぬと、牛、豚を殺して食べたと古老は話していたという（上勢頭　二〇一三　八二）。前述したが、喜宝院の上勢頭院主（一九四九年生まれ）は、「ひいばあちゃんの葬式では豚を何十頭も潰して振る舞ったと父が話していた」という。また、「人どぅかむ」（人肉を食う）という言葉が残っているという。昔は、死者の肉を食べたが、孔子が母親の死体の代わりに牛肉を人々に与えたという話から、人が死ぬと牛や豚を殺して膳を出すようになったという。これを魂《タマシ》こし（タマシコシ）の膳といって、葬儀には必ず肉を使用する習慣になったという（上勢頭　二〇一三　八一）。

その後、同島では葬式に肉を使用するのをやめ、アーサ汁になった。アーサ汁を大鍋に大量に作り、通夜に来た人や手伝いに来た人に、ごはんやおかず（煮つけ）とともに出した。前原基男の葬式の写真には[11]、葬式の準備を終えて、庭にゴザを敷き、その上でご飯と汁物を食べる男性たちの姿が写っている。しかし、最近は石垣の斎場で葬儀が行われるので、タマシコシは行われない。

なお、上勢頭亨は「霊前に供える料理には必ず牛肉か豚肉を用いる。箸は青竹の箸を用いる」と記している（上勢頭　二〇一三　一二七）。

（3）波照間島

酒井卯作「波照間島調査報告―沖縄八重山編―」によると、葬式の料理は次のようであった。

> 葬式当日の料理は、膳と称して牛豚を屠って、それに握り飯を添えて、葬礼に参加した者全員に配った。これは明治末になって廃止されたらしいが、その頃は酒二、三斗、米一石位使用するのは通例のことで、多分冗費を節約する趣旨で行われたものであろう。その他に墓地に行って焼香を終えた後、肉三片に酒若干ずつを会葬者に振舞った。この日饗応される牛の血とその肉を入れた汁を血鍋と称して、やはり出棺の時に一同に配られる〔酒井　一九五四　五八〕。

会葬者に出した料理の順番がわかりにくいので、酒井の記した内容を整理してみたい。料理は、①葬式当日の料理としての膳（牛豚の肉料理と握り飯）、②出棺時に配る血鍋（牛の血とその肉を入れた汁）、③墓地で焼香を終えた後のふるまい（肉三片に酒若干ずつ）となる。②の牛の血とその肉を入れた汁とは、牛の肉汁に血を加えたのであろうか。今でも波照間島ではヤギ汁に血を加えて味を良くするという[12]。しかし、供犠としての動物の血を食することに、何らかの意味があったのかもしれない[13]。

貧乏人は牛を持たないので、葬式の際に、田畑と牛を交換したというが〔宮良高弘　一九七二　八〇〕、勝連文雄氏（一九一七年生まれ）は「葬式のとき牛を殺したのは大昔さ。牛というのはお米を作る大事な道具さ。牛は勝手には殺されん」という。葬式の際、屠殺する動物が牛から豚へと変わってきたことがわかる。

話者によると、波照間島では病人が亡くなったらすぐに、軒下で親戚の女性二人が臼に何も入れず杵でコーンコーンコーンと三回だけ形式的にカラウスを搗いた。その後、米あるいは粟を少々（一～二合くらい）臼に入れて搗いた。[14] 搗いた米あるいは粟を水で練って、小指の先くらいの大きさに丸めて生餅を作った。この生餅をスッゥムチといい、皿に載せて亡くなった人に供えたという。また、水のように薄い塩粥も作って死者に供えたという。酒井によると波照間島では葬式当日の枕飯をゼンノメシといい、釜からお初をとって供え、その中から若干を棺の中に入れた。その残りは誰が食べてもよく、これを口にすると健康になると伝えられていたという〔酒井 一九五四 五八〕。

一九八〇年代の自宅葬の頃の葬儀では、女性たちが料理を担当し、まず餅を作った。餅はウグリモチ（送りのモチ）と呼ばれ、焼香台に供えられた。そして、ナナツグン（七組）、イツツグン（五組）のお膳を供えた。ナナツグンとは膳の中に料理の載った皿が七つ入るものであり、イツツグンとは膳の中に料理の載った皿が五つ入る。出棺の際には、重箱に入れたウセー、握り飯、餅を墓まで運んで供え、最後に皆でそのお下がりをいただいた。その後、兄弟、いとこくらいまでが残って喪家で膳をいただいた。人数が多いので部屋に入りきれず、軒下にまで座って食べた。膳の料理はトウフ、カマボコ、煮豆、テンプラ、吸い物（魚やヤシガニを入れる）であり、青竹で作った箸を使って食べた。その時は祭壇の前にもお膳が供えられた。

波照間島でもかつては葬式の料理に豚の三枚肉が使用されていた。三枚肉は醤油、砂糖、酢を入れて炊いたという。現在、波照間島では四十九日から、あるいは四十九日以降の法事からウセーに三枚肉が使用される（写真8）。

写真8：皿に盛られたウセー（波照間島の四十九日にて）（三枚肉とウインナーが入っている）

四　葬儀の儀礼食としての肉

これまであげた与那国島、西表島（祖納・干立）、竹富島、波照間島の事例から、葬儀の儀礼食としての肉について考えたい。

(1)肉の使用とその変化

寛文七（一六六七）年の『羽地仕置』や康熙三六（一六九七）年の『法式』では葬儀や婚礼の際に牛を殺し食することを禁止した通達が見られる〔沖縄県沖縄史料編集所　一九八一　十六・六二〕。萩原によると、通達の文面からは禁令の主眼が牛に向けられていたことがわかり、庶民生活の奢侈を戒めるというだけでなく、牛が農耕用の役畜であることから、勧農政策の一環として牛の屠殺を禁じたものと思われるという[15]。「したがって肉食の行為自体が禁止されたわけではないから、肉食の対象は次第に牛から豚へ移行することになる」と記している〔萩原　二〇〇九　二〇〇〕。八重山離島でも葬式に際して牛の肉を使用していたが、その後豚肉の使用が主流になってきたのであろう。

祖納、干立では葬儀に猪の肉も用いたという。牛や豚の飼育が始まる前には葬儀には獣肉を用いていたのであろう。では、猪のいなかった島では葬儀の際、何の肉を食していたのだろうか。これは資料不足でわからない。とにかく、養豚の奨励とフール（便所兼豚小屋）の普及後は、豚肉を儀礼に使用する頻度が高かったことは推測できる。

現在の八重山離島の葬儀（特に葬式）に豚肉があまり使用されなくなったのには、いくつかの理由が考えられる。石垣金星氏の話では、肉（猪の肉を除く）が葬儀に使用されなくなった背景には、屠殺法の施行の徹底があるという。葬儀に牛や豚の肉が使用されなくなった一因が屠殺法の浸透であったことはわかる。離島では商店にも肉の大量のストックはなかったであろうし、高速船が毎日島々と石垣を結ぶようになるまでは、石垣に大量の肉を注文することもできなかったであろう。以前は、自分たちで屠殺する以外、大量の肉は入手できなかったのである。また、葬儀における肉の使用の禁止は「葬儀の簡素化」という名目で戦前から生活改善運動でも取り上げられていた。葬儀社の利用が始まったことによって、精進料理という観念も入ってきた。石垣島の斎場を利用するようになってからは、その傾向はますます進行したものと考えられる。

与那国島で、今でも肉を大量に使用する葬儀が行われるのは（実は帰島して盛大な葬儀が行われること自体、現在では珍しいことなのだが＝筆者注）、同島が遠隔の離島であり、町の中心となる祖納集落の商店に冷凍肉が大量に準備してあるからである。そして従来の伝統に従って葬儀を行いたいという気持ちが人々に強くあるからである。

(2) 生きている人の食べるもの—会葬者へのふるまい・喪家での宴会—

葬儀の料理は大きくわけて、①生きている人の食べるものと、②死者への供物にわけられる。

①は、その内容から「会葬者へのふるまい」と「喪家での宴会」にわけられる。ここでは、手伝いの人も会葬者の範疇に入れて、「会葬者へのふるまい」についてみていきたい。事例によると会葬者へのふるまいは、葬式の準備が終わった後、出棺前、墓地での儀礼の後であるが、これらはすべて死者との別れの際であり、どの別れの段階にふるまうかの違いがあるだけである。ふるまわれる食べ物は、昔は主に肉料理であった。肉を食する理由は、与那国島では、「先祖に長寿をあやかるため」であり、屍肉になぞらえた豚肉を親類縁者ともども共食するのであるという〔渡邊　一九七七　七六〕。竹富島ではこのふるまいをタマシコシ、あるいはタンシコウという。上勢頭院主は、これは生前の死者の徳をいただくという意味だという。これらの事例は本質的には

折口や酒井卯作の述べたような「死者を自分の命の中に生かし続けること」であり、骨噛みの思想に通じる。「会葬者へのふるまい」に対して、「喪家での宴会」は喪家や身内が中心となっている。しかし、宴会で出される肉は、死者の肉や死者の徳を意味しているわけではない。盛大な宴会のための豪華な御馳走なのである。宇保氏によると帰宅後の宴会は死者たちの霊にあきらめさせてあの世に行かせるためのものであった。いわば、死者との縁切りの宴会である。柳田は、出棺に先立って力飯を食べることは、生き残った者が力をつけ、忌に負けることを防ぐ「食い別れ」の一つの形式とみられぬことはないと記したが〔柳田　一九六二　二四八〕、干立の帰宅後の宴会はまさしく「食い別れ」の宴会であったと考えられる。米を力の根源とする古い信仰があったことを柳田は指摘したが〔柳田　一九六二　二五六〕、沖縄県では肉を力の根源とする信仰があったものと考えられる。宴会に使用される肉には死の世界と縁を切らせる力があると考えられていたのであろう。おそらく、会葬者全員にふるまわれる肉にも、「死者を自分の命の中に生かし続けること」だけでなく、このような意味があったものと考えられる。

(3)死者への供物

次に、死者への供物についてみてみたい。

波照間島では病人が亡くなってすぐスツゥムチという小さな生餅と塩粥を作って死者に供えていた。スツゥムチは死者がグソーに行って食べるものだという。しかし、スツゥムチと塩粥は死者との別れの儀礼で口にした。遺体を棺に入れる前にスツゥムチの入った皿が回ってきたのでほんの少し口をつけて、余ったスツゥムチは棺に入れたという。墓から戻ったときも、塩粥と一緒に皿に入ったスツゥムチにほんの少し口をつけ食べるふりをした。これは「生きている人との別れ」の儀式だという。死者への供物を食べることによって、死者との別れをしたことがわかる。死者に供えられた食物には、特別な力があると考えられていたのであろう。前述したが、波照間島ではゼンノメシの残りを食べると健康になるといわれていたという。これも死者に供えた食べ物には特別な力があると考えられていたからである。

死者の枕元にはご飯や餅を供えることが多いが、与那国島では牛や豚を潰した場合はその生肉を一、二斤供えた。死者の霊前に供える料理には竹富島では必ず肉を用いた。これらの事例からは、死者への供物として肉も重要視されていたものと考えられる。葬儀では死者の周囲に悪いものが群がってくるといわれていて、死者の遺体を悪いものから守るという風習があった。遺体の周りにカヤを張ったり、葬列の先頭が刃物を持つなどもそのためであろう。死者に供えられる肉やご飯や餅などは、その力で悪いものを死者から遠ざけるという意味があったのではないかと考えられる。

(4)儀礼食としての肉と米

今までみてきた事例からは、肉以外にも死者との別れの食物があったことがわかる。それらは、ご飯や握り飯、餅、塩粥、汁物などであった。ご飯や握り飯、餅、塩粥は米によって作られる（以下、〈米の食品〉と記す）。汁物はナカミ汁やイナムルチ、アーサ汁である。ナカミ汁やイナムルチは肉を使用する。アーサ汁は竹富島では肉を食する代わりに用いられるようになったものである。そのため、肉料理の代用と見做すことができる。

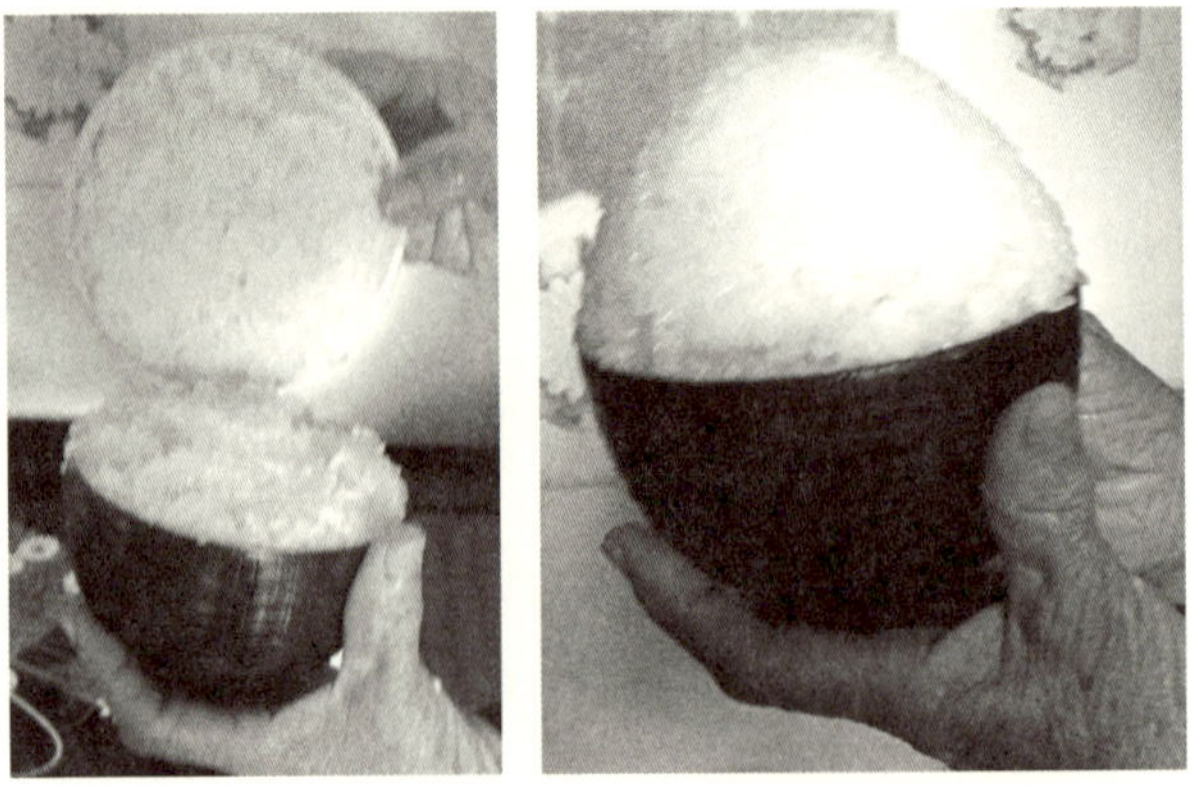

写真9：ホトケノメシの作り方
（波照間島の四十九日で、右側が完成写真）

ここでは、死者との別れの食物としての〈米の食品〉について述べ、葬儀の儀礼食における肉と米について考えたい。ここに報告した事例では、塩粥を作るのは波照間島のみであったが、ご飯や握り飯、餅はほとんどの島で作られていた。握り飯は手伝いの人や会葬者に出され、死者の枕元には山盛りのご飯（ゼンノメシ、ホトケノメシなどと呼ばれた、写真9）と餅（あるいはダンゴと呼ばれる）が供えられた。

前述したが、柳田は米を力の根源とする古い信仰があったと述べ、米の餅には貴い力があると考えられていたという。八重山では葬儀に際して大量に餅が作られる。石垣島や竹富島などでは「餅はあの世の袖の下」といわれている。餅で死者のあの世の位が一つずつ上がっていくという。死者供養における餅の重要性がわかるとともに、柳田のいう餅の力への信仰がうかがえる。

ここでは波照間島の葬儀の際の餅の使用についてみていきたい。前述したが、同島ではかつてスッゥムチという生餅を作って死者の枕元に供えたという。一九八〇年代の自宅葬の頃は、死者の枕元や墓前に供える丸餅はウグルムチ（送りの餅）と呼ばれた。米粉に水を混ぜながら捏ねて、丸く形を作って蒸し、冷めてから粉（片栗粉）を

写真10：①餅の盛物

写真11：②四十九の餅（中央が頭）

写真12：③バタモチ

写真13：④三段重ねの餅

まぶした。現在、波照間島では葬式は石垣で行われることが多く、たくさんの餅を作ることはないが、四十九日では餅が大量に作られ祭壇に飾られる。二〇一六年のK家の四十九日では次のような餅が作られた（写真10～13）。

①丸くて小さめの餅を皿に積んだもの（餅の盛物、通称ピラミッドと呼ばれる）。
②丸くて小さめの餅を四十九個並べ、中央に大きめの餅を載せたもの（四十九の餅と呼ばれる）
③大福餅程度の大きさの餅で中に砂糖を入れて捏ねる。餡子を入れてもいいという（バタモチという）。
④大きめの餅を三段に重ねて爪楊枝をさす。③の餅を使用するのかどうかはわからない。

このような四種類の餅が仏壇に載せられるが、四種類の餅を作っても、その餅の名称は「四十九の餅」とバタモチの二つしかわからない。また、これらの餅のいわれについても聞けない。「四十九の餅」の処理方法は特にない。葬儀の儀礼食としての餅の歴史はそれほど古いものではないようである。前述したが、八重山では死者への供物として肉も重要視されていた。〈米の食品〉がハレの世界を構成する重要な要素となるという柳田の論に対して、萩原は沖縄・奄美の場合は肉正月の事例のように、餅ではなく肉に対して高い儀礼的価値が与えられてきたという。葬儀の際も肉に対して高い儀礼的価値が与えられていたのであろう。しかし、いくつかの理由で肉の使用が制限されるなか、肉に代わって餅が儀礼食として主流になったものと考えられる。

五　現在の葬儀の際の肉の使用

現在、八重山離島の葬儀は石垣島の斎場で行われることが多く、会葬者に肉をふるまうこともない。では、死者に供える食物はどうであろうか。沖縄の冠婚葬祭の解説書をみると、死者の枕飾りに豚の三枚肉や豚の顔の皮を供えているのがある。しかし、近年では葬儀の際に肉が供えられることはほとんどない。自宅葬から葬儀社の斎場へ移行したため、葬儀社のやり方に人々が従うようになったからである。ここでは、葬儀社の斎場利用と肉の使用についてみていきたい。次に帰島後に行われる葬儀の肉の使用について述べ、人々が精進料理についてどのように解釈しているかを考えたい。

(1)葬儀社の斎場利用と肉の使用

石垣島の三宝堂の玉城社長(一九四四年生まれ)によると、葬式に肉を使用しなくなったのは、葬儀社と僧侶の影響が大きいという。「以前は告別式の枕飾りに、沖縄本島でも石垣でも肉を供えていたが、今ではそれをやめさせるようにやっている。だいいち、お寺からそういうものはやめてくださいといってくる」という。だが、「三枚肉をやりたい」(三枚肉を霊前に供えたいという意味であろう=筆者注)という家は今でもある。葬式の打ち合わせのとき、玉城社長は「枕飾りの飾り方」という印刷物を渡す。そこには「沖縄で一般的に枕飾りに供えるもの」として、ご飯[16]、ダンゴ(糯米、あるいは白玉粉で作ったのを六個、あるいは七個)、吸い物(薄いトウフ汁、あるいはアーサ汁)、果物、花、マンジュウ、水、茶湯、ローソク、線香があげられている。そして、「このほかに「ニブシ」「かち豆腐」の豆腐料理、「シラベーシ」[17]「ウサチ」「酢の物」、「豚のチラガー」(豚の顔の皮)、「シース・マース」(味噌と塩)などをお供えするところもあるようですが、各地域、各家庭まちまちです」とある。さらに、「仏式では「殺生」を嫌うため、三枚肉や豚の皮など、生き物の肉類は供えません」と記されている。

玉城社長はこのプリントを渡しながら、「三枚肉はご遠慮ください。そのかわり故人がお好きだったものをお供えしてください」という。だが、故人が三枚肉が好きだったという理由で、やはり三枚肉になることがあるという。玉城社長によると、斎場に肉があった場合、肉を下げさせる僧侶と黙認する僧侶がいるという。石垣の誓願寺の谷口隆信住職によると、「殺生はやめましょうねといっているが、三枚肉がないと葬式が始まらないという人もいる」といい、斎場に三枚肉があった場合は下げさせるという。
八重山では、葬儀社の助言や僧侶によって肉の供え物が外されるようになったことがわかる。沖縄では葬儀社の利用と僧侶の読経はセットになっている。自宅葬から斎場使用への移行が、葬儀に肉を使用しなくなった大きな契機と考えられる。葬儀社の斎場利用が、葬儀の儀礼食を変化させたといえよう。

(2)帰島後の葬儀における肉の使用

以下、帰島後の葬儀における肉の使用について、波照間島と竹富島の事例から述べる。

波照間島での納骨の日には、重箱に三枚肉の入ったウセーを入れて(写真14)、餅と酒と清涼飲料とともに墓の口の前に供える。これらの供物は儀礼が済んだ後、墓地で食される。四十九日には二日がかりで餅、ウセー、吸い物などが作られる。ウセーは煮物とテンプラ、シンプラ[18]、厚揚、カマボコ、ウインナーなどである。煮物はダイコン、ゴボウ、コンニャク、昆布であり、豚の三枚肉が入る。法事では死者に何度も料理を供える。最後の送り(ウグリ)の際にはウグリヌシルムヌ(送りの汁物)といって、ミシ、刺身、ウセー、汁物を祭壇の前に供える。汁物はナカミ汁が多い(写真15)。

竹富島では、昔は四十九日までの七日ごとの焼香の客には、イナムル

写真14：納骨の際、墓に供えられる供物（重箱の中に三枚肉が入っている）

写真15：石垣の食堂のナカミ汁

チの味噌汁やナカミ汁を作っていた。イナムルチの味噌汁は肉と野菜の入った沖縄味噌を使用する味噌汁である。[19]だが、今はお茶とお菓子のみになり、四十九日だけは折詰の弁当と祭壇に供えるお膳を石垣に注文する。[20]イナムルチの味噌汁も大鍋に入って運ばれてくる。

本来、法事は精進料理である。しかし、石垣も含めて八重山一帯では、葬式後、あるいは四十九日から三枚肉を用いることが多い。また、四十九日までは肉は使用しないという家でもウインナーやナカミ汁は使われる。「葬儀（法事）には精進料理」というよりは、「葬式後（あるいは四十九日後）からは肉（三枚肉）を使用していい」という解釈なのであろう。今でも葬儀の儀礼食として肉が重要な位置を占めていることがわかる。

まとめとして

かつての沖縄の葬儀では、肉が大量に使用された。しかし、現在の八重山離島では肉を使用することは少なくなってきた。だが、与那国島のように今でも葬儀に大量の肉を使用する島はある。与那国島の葬儀では、肉は、喪家と手伝いの人の食事、死者への供物、会葬者へのふるまいに用いられている。かつての他の島々の葬儀もこのように行われていたのであろう。

ここでは西表島（祖納・干立）、竹富島、波照間島のかつての葬儀の際の肉の使用の事例も報告した。葬儀の際の手伝いの人と会葬者には、葬式の準備が終わった後、出棺前、墓地での儀礼の後に、喪家からのふるまいがあった。この時の食べ物には必ず牛か豚か猪の肉が含まれていた。与那国島では「先祖に長寿をあやかるため」に食するといい、竹富島ではこのような食べ物をタマシコシと呼び、死者の生前の徳をいただくのだという。このような肉の入った料理のふるまいは、骨噛みとしての「死者を自分の命の中に生かし続ける」という意味だったかもしれない。

墓から帰った後には、喪家で宴会が行われた。前者は喪家から食べ物がふるまわれるのに対して、後者は喪家や身内が中心となっている。干立の話者の話からは、帰宅後の宴会は死者との縁切りのための宴会であったと考えられ、肉は盛大な宴会のための御馳走となっている。〈米の食品〉がハレの世界を構成する重要な要素となるという柳田の論に対して、萩原は、沖縄・奄美の場合は肉に対して高い儀礼的価値が与えられてきたという。話者たちの話からは、葬儀の際も肉に対して高い儀礼的価値が与えられていたことがわかる。つまり、沖縄県では肉を力の根源とする信仰があったものと考えられる。干立で帰宅後の宴会に使用される肉には、やって来た死者たちの霊を追い帰し、死者と縁を切らせる力があると考えられていたのであろう。おそらく、手伝いの人や会葬人にふるまわれる肉にも、骨噛みの意味だけでなくこのような意味があったにちがいない。

死者への供物としては、枕飯としてご飯や餅が供えられるが、牛や豚を自分たちで潰していた頃の与那国島では、牛か豚の生肉を一、二斤供えた。竹富島では死者の霊前に供える料理には、必ず肉をいれたという。肉の力で死者から悪いものを遠ざけるという意味があったものと考えられる。その後、肉の使用が制限される中、肉に代わって餅やご飯が主流になったものと考えられる。

現在の八重山（与那国島を除く）の葬式には牛や豚の肉はほとんど使用されなくなった。その理由としては、屠殺法の浸透と精進料理という概念の普及が考えられる。石垣の斎場を利用するようになってからはさらにその傾向は強まった。葬儀の外部化が儀礼食を変化させたといえよう。

しかし、葬式以降の儀礼には肉（三枚肉）を使用している。葬儀には精進料理という理解よりは、「葬式後、あるいは四十九日からは肉（三枚肉）を使用していい」という解釈なのであろう。沖縄県の食肉文化の強固な伝統がうかがえる。

本稿では動物供犠という視点からは、充分に論じることができなかった。動物供犠には対象動物の死が要点の一つであるが、市販の冷凍肉を使用するようになっても動物供犠といえるのであろうか。また、与那国島の法事のトゥビトリのように呪具としての動物の使用についても考察すべきであろう。

1 以上は資料に記されている口語訳のみ記した。

2 伊波は『孤島苦の琉球史』でもこの民間伝承について記し、この伝承は隋書を読んだ儒者などの口からでて一般に伝播したのかもしれないと述べ、迷信から人間を食べたということは、一二〇〇～一三〇〇年前の南島ではなかったとはいえまいが、支那人はきっとこういうことを針小棒大に書きたてたに相違ないと記している〔伊波　一九二六　三一～三二〕。このことからも伊波がこの民間伝承に対して肯定的であったとは考えられない。

3 近年の報告では、北村皆雄「銅鼓と送魂―江西省南丹県白褲ヤオの葬式」に、葬式の際に水牛の供犠が行われるが、「水牛を供犠する以前には死者の肉を食べたという伝承もある」という〔北村　二〇一八　四三〕。

4 自分たちで豚を解体していた頃は、豚の血が手に入るので、汁物やチーイリチャーが大量に作られたという。血液はタンパク質、糖類、脂肪、ミネラル、ビタミンなどが含まれる総合栄養食である。今でも伊良部島佐良浜ではダビワー〔四十九日に行われる〕に豚の血を揉み込んだ肉料理を作る。

5 豚足を煮込んで柔らかくして、味付けしたもの。そのまま食べたり、沖縄ソバに入れて食べたりする。

6 今でもマチリの関係者である各集落の役員やツカサは、旧暦八月一日からマチリが終わるまで肉は食べない。

7 「これをやらないとだめだよー、通らないよ！」といって、石垣でもお通夜や葬式に三枚肉を用意する家がある。

8 伊波普猷「朝鮮人の漂流記に現れた十五世紀末の南島」を参照した。

9　昔は老人が死んだ場合は、必ず豚を殺して会葬者にふるまったという。これについては次のような伝承が報告されている。昔は人が死ぬと会葬者全員が死者の肉を喰ったという。ある人の親が死んだとき、子供は自分の親を人に食べさせるのは偲びないとして、豚を殺して与えたのが最初で、その後、その習慣が続いたという〔琉球大学民俗研究クラブ　一九六九　三三〕。

10　宇保泰金氏は、「昔はいつでも猪は獲れるから、行事のときは獲ってきて使った」という。

11　『ふるさとへの想い　竹富島　前原基男写真集』〔二〇〇五〕は、一九六九年に行われた龕を使用した葬儀を記録している。

12　与那国島でもかつては山羊汁に山羊の血を加えて味を良くしたという。

13　北村皆雄によると、白褌ヤオ族は葬式の際に水牛を殺してその血を飲むが、それは「死者や水牛の魂との一体化である」という〔北村　二〇一八　四三〕。

14　波照間島では米ができたが、米の栽培は不安定であり、粟の方が多く栽培されていた。

15　得能壽美は「公式の肉食は牛から豚へという大きな流れをみることができるが、牛を食べることが禁止されていたわけではない」と記している〔得能　二〇一四　三一六〕。

16　ご飯は「チチャシウブン」あるいは「一膳御飯」「枕飯」などといい、「白いご飯を山盛りにして、その真ん中に割箸を二本垂直あるいは十字に突き立てる。さらにその上に白紙をかける所もある」と記されている。

17　シラベーシとは豚の三枚肉の煮たもので醤油などで色を付けない。

18　シンプラは砂糖テンプラ（サタパンベー、サーターアンダギーのこと）と同じように生地を作り、短冊形に切り油で揚げたものである。

19　イナムルチもナカミ汁も焼香だけではなく、正月や子供のお祝いにも作られる。

20　法事の料理も簡素化され、外注されるようになったことがわかる。

補稿　波照間島、戦争マラリア死者の葬り方

はじめに

波照間島の人々はアジア・太平洋戦争末期に軍命で西表島南風見《はえみ》（以下、南風見と記す）に疎開しマラリアに罹患、多くの死者をだした。当時の同島の人口一五九〇人のうちマラリアに罹患したのは一五八七人、そのうち四七七人が亡くなった（八重山民政府記念誌編纂局　一九八九　七三九～七四〇）。マラリア有病地への強制疎開による爆発的なマラリアの蔓延は「戦争マラリア」と呼ばれる。波照間島では島民の約三分の一が「戦争マラリア」で亡くなったことになる。

波照間島では死体の処理についての言葉は「ソーシキ」、あるいは「ソーシキをする」であり、「ソーシキ」という言葉以外に何といっていたのかは不明である。南風見から帰った後は家族の看病と「ソーシキ」の毎日であった。当時の悲惨な状況は『沖縄県史第十巻各論編九　沖縄戦記録二』（以下、『沖縄戦記録二』と記す）に島の人々によって語られている。ここでは同島の人々がどのようにして戦争マラリア死者（以下、マラリア死者と記す）を葬ったのかに焦点を当てて報告する。[1]

一　西表島南風見での疎開生活とマラリア死者の葬り方

波照間島の住民が西表島に疎開したのは、一九四五年四月八日であった。カツオ船に乗り、夜中に西表島に渡った。[2]沖縄本島への米軍上陸から一週間後である。南風見での疎開暮らしに関しては、前述の『沖縄戦記録二』に島の人々によって詳しく語られているので同書を参考にしながら、筆者が島の人々からお

聞きした話をもとに簡潔に記す。

(1)南風見での生活

波照間島は富嘉、名石、前、南、北の五集落からなり、疎開生活は集落単位で行われた。ほとんどの住民は西表島の南風見に疎開した。名石、南、北の集落の人々は南風見田の東の方に、前と富嘉の人々は南風見田の西の方であった。東の方はマラリアが多く、マラリアに罹患した人々は名石、南、北の集落の人々がほとんどだった。

疎開先では、主に集落ごとに小屋を作って寝泊まりし、炊事は炊事班が担当するという共同生活を送ることになった。崎山千代氏(一九一八年生まれ、北集落)は当時の生活を次のように語っている。

波照間の人全員が南風見に行ったよ。あのこと思い出したらよ、涙流して聞くよ。大変だったよー。南風見は家は作ってあるが、あんなとこに人が住めるかね。子供は泣くし、眠りもできないし、なぜ眠れるかあんなところに。被るものもない、着物ひとつもないよ、着物はつけたまんま。大変だったさー。山の上はご飯を炊いたら煙が出るでしょ。飛行機にわかるでしょ。穴の中に入ったり、木の下に隠れたりしてご飯炊いたさ。で、山下、今もおるかね、いらっしゃるかねー。山下っていう人がねー、波照間の□□(よく聞き取れない)であったさー(以下もよく聞き取れない)。

山下とは、波照間島の人々を西表島に強制疎開させた特務機関の山下虎雄のことである。人々は慣れない南風見での生活の中で、アメリカ軍の飛行機におびえながら不自由な生活を送っていたことがわかる。

島から持ってきた食料が乏しくなり、夜間、波照間島にイモを取りに戻ったりもした。やがて、暑さがきびしくなり、マラリアが蔓延し始めた。食料もなくマラリア死者が相次いだため、波照間国民学校の校長識名信升は石垣に渡り宮崎武之旅団長に直訴し、疎開解除の許可を得た。山下虎雄が疎開解除に反対するなか、住民たちは全員一致で帰島を選んだという。南風見から波照間島に帰るときもカツオ船を使って帰島した。カツオ船は西表島のマングローブの中に避難させておいたのがあったという。全員、一斉に帰島はできず、「今日はどこの部落のだれだれと、あんなして帰ってきた」という。

(2) 南風見でのマラリア死者の葬り方

疎開先の南風見では死者は七〇名以上であったという(石垣久雄・仲山忠亨 一九七五 一六九)。マラリア死者の死体はアダン葉で作ったムシロに包み、原野に埋めた。印として石を置いたりしておいたという。数年後、南風見から遺骨を持ち帰り、洗骨して墓に入れた。阿利盛八氏(一九三四年生まれ、南集落)は、南風見では収骨の際に骨を焼いたという。母親と兄を南風見で亡くしている崎山千代氏は、「南風見で死んだ人は死体持ってきてこっちで焼いたよ。大変だったさー」といっている。完全に骨化していない死体を持ち帰って火葬したという意味であろうか。しかし、「焼いたはずはない」という人もいる。遺体あるいは遺骨への対処の仕方は家によって、状況によって異なったのであろう。

収骨後も、遺族たちは南風見のマラリア死者たちの無念の思いを忘れられず、ユタとともに南風見の埋葬地跡を訪れている。一九八二年でも、「ユタがね。今でも島人と一緒によく来るんです。魂を拾いに」といわれている。[3]

二　波照間島の墓

波照間島では墓は一般的にパカ、ハカと呼ばれている。基本的に墓の中には一度に死者一人しか入れられないので、続けて人が亡くなると「困難した」という。特に「困難した」のはマラリア死者の続出した敗戦直後であった。大量のマラリア死者の遺体をどのように葬ったのかについては、当時の波照間島の墓についても知る必要がある。ここでは、今も残る古い葬所と墓について紹介し、さらに墓に関する慣行についても簡潔に述べる。

(1)古い葬所と墓

波照間島には共同墓地はないが、墓は北側の不要地に造るといわれている。実際、地図を見ると墓は島の北西部に集まっている。この地域は地形が傾斜していて、起伏も激しく、耕地として利用できない不要地が多い。もともとこの地域に墓が点在していたのだが、土地改良整備事業に際して、墓を集めたといわれる。古い墓はステバカ、あるいはミャーブルスィと呼ばれた。土地改良整備事業以前は畑や集落の周囲にも石積墓がみられたが、その多くは消失を余儀なくされた。[4]

宮良高弘『波照間島民俗誌』(一九七二)によると、波照間島の墓の形態は四段階に分かれるという。第一段階の最も古い時代には崖葬であったらしく、スゥムダヤマやその他の崖には、人骨が多数認められたという。宮良はスゥムダヤマの写真を掲載し、そのキャプションには「洗骨が行われているが、

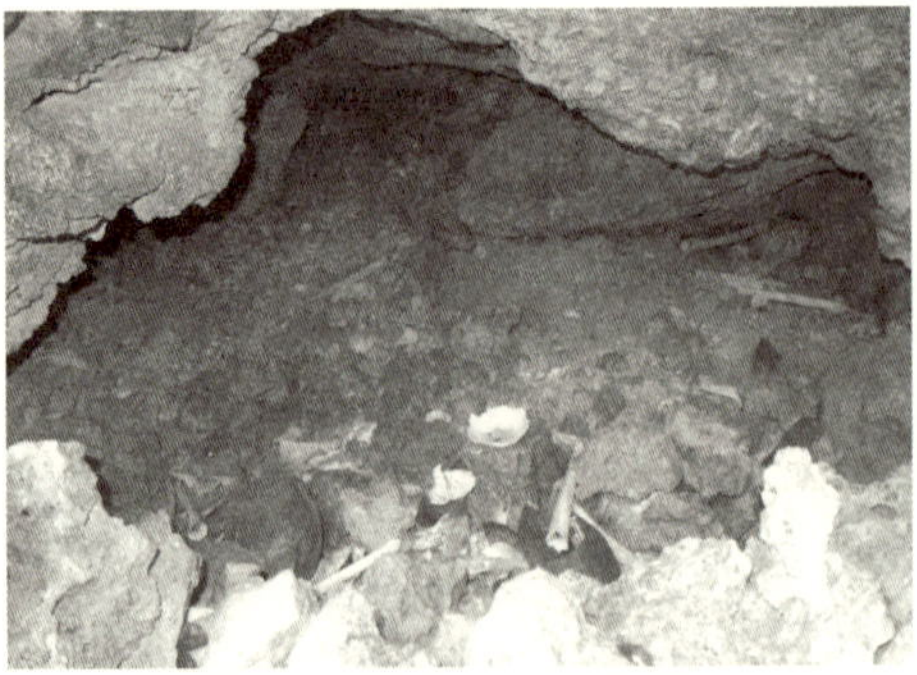

写真1：スゥムダヤマの崖葬
(現在でも骨の一部と壺の破片が見られる)

崖の窪みがなお利用されている」と記している〔宮良　一九七二　八二〕。現在でも、スゥムダヤマの崖のいくつかの窪みには、古い人骨の一部と壊れた壺がみられる〔写真1〕。以前はもっと多くの骨が崖の窪みにみられたと島の人はいうが、現在ではごくわずかの骨しか残っていない。[5] 波照間島では墓に遺体を納めることを「オラヒャンマー」「オラヘキャン」というが、「置いてきた」「納めてきた」という意味である。墓を造る前は、このような崖の窪みに遺体を置いてきたのであろう。

宮良による第二段階は、サンゴ礁の石垣を四角に積みめぐらし、その上に簡単な茅葺を作った形式のものである。このような墓は、先島地方に広くみられるヌーヤ墓といえる。地上に置いた棺を石積みで囲み草屋根を載せた形式であり、主に第一次葬墓として用いられたという。[6]

第三段階は「茅葺の代わりに平らな海石を置き、その上にサンゴ礁の石垣を積み、規模も大型化している」という〔宮良　一九七二　八二〕。意味がよくわからないが、石垣を積んだ上に茅葺の代わりに平らな海石を置いたものと考えられる。この形式の墓は、宮良によると波照間で最も多くみられるものであるという。

第四の段階は亀甲型の墓であり、当時はこの形式の墓への移行が顕著であったという。はたして宮良の述べた墓の形態の段階がそのとおりかどうかはわからない。第二段階と第三段階が共存していた可能性も考えられる。墓はその家の財力に応じて造られるものであり、また分家などの場合はすぐに墓を造ることができず、一時的な墓を造った可能性もあるからである。とにかく、マラリア死者の「ソーシキ」の頃に多かった墓としては、宮良の述べたような第二段階、第三段階の石積みの墓であろう。

現在、島には様々な形の墓がみられるが、島の人々は墓を大きくイシィパカとコンクリパカに分ける。墓の形態ではなくて素材による分け方といえよう。[7] イシィパカは石を積んで造ったのでイシヅミパカ〔以下、石積墓と記す〕とも呼ばれる。石積墓にはいくつかの種類がある。現在では宮良の述べたような第二段階の形式

（サンゴ礁の石垣を四角に積みめぐらした茅葺の形式）の墓はみられないが、石垣を四角形の形に積み上げたもの（写真2）、石垣を円形に積み上げその頂にナンダラ石を載せたもの（宮良のいう第三段階であろう）[8]、両袖のあるものなどがみられる。

波照間島では「イランタナナムリ、ナイシナナムリ」といわれ[9]、旧イランタ村（現北集落）と名石集落には古い墓が多いと伝えられている。現在、北集落には墓と伝えられる大きな石積みが二基あり、特定の家によって、旧正月、シィチィ（節祭）、ツクリニゲー（作り願い）などの行事の際に拝まれている。

家の石垣の角がでっぱっていて、そこが墓だったといわれているものもある。前集落のM家（写真3）や南集落のN家、北集落のU家の石垣の角のでっぱりは墓だったといわれる。また、「名石には香炉のある石垣が七カ所ある」といわれるが、名石集落には石垣の隅が空いていて香炉が置かれていることがある。これらの石垣の一部も墓とみなされていたのであろう。

（2）墓に関する慣行

波照間島では、さまざまな墓に関する慣行がある。嫁や婿にいっても、本人の希望があれば、生家の墓に入ることができた。このような例は、子供がなかった人の場合に多かったようである。生家の墓に入ると、その死者の法事は生家が行った。七歳以下で死んだ子供や、正常な死を迎えなかったものは墓には入

写真3：墓だったといわれる石垣の角のでっぱり

写真2：四角い石積墓
現在は使用されていないが、子孫によって管理されていて、行事の際に拝まれている。

れず、[10]墓の片隅を石で囲い上からカヤで覆ってイチジバカ（カリバカ）を造った。これをフカマースといった。

また、波照間島には島外に出た家や廃家（後継者がいない家）の墓を預かる「預かり墓」の慣行がある。[11]基本的には血筋の近い家が預かるが、預かる家がみつからない場合は、親戚同士の話し合いで決めたという。墓とともに、耕地や屋敷も預かってくれる家に渡した。琉球国時代には西表島の崎山、石垣島の大浜や白保などに分村した人々が墓と一緒に耕地を預けたといわれる。墓を預かった場合は、ジュールクニチ（十六日祭）とお盆に墓掃除と墓参りをする。この「預かり墓」の慣行によって、五～六基の墓をもつ家もある。しかし、現在では墓を預ける家も預かる家も少なくなっている。

三　帰島後のマラリア死者の葬り方

人々はようやく波照間島に帰ってきた。「島に帰ればよかった。島には家がある」と崎山千代氏は語ったが、帰島後の波照間島はマラリアと飢えの島であった。勝連文雄氏（一九一七年生まれ、南集落）は「元気で帰ってきてもこっちもマラリアの菌がいっぱいさ。バタバタ倒れたさ」という。そして、連日の「ソーシキ」が始まった。ここでは帰島後のマラリア死者の葬り方を中心に述べる。

(1)帰島後の生活

「南風見から帰ってきてからが大変だった。アガヤー、話もいわれない。こっちへ帰ってきても食べ物がない」と崎山千代氏がいうように、島には食料がなかった。崎山千代氏も勝連文雄氏も当時はソテツのおかげで生き延びられたという。[12]さらに、マラリア死者が続出した。南風見からの帰島後の生活について、当時二九歳で兵役から帰ったばかりの勝連文雄氏は次のように語っている。

当時は田んぼなんか作れるか。畑仕事もできんさ。毎日、「ソーシキ」ばかりやってるから。そして、喰うことばっかり考えてるから。私たちはソテツにかじりついたんですよ。ソテツを澱粉にして食べたんだから。ソテツは二二～二三日おかないと食べられないよ。ソテツを食べてから、本当に健康な肌の色になったんですよ。

亜熱帯の沖縄では死体は長くは置けない。二日置くと臭気が漂い始めるという。帰島後はマラリア死者が続出し、毎日が「ソーシキ」だった。「今日亡くなったでしょ、明日「ソーシキ」やるんだよ。みんなあのときはそうだったよ。葬式は簡単にムシロよ」と勝連文雄氏は語る。ほとんどの人がマラリアに罹患していて、棺を作る余裕もなかったのであろう。龕で死者を送るような「ソーシキ」でははない。当時の「ソーシキ」とは、ムシロに包んだ死体を天秤棒で担いで、集落の外に運び葬ることを意味した。マラリア死者の「ソーシキ」で一番大変だったのは、死体を運ぶ人と死体を葬る場所の確保であった。

(2) 死体を運ぶ

ここでは、連日三名から五名の「ソーシキ」を頼まれていた勝連文雄氏の話を中心に、どのように「ソーシキ」が行われていたかを記す。[13] 基本的に「ソーシキ」は三人で行った。氏は、マラリアに罹っていても比較的元気だった二人のいとことともに予定を立てて、「はい、今日は誰誰、明日は誰といってソーシキしたさ」という。連日が「ソーシキ」だったのである。それも普通の死体ではない。「熱で死んだ人は口からも鼻からも血と混じった黄色い汁が出るでしょ。臭くてたまらん」と氏はいう。昔、幼子が死んだときは抱いて「ソーシキ」をしたというが[14]、この時は天秤棒に片一方は石、もう片一方に子供を載せて「ソーシキ」をしたこともあったという[15]。汚物で汚れた子供は臭くて抱ける状態ではなかったのだ。

途中で「ソーシキ」の予定を変えることはできなかった。当時十五歳の少女だったU氏（一九三二年生まれ、北集落）が、勝連文雄氏に父親の「ソーシキ」を依頼しにきたが、「ソーシキ」の予定がつまっていた氏は断っている。「もう、しかたないんだもの、はいと受けた以上、自分の行動には責任もたんと。もういっぱい死んでいるから」と、それから六〇年以上たった後でも氏はいう。断ったことをずっと気にしていたのであろう。U家では十一名の家族のうち、U氏とその妹を残して全員が亡くなっている。U氏は当時のことを、「自分のうちの家族が亡くなって、悲しいということもなかったよ。自分も死ぬかなーと思っただけ」と語る。崎山千代氏も、「今日は兄弟が死んだ、明日はうちが死ぬかなーって思っていた」というが、このような気持ちが当時の人々に蔓延していたのであろう。勝連文雄氏は、「親も兄弟もみんなマラリアに罹って、十六名死んでるうちもあるんだよ[16]」という。

（3）死体を葬る場所

当時の葬法は、墓室内に棺を入れておく室内葬であった。無理に入れても、墓には多くの死体は入らない。「墓もいっぱいになって臭くてたまらん」という状態だったという。墓の外に死体を置き、石で覆うフカマースという方法もあったが、やはり限度があった。当時の波照間島は大家族であり、一家族が十人以上という家もまれではなかった。一家で何人も亡くなるので、従来の墓では間に合わなかった。「預かり墓」のある家では、預かっていた墓も利用したかもしれない。しかし、家族のうち十名以上亡くなったり、分家などで墓がまだない家では死者が出るたびに葬る場所に苦労したであろう。

阿利盛八氏によると、ごくまれではあるが、使用されていないステバカや古い葬所であったスゥムダヤマの崖も利用されたという。前述のU氏の家では、幼い弟の死体を運ぶこともできず、家の石垣の角に葬り、石を積んで覆っておいたという。これらの死体はその後取り出され墓に納められた。

戦前、波照間島では燐鉱石の採掘が行われていたが、戦争で採掘は中止されその採掘跡はそのまま残されていた。人々は燐鉱石の採掘跡まで死体を運んで埋め、そこの石で死体を覆った。「土を掘って埋め、石で被せておいた」というが、死体を覆う石を探すことさえ、マラリアで体力のなくなった人々には大変だったのであろう。燐鉱石の採掘跡は使用されていない空地であり、石が豊富にあったから利用されたのであろう。石で被せておいたというので、おそらく、土中に深く穴を掘って死体を埋めたわけではなかったと考えられる。数年後に骨を集めて墓に入れたが、骨を取り出すときには誰の骨かわからなくなっていたのもあったという。

しかし、燐鉱石の採掘跡にも限度があった。死体は島の北部のサコダ浜まで運ばれ、砂地に埋められた。人々の話ではサコダ浜に埋められた死体は、かなりの数であったという。

四　サコダ浜の埋葬

マラリア死者の多くは、島の北部にあるサコダ浜に埋葬された。サコダ浜は海岸線が長い砂丘地帯である。サコダ浜の防風林の砂地に穴を掘って埋めたという。浜辺ではなく、灌木の茂った先である。サコダ浜は緊急時の共同埋葬地であったといえよう。

燐鉱石の採掘跡では石が豊富にあったので、土中に深く穴を掘って死体を埋めたわけではなかったようだが、サコダ浜では完全な土葬であったと考えられる。勝連文雄氏によると、波照間島では死体を埋めることは動物を葬るようだといって嫌うという。しかし、土葬という葬法もとられたのである。

(1)サコダ浜が共同埋葬地となった理由

サコダ浜が緊急時の共同埋葬地となったのはマラリア死者を埋葬したのが最初ではないようだ。大正八（一九一九）年に八重山・宮古地方にコレラが蔓延し、波照間島では二四人の患者を出した（竹富町史編集委員会ほか 一九九四 八四）。このとき、コレラ患者の死体をサコダ浜に埋めたと伝えられている。明治三二（一八九九）年に定められた沖縄県伝染病豫防法施行細則には、伝染病患者の死者の場合は死体埋葬の許可を警察あるいは受持駐在巡査から得て、「土葬すべし」という細則があった[17]。波照間島でもこの施行細則に従って、コレラ患者の死体をサコダ浜に埋葬したのであろう。そして数年後に、洗骨をして墓に入れたのであろう。

サコダ浜が共同埋葬地となった理由は、いくつか考えられる。波照間島の土質は堅く石が多い。土を掘り起こして死体を埋葬するのは容易ではなかった。しかし、砂地は掘りやすい。マラリアと食糧難で体力のなくなった人々にとっても砂地なら掘れたのであろう。

また、サコダ浜が集落から最も近い死骸を埋められる浜辺だったからだ（図1）。波照間島では動物が死んでもやたらな場所には埋められなかった。動物の死骸を埋める場所は決められていた。北集落では動物が死んだときには「ブ

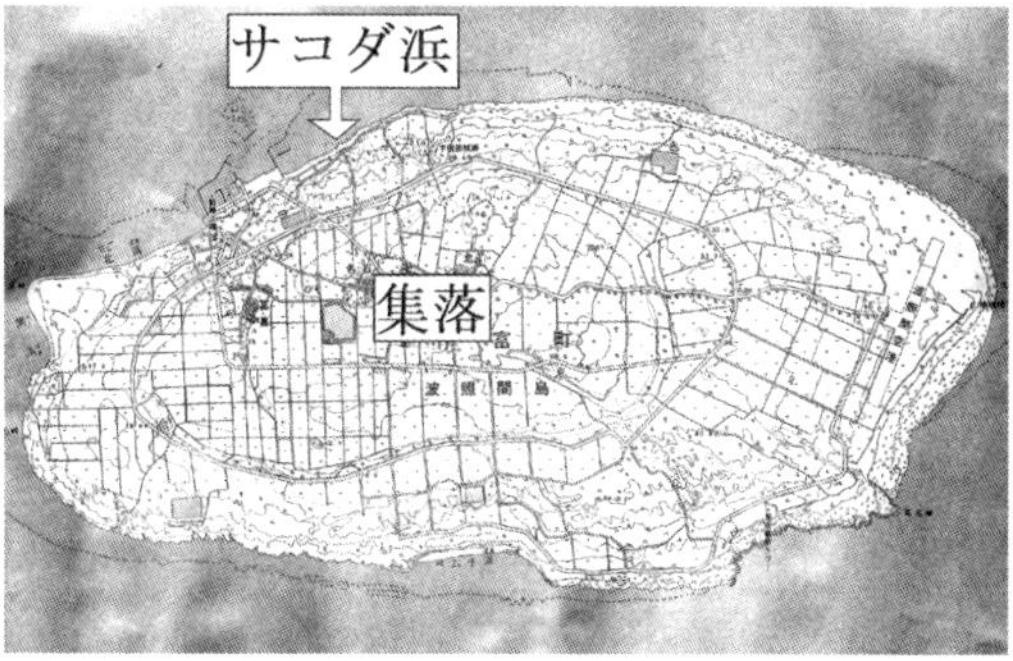

図1：波照間島の集落とサコダ浜（冨嘉集落は少し離れている）（2006年国土地理院発行地図「波照間島」を加工した）

ドゥマリ浜の東は神高いからブドゥマリ浜の西に埋めるように」といわれていた。[18] 同じような理由で、人間の死体もブドゥマリ浜には埋められなかったのであろう。ブドゥマリ浜の西といえばサコダ浜である。サコダ浜の西にはイナマ浜があるが、そこは港として利用されているばかりでなく拝所もある。ブドゥマリ浜とイナマ浜を除くと、集落の近くで死体を埋められるのはサコダ浜以外にはなかった。

(2)サコダ浜での死体の埋め方

勝連文雄氏によると砂地を掘るというのは、掘った砂がまた穴に落ち込むので苦労したという。浜は木の根が張っていて掘りにくかったが、浅く埋めると犬が死体を喰い荒らしたので、ある程度は深く埋めなければならなかった。埋葬場所には印となる石や木を置いたり、周囲を石で囲ったりしたという。氏は、「サコダ浜に穴を掘って埋めて、上から石を載っけた。石を持ってきて囲いをして、カヤなんか持ってきた」という。穴を掘って埋めた後、石を載せておき、その周囲を石で囲ってカヤで覆ったのであろうか。それならば、宮良のいう第二段階の墓の形態と同じであり、ヌーヤ墓である。ただし、ヌーヤ墓は土中に埋めることはないので、ヌーヤ墓の形態の応用といえよう。

(3)骨を拾う

サコダ浜では、三年後くらいに骨を拾い洗骨して墓に納めた。印がわからなくなっていたり、遺体を運んだ人の多くはすでに亡くなっていたため、遺骨を探す際には大混乱したといわれている。残っていた死者の服などで判断したという。

まとめとして

波照間島の人々はアジア・太平洋戦争末期に軍命で西表島に疎開しマラリアに罹患、多くの死者をだした。マラリア有病地への強制疎開による爆発的なマラリアの蔓延は、「戦争マラリア」と呼ばれる。波照間島では島民の約三分の一が「戦争マラリア」で亡くなったことになる。疎開先の南風見では七〇人以上が亡くなったという。死体は南風見の原野に埋められ、後に収骨された。「収骨後に骨を焼いた」、あるいは「遺体のまま運んで火葬した」という人もいる。前者は運ぶ際に容量を減らすためであり、後者の場合は遺体が充分に骨化していなかったのであろう。従来の波照間島の葬法にない二次葬における火葬が行われたといえる。

帰島後もマラリアで死者が続出し、毎日が「ソーシキ」だったという。当時の「ソーシキ」とは、ムシロに包んだ死体を二人で天秤棒で担いで集落の外に運び葬ることを意味した。マラリア死者の「ソーシキ」で一番大変だったのは、死体を運ぶ人と葬る場所の確保であった。死体を運ぶ人は、親戚のうちで比較的元気のある人が三人で一組になって担当した。

一家で何人もの死者が出たので家の墓では間に合わず、古い葬所としてのスゥムダヤマやステバカも利用された。使用されなくなった葬所の一時的な利用といえる。

小さな子供の場合には家の石垣の角に死体を置いて石で囲うこともした。このようなことをしたのは、家の石垣の角が墓だったという伝承が存在していたためであろう。燐鉱石の採掘跡にも死体が埋められ（ただし深くは埋めなかったと考えられる）、石で覆われたというが、これは仮の石積墓を造ったといえよう。これらは従来から島で行われていた葬法の知識を応用したものといえよう。

それでも葬所は足りず、マラリア死者の遺体は島の北西部のサコダ浜に埋められた。島の人々は土葬することを嫌うが、土葬という葬法も行われたのである。土葬は、大正時代に伝染病予防法施行細則に従ってコレラ患者の死亡者を埋めたのが最初のようである。法律が島の人々に新しい葬法を受容させたのであるが、マラリア患者を埋めた周囲を石で囲ってカヤで覆っておいたという話は土葬という葬法にヌーヤ墓の形態を応用したものである。たとえ土葬であっても、従来の島の葬法を応用しているといえよう。

波照間島の人々は大量のマラリア死者を葬るにあたって、従来の葬地や空き地、伝染病患者の埋葬地を利用し、従来の島の葬法の知識を応用して対処したといえる。しかし、従来の葬法の知識を応用しただけでなく、南風見での収骨に際しては、遺体の状況によって火葬という葬法も取り入れ、柔軟な対処をしたものと考えられる。

1　本稿の記述に際しては、主に北と南の集落の方々に話をお聞きした。「残酷なソーシキさ、想像できないよ」「マラリアのことで取材いらっしゃったけど、もう、はずかしくていえなかったよ」と話者の方たちは語る。

2　波照間島では戦前からカツオ漁が盛んで、集落を単位とした組合で船を持っていた。カツオ船は二五馬力の船だったといわれる。

3　「沖縄タイムス」一九八二年六月二二日の「六・二三マラリアの悲劇　波照間島　二、仮埋葬」を参照した。

4　土地改良整備事業で潰した墓の骨は、ニシ浜から出た大量の人骨とともに風力発電機の隣に「無縁墓」（一九九九年建立）を建てて納めてある。

5　戦後、波照間島では墓泥棒、骨泥棒が横行し、多くの古い墓が被害に遭い副葬品や骨が盗まれた。スゥムダヤマに葬られていた骨の多くも持ち去られてしまったといわれる。

6　『沖縄民俗事典』の「ヌーヤ墓」（加藤正春担当）を参照した。

7　最近では石材店から購入した御影石の墓がみられるようになった。

8　ナンダラ石は波打ち際にあるビーチロックのことであり、ブドゥマリ浜やサコダ浜から切り出したという。砂岩のため平らな形に切り出しやすかったのであろう。ナンダラ石を運ぶためには多くの働き手が必要であるため、墓に使用されたナンダラ石はその家の富の象徴でもあったという。

9　イランタ村とは北集落の集落会館付近にあった旧村名である。

10　七歳以下の子供は五勺米を祭りのときにまだ神様に納めないので、一人前とみなされないからである。

11　「預かり墓」の慣行については、藤井鉱司「子孫の絶えた家の先祖祭祀―波照間島における預かり墓と焼香地―」(二〇一六)がある。

12　崎山千代氏は、「ソテツのあれ、実でなくて中の(ソテツの幹の部分であろう＝筆者注)、あれを斧で切って中割ってから、カヤを縛って醗酵させて(中略)あんなものどうして食べたんかねーって思うさ。今まで命あってよかったねーって思うよ」と語った。氏によると、イモの葉っぱ、アダンの実も食べたという。

13　勝連文雄氏も南風見で幼い長男を亡くしている。

14　親が子供の遺体を小さな箱に入れて抱いて墓まで運んだという意味である。

15　この話は自分の妻の兄弟の子を、一人で「ソーシキ」したS氏の話である。「お母さんは死んでおるが子供は知らないから、おかあさんのおっぱいを飲んでおったというのですよ。しかし、あの子もみる人がいないから死んでしまった。めいめい自分の看病とソーシキで忙しいから」と勝連文雄氏は語る。

16　北集落には十六名の家族が亡くなった家があった。

17　「琉球新報」(明治三二(一八九九)年二月一〇日)の記事「本縣公文」による。

18　ブドゥマリ浜にはいくつかの拝所があり、豊年祭では供物を供えて拝んでいる。

参考文献一覧

《あ》
アウエハント・コルネリウス（訳・解説／中鉢良護　監修／静子・アウエハント　比嘉政夫）
二〇〇四『HATERUMA　波照間　南琉球の島嶼文化における社会＝宗教的諸相』榕樹書林
アウエハント・コルネリウス　静子・アウエハント撮影　静子・アウエハント編集
二〇〇四『写真集　波照間島　祭祀の空間』榕樹書林
赤田光男
一九八三「与那国島の葬墓制と祖先信仰」『帝塚山短期大学紀要　人文・社会科学編』第二〇号
赤嶺政信
一九八九「沖縄の霊魂観と他界観」渡邊欣雄編『環中国海の民俗と文化3　祖先祭祀』凱風社
二〇〇二「奄美・沖縄の葬送文化―その伝統と変容―」国立歴史民俗博物館編『葬儀と墓の現在―民俗の変容―』吉川弘文館
粟国恭子
二〇一五「戦後沖縄の〈洗骨〉習俗の変化―伝統的ジェンダーと女性たちの選択―」『壺屋焼物博物館紀要十六　特集：厨子』那覇市立壺屋焼物博物館
荒川章二
二〇〇八「兵士が死んだ時―戦死者公葬の形成―」『国立歴史民俗博物館研究報告一四七集　戦争体験の記録と語りに関する資料論的研究』国立歴史民俗博物館振興会

池間栄三
二〇〇七『与那国の歴史』池間　苗（一九五九初版）
池宮正治
一九九〇『沖縄の遊行芸　チョンダラーとニンブチャー』ひるぎ社
石垣市役所
一九八三『石垣市史　資料編　近代四　新聞集成Ⅰ』石垣市
一九八七『石垣市史　資料編　近代五　新聞集成Ⅱ』石垣市
石垣市史編集委員会
二〇〇七『石垣市史　各論編　民俗下』石垣市
石垣市総務部市史編集室
一九八九『石垣市史　資料編　近代3　マラリア資料集成』石垣市
一九九一『石垣市史叢書1　慶来慶田城由来記・富川親方八重山島諸締帳』石垣市役所
一九九四『石垣市史叢書6　山陽姓大宗系図家譜　上官姓大宗系図家譜　長栄姓小宗系図家譜　錦芳姓小宗系図家譜』石垣市役所
一九九五『石垣市史叢書8　参遣状抜書（上巻）』石垣市
一九九九『石垣市史叢書13　八重山島年来記』石垣市
石垣市立八重山博物館
二〇〇九『博物館あんない』
石垣久雄　仲山忠亨

一九七五「八重山編」『沖縄県史　第十巻　各論編九　沖縄戦記録二』沖縄県

泉　武
二〇一二『シマに生きる―沖縄の民俗社会と世界観―』同成社

伊藤良吉
一九六九「八重山よなぐに島の葬制・墓制―調査ノートより―」『フォクロア』一八－二一合併号　伊勢民俗学会
二〇一〇「与那国島比川の他界伝承をめぐって」→与那国町史編纂委員会事務局（二〇一〇）

伊波普猷
一九二六『孤島苦の琉球史』春陽堂
一九八九a「南島古代の葬制」（初出一九二七）『東洋文庫二二七　をなり神の島一』平凡社
一九八九b「朝鮮人の漂流記に現れた十五世紀末の南島」（初出一九二七）『東洋文庫二二七　をなり神の島一』平凡社

今川文雄 訳
一九七七『訓読名月記』第二巻　河出書房新社

上勢頭亨
二〇一三『竹富島誌　民話・民俗編』法政大学出版局（初版一九七六）

植松明石
一九八〇「神霊観と民俗的世界」渡邊欣雄　植松明石編『与那国の文化―沖縄最西端与那国島における伝統文化と外来文化：周辺諸文化との比較研究―』与那国研究会

植松明石　大沼美智子
一九八〇「儀礼の体系　人生儀礼」渡邊欣雄　植松明石編『与那国の文化―沖縄最西端与那国島における伝統文化と外来文化：周辺諸文化との比較研究―』与那国研究会

運動武三
一九八八『黒島誌』私家版

大濱憲二
二〇一五「八重山の墓制と葬制の移り変わり」沖縄県立博物館・美術館編集発行『平成二七年度沖縄県立博物館・美術館特別展　琉球弧の葬墓制　風とサンゴの弔い』

大湾ゆかり
二〇一五「火葬の普及と葬墓制の変化」沖縄県立博物館・美術館編集発行『平成二七年度沖縄県立博物館・美術館特別展　琉球弧の葬墓制　風とサンゴの弔い』
二〇一六a「黒島の古墓及び葬法調査」『鳩間島・新城島・黒島総合調査報告書』沖縄県立博物館・美術館
二〇一六b「竹富町西表島祖納の葬墓制―特別展関連の調査報告―」『博物館紀要　沖縄県立博物館・美術館』九号

岡本恵昭
一九九九「宮古島における葬制用語の解説と研究」『平良市総合博物館紀要』六　平良市総合博物館

沖縄県沖縄史料編集所
一九八一『沖縄県史料　前近代1　首里王府仕置』沖縄県教育委員会

沖縄県教育委員会編
一九七五『沖縄県史　第十巻　各論編九　沖縄戦記録二』沖縄県教育委員会
沖縄県地域史協議会
一九八九『シンポジウム南島の墓―沖縄の葬制・墓制―』沖縄出版
沖縄県立博物館・美術館編集発行
二〇〇八『博物館企画展　ずしがめの世界』
沖縄大学沖縄学生文化協会編集発行
一九七〇『郷土』八
尾崎彩子
一九九六「洗骨から火葬への移行に見られる死生観―沖縄県国頭郡大宜味村字喜如嘉の事例より―」『日本民俗学』二〇七
越智郁乃
二〇一八『動く墓　沖縄の都市移住者と祖先祭祀』森話社
折口信夫
一九五六「沖縄式とてみずむ」（「民族史観における他界観念」）（初出一九五二）『折口信夫全集』第十六巻　中央公論社

《か》
勝田　至
二〇〇三『死者たちの中世』吉川弘文館

加藤正春
二〇一〇『奄美沖縄の火葬と葬墓制―変容と持続―』榕樹書林
角川書店編集部
一九六〇『日本絵巻物全集　第六巻　地獄草紙　餓鬼草紙　病草紙』角川書店
川平朝申
一九七四「新文化の流入と風俗習慣」企画部市史編集室『那覇市史　通史篇　第二巻　近代史』那覇市役所
亀井秀一
一九九〇『竹富島の歴史と民俗』角川書店
唐木健仁
二〇一七「沖縄県与那国島の宗教的職能者「オガミのひと」の役割―洗骨改葬2事例の比較から―」『年報人類学研究』7号　南山大学人類学研究所
狩俣恵一
一九九九『南島歌謡の研究』瑞木書房
二〇一一「他界観と葬制」→竹富町史編集委員会　二〇一一
川勝政太郎
一九七〇「寂照院の版木と石仏」『史迹と美術』四一〇号　史跡美術同攷会
喜舎場永珣
一九六七『八重山民謡誌』沖縄タイムス社

一九七七「八重山列島の葬礼習俗」『八重山民俗誌　上巻・民俗編』沖縄タイムス社
北村皆雄
二〇一八「銅鼓と送魂―江西省南丹県白褲《ペークー》ヤオの葬式」『アジア民族文化研究』一七　アジア民族文化学会
宮内庁書陵部編
二〇〇二『圖書寮叢刊　九条家本　玉葉八』明治書院
クライナー・ヨーゼフ　住谷一彦
一九七七「『南西諸島の神観念』未来社
古謝安子
二〇一三「［総説］沖縄県小離島における高齢者介護と伝統的葬送文化」『琉球医学会誌』三二
古謝安子　宇座美代子　玉城隆雄　小笹美子　船附美奈子
二〇〇三「火葬場のない沖縄県離島における葬法に関する住民の関心」『民族衛生』第六九巻第二号
小松茂美　神崎充晴編著
一九八三『続日本絵巻大成11　融通念仏縁起』中央公論社
五味文彦監修・尾上陽介編集
二〇〇四『名月記　徳大寺家本　第二巻』ゆまに書房
五来　重
一九九二『葬と供養』東方出版
《さ》

斎藤彦松
一九六三「曳覆曼荼羅の研究」『印度學佛教學研究』十一巻一号　日本印度學佛教學會
酒井卯作
一九五四「沖縄八重山郡波照間島調査報告」『日本民俗学』第二巻第二号　日本民俗学会
一九八七『琉球列島における死霊祭祀の構造』第一書房
酒井正子
二〇〇五『奄美・沖縄　哭きうたの民族誌』小学館
先田光演
一九九九『奄美の歴史とシマの民俗』まろうど社
崎原恒新
一九七九「高原村の葬制覚書き」『沖縄民俗研究』第二号　沖縄民俗研究会
佐喜真興英
一九二五『シマの話』郷土研究社
塩月亮子
二〇〇八「沖縄における死の現在―火葬の普及・葬儀社の利用・僧侶への依頼―」『日本橋学館大学紀要』第七号
司東真雄
一九七一「清衡棺の曳覆曼荼羅と金色堂の性格」『中尊寺』河出書房新社
島尻勝太郎

一九七八「ネンブチャー　民間念仏者」窪徳忠編『沖縄の外来宗教―その受容と変容―』弘文堂
新城敏男
二〇一四a「沖縄仏教史における念仏者の位置」（初出一九七一・一九七三）『首里王府と八重山』岩田書院
二〇一四b「八重山への仏教の伝播と信仰」（初出一九七三）『首里王府と八重山』岩田書院
増補「史料大成」刊行会編
一九八一『増補史料大成　第十九巻　兵範記二』臨川書店
《た》
高楠順次郎編
一九八九『大正新脩大蔵経図像』第七巻　大正新脩大蔵経刊行会発行
高橋貞一
一九八九『訓読玉葉』第五巻　高科書店
武井基晃
二〇一五「葬送の変化と祖先祭祀行事の自動車社会化―沖縄本島中南部の事例―」関沢まゆみ編『国立歴史民俗博物館研究報告　第一九一集［共同研究］高度経済成長期とその前後における葬送墓制の習俗の変化に関する調査研究―『死・葬送・墓制資料集成』の分析と追跡を中心に―』一般財団法人歴史民俗博物館振興会
竹富町史編集委員会　町史編集室
一九九四『竹富町史　第十一巻　資料編　新聞集成Ⅰ』竹富町役場
一九九五『竹富町史　第十一巻　資料編　新聞集成Ⅱ』竹富町役場

一九九七『竹富町史　第十一巻　資料編　新聞集成Ⅲ』竹富町役場
二〇〇一『竹富町史　第十一巻　資料編　新聞集成Ⅳ』竹富町役場
竹富町史編集委員会　竹富町教育委員会総務課
二〇〇九『竹富町史　第十巻　資料編　近代5　波照間島近代資料集』竹富町役場
竹富町史編集委員会
二〇一一『竹富町史　第二巻　竹富島』竹富町役場
田場由美雄
一九九二「沖縄のニンブチャー・チョンダラー」赤坂憲雄編『漂白する眼差し』新曜社
玉木順彦
一九八九「史料に見る沖縄の葬墓」↓沖縄県地域史協議会　一九八九
多良間村史編集委員会
一九九三『多良間村史　第四巻　資料編三　民俗』多良間村
津波高志
二〇一二「奄美における葬送儀礼の外部化」『沖縄側から見た奄美の文化変容』第一書房
問屋真一
一九九一「五輪塔形曳覆曼荼羅について—中世版木資料からの考察を中心に—」『神戸市立博物館研究紀要』第八号　神戸市スポーツ教育公社
二〇〇六「続　五輪塔形曳覆曼荼羅について」喜谷美宣先生古稀記念論集刊行会編集発行『喜谷美宣先生古稀記念論集』

得能壽美
　二〇一四「琉球・八重山における猪対策―近世における文書の公的世界と絵画の私的世界―」『年報
　　非文字資料研究』第10号　神奈川大学日本常民文化研究所　非文字資料研究センター

《な》
仲原靖夫
　二〇一七「パナリ　新城下地島の思い出」『月刊やいま』二八九号　南山舎
名嘉真宜勝
　一九八九a「葬制」『宜野座村誌　第三巻　資料編Ⅲ　民俗・自然・考古』宜野座村役場
　一九八九b「沖縄の葬送儀礼」渡邊欣雄編『環中国海の民俗と文化3　祖先祭祀』凱風社
仲本信幸著　本田昭正編
　二〇〇四『波照間島の歴史・伝説考‐仲本信幸遺稿集』私家版
永吉　毅
　一九六八『沖永良部島郷土史資料』鹿児島県大島郡和泊町役場（初版一九五六）
那覇市企画部市史編集室
　一九七四『那覇市史　通史篇　第二巻　近代史』那覇市役所
名和清隆
　二〇〇六「沖縄における浄土真宗本願寺派の開教」『教化研究』No.17　浄土宗総合研究所

《は》
萩原左人

二〇〇九「肉食の民俗誌」『日本の民俗12　南島の暮らし』吉川弘文館

塙保己一 編
一九八六『群書類従・第二十九輯　雑部』続群書類従刊行会

林勇作　浜田謙次
一九九八「土佐の梵字資料二題—曳覆曼荼羅と流れ潅頂—」『史迹と美術』六八八号　史迹美術同攷会

原　知章
二〇〇〇『民俗文化の現在　沖縄・与那国島の「民俗」へのまなざし』同成社

比嘉ひとみ
二〇一五「沖縄県北部　名護市の龕（ガン）事情」沖縄県立博物館・美術館編集発行『平成二七年度沖縄県立博物館・美術館特別展　琉球弧の葬墓制　風とサンゴの弔い』

東白川村教育委員会
二〇〇二『ふるさとシリーズ④ダイジェスト版　東白川村の廃仏毀釈』東白川村

平良市史編さん委員会
二〇〇三『平良市史　第十巻　資料編8　戦前新聞集成　上』平良市総合博物館

藤井鉱司
二〇一六「子孫の絶えた家の先祖祭祀—波照間島における預かり墓と焼香地—」『日本民俗学』二八五号　日本民俗学会

藤井深遠
一九八五「西表島開教記」三木健編『西表炭坑史料集成』本邦書籍株式会社

藤井正雄
一九七八「先祖供養」窪徳忠編『沖縄の外来宗教—その受容と変容—』弘文堂
藤澤典彦
一九九八「死者のまつり—『入棺作法』を中心に—」金子裕之編『日本の信仰遺跡 奈良国立文化財研究所埋蔵文化財研修の記録』雄山閣
平安座自治会編集発行
一九八五『平安座自治会館新築記念誌 故きを温ねて』
外間守善 波照間永吉編著
一九九七『定本 琉球国由来記』角川書店
星 勲
一九八二『西表島の村落と方言』 発行者・川平俊男 発行所・友古堂書店
堀場清子
一九九一『イナグヤ ナナバチ 沖縄女性史を探る』ドメス出版
《ま》
前原基男
二〇〇五『ふるさとへの想い 竹富島 前原基男写真集』前原基男
牧野 清
一九六八『八重山の明和大津波』牧野清
増田美子

二〇〇二『日本喪服史　古代篇―葬送儀礼と装い―』源流社

三木　健
一九七九『西表炭坑概史』三栄社　＊後に、ひるぎ社からも改訂版が発行されている。
一九八五『西表炭坑史料集成』本邦書籍

三木治子
二〇〇四「曳覆曼荼羅の真言について―広島県府中市青目寺曳覆曼荼羅版木を中心に―」『歴史考古学』五五号　歴史考古学研究会

水谷　類
二〇一〇「不可知の墓制―葬・墓・祭りの発見―」『墓制・墓標研究の再構築―歴史・考古・民俗学の現場から―』岩田書院

宮城　文
一九八二『八重山生活誌』沖縄タイムス社（初版一九七二）

宮古島市教育委員会文化振興課
二〇〇八『宮古島市史資料1　柳田國男筆写本「宮古島近古文書」の翻刻　シリーズ①　明治期宮古島の旧慣調査資料』宮古島市教育委員会
二〇一〇『宮古島市史資料3　与世山親方宮古島規模帳』宮古島市教育委員会

宮里　悦
一九八六「火葬場設置運動の再出発」宮里悦編『沖縄・女たちの戦後』沖縄婦人運動史研究
一九八七『やんばる女一代記　宮里悦自伝』沖縄タイムス社

宮良高弘
一九七二『叢書　わが沖縄別巻　波照間島民俗誌』木耳社
宮良當壮
一九八〇「沖縄の人形芝居」（一九二五初出）『宮良當壮全集』第一書房
宮良保全著　宮良純一郎編集
二〇〇七『与那国島の民謡とくらし』あけぼの出版
望月友善
一九七八「曳覆曼荼羅とその遺物」『史迹と美術』四八一号　史迹美術同攷会
森　謙二
一九九三『墓と葬送の社会史』講談社
森田孫榮
二〇〇七「葬制」石垣市史編集委員会『石垣市史　各論編　民俗下』石垣市

《や》
八重山民政府記念誌編纂局
一九八九「衛生部とマラリア撲滅」石垣市総務部市史編集室『石垣市史　資料編　近代3　マラリア資料集成』石垣市役所
柳田國男
一九六二「食物と心臓」（初出一九三二～一九四〇）『定本　柳田國男集』第十四巻　筑摩書房
山里純一

二〇〇四『呪符の文化史―習俗に見る沖縄の精神文化―』三弥井書店
二〇〇七「魔除け信仰」→石垣市史編集委員会　二〇〇七

山田慎也
二〇〇一a「死をどう位置づけるのか　葬儀祭壇の変化に関する一考察」『国立歴史民俗博物館研究報告書』第九一集
二〇〇一b「行く末よりも来し方を―生花祭壇における死者の表現―」浅香勝輔教授退任記念刊行委員会編『歴史と建築のあいだ』古今書院

吉田佳世
二〇〇八「ジーシガーミヤーから今を眺める―現代沖縄の葬送儀礼を支える専門店の役割―」南山考古文化人類学研究会編集発行『南山考人』36号

吉野政治
二〇〇九「野草衣考」『同志社女子大学　日本語日本文学』第二一号　日本語日本文学会

与那国町史編纂委員会事務局
二〇一〇『町史　第二巻　民俗編　黒潮源流が刻んだ島・どぅなん国境の西を限る世界の、生と死の位相《トポロジー》』与那国町役場

与那嶺　貞
一九九五「人生儀礼の衣・装身具」『読谷村史　第四巻　資料編三　読谷の民俗　上』読谷村役場

米城　恵
二〇一〇a「「たちむんび」でつながる生と死、死と生の連続」→与那国町史編纂委員会事務局　二〇一〇

二〇一〇b「葬式から三十三年忌まで」→与那国町史編纂委員会事務局　二〇一〇
二〇一〇c「編集後記」→与那国町史編纂委員会事務局　二〇一〇

《ら》

琉球政府(編集発行)
一九六九『沖縄県史　第十九巻　資料編九　新聞集成(社会文化)』

琉球大学民俗研究クラブ
一九六九「八重山郡竹富町字西表祖納部落調査報告」『沖縄民俗』第一六号

《わ》

鷲見定信
二〇〇六a「沖縄における死者慣行の変容と「本土化」」(「沖縄における死者慣行の変容と仏教寺院の進出」)『宗教研究』七九巻四号
二〇〇六b「パネルの趣旨とまとめ」(「沖縄における死者慣行の変容と仏教寺院の進出」)『宗教研究』七九巻四号
二〇〇七「沖縄死者慣行における伝統の「本土化」と「沖縄化」」(「現在沖縄の死者慣行にみる「本土化」と「沖縄化」」)『宗教研究』八〇巻四号

渡邊欣雄
一九七七「供犠・饗宴をめぐる力学」東京都立大学社会人類学会編『社会人類学年報』三

渡邊欣雄　杉島敬志
一九八〇「他界《グス》・祖先《ウヤブディ》・サワリ」渡邊欣雄　植松明石編『与那国の文化—沖縄最西端与那国島にお

ける伝統文化と外来文化：周辺諸文化との比較研究―』与那国研究会

《参考資料》

国土地理院発行地図「波照間島」（二〇〇六）、「船浦」（二〇一六）

那覇市歴史博物館所蔵資料『昭和八年昭和九年（1）　清川安彦氏　新聞切り抜き』

石垣市製作　パンフレット『やすらぎの杜石垣斎場』

＊特に出典を明記していない「琉球新報」と「沖縄タイムス」の引用は、沖縄県立図書館所蔵の縮小版を参照した。

《辞典》

中村　元　一九七五『仏教語大辞典』東京書籍株式会社

渡邊欣雄・岡野宣勝・佐藤壮広・塩月亮子・宮下克也編集　二〇〇八『沖縄民俗事典』吉川弘文館

《ネット資料》

・林野庁西表森林生態系保全センター　http://www.rinya.maff.go.jp/kyusyu/iriomote_fc/index.html

・厚生労働省全国火葬場データベース　http://www.mhlw.go.jp/bunya/kenkou/seikatsu-eisei24/

・石垣市　二〇一二「石垣市火葬場建設基本構想」http://www.city.ishigaki.okinawa.jp/home/shiminhokenbu/kankyou/pdf/isg_kasouba_kihonkosou.pdf

《初出などに関して》

第一部　死者を送る人

第一章　波照間島のサイシ（念仏者《ニンブチャー》）、その受容と葬儀の変化

「八重山の念仏者、その受容と葬送の変容」（『比較民俗研究』二五号　二〇一一年）に、『竹富町誌　波照間島』（二〇一八）で筆者の担当した「第3節　葬制と墓」の葬制部分を一部加えた。

第二章　与那国島の霊的職能者ムヌチ

「沖縄における〈死者を送る人々〉―八重山諸島与那国島の〈ムヌチ〉の事例から―」（『比較民俗研究』二八号　二〇一三年）に加筆訂正した。

第三章　仏教による葬儀の簡略化とシマの死生観―竹富島喜宝院の院主の事例から―

本書のために執筆。

第二部　死者を送るモノ

第一章　沖縄の葬送における経巾《きょうきん》の習俗―八重山・宮古における事例を中心に―

「沖縄の葬送における経巾の習俗―八重山・宮古における事例を中心に―」（『沖縄文化』第四六巻二号　二〇一二）に加筆訂正した。

第二章　葬儀の作り物とその考察―与那国島の葬儀の事例から―

「葬儀の作り物とその考察―沖縄県八重山地方与那国島の葬儀の事例から―」（『沖縄文化研究』四三

号　二〇一六）に加筆訂正した。

第三章　「洗骨時の焼骨」とその変化―モノ（葬具と墓）とのかかわりから―
沖縄文化協会東京研究発表会（二〇一七）で口頭発表したものを文章化した。

第三部　葬儀の外部化における「自葬」の伝統

第一章　帰島後の葬儀にみる死生観の変化―波照間島の事例から―
「葬儀の外部化における自葬の伝統―沖縄県八重山諸島波照間島の事例から―」（『日本民俗学』二九一号　二〇一七）に加筆訂正した。

第二章　簡易火葬場の設置と利用の変遷―西表島祖納の真山火葬場の事例から―
東京八重山文化研究会（四七五回）で口頭発表したものを文章化した。

第三章　葬儀に際して肉を使用する習俗の変化
日本民俗学会年会（二〇一七）で口頭発表したものを文章化した。

補稿　波照間島、戦争マラリア死者の葬り方

『竹富町史　波照間島』で筆者の担当した「第3節　葬制と墓」の「戦争マラリア死者の葬り方」に加筆した。

あとがき

本書は八重山離島の葬儀に関してすでに発表した論考に、本書のために新たに著わした論考を加えたものである。すでに発表した論考は本書の収録にあたって、加筆、訂正を加えている。第一部第一章では、波照間島のかつての葬送に関して近年の調査からかなり書き加えた。第二部第二章では、論文発表以後、西表島祖納の経巾の事例が判明したので祖納の事例を加筆した。また、重複を避けるため発表論文の一部を削除したものもある。特に、波照間島と与那国島の葬儀については複数の章で扱っているので、葬儀のあらましについては大幅に削除した。

本書が八重山離島にこだわった理由については、すでに「はじめに」で述べた。ここでは、八重山離島の葬儀の変化を促した要因についてたどりながら、本書の内容について述べたい。本書を読んでいただくと、この約二世紀の間に八重山離島の庶民の葬儀のあり方がいかに変化してきたかがおわかりになると思う。そして、その変化を促したものとして、支配者側からの布達や布告、法令などがまずあげられる。琉球国時代は王府からの布達により、質素倹約を旨としながらも、四つ旗や経巾の使用を命じるなど仏教式の葬儀が奨励されていたことがわかる。特に経巾の習俗は、仏教の浸透度の低い沖縄県で仏教習俗がどのように流布し、定着していったかを表わしている。

明治に入ってからは葬送に関する布告や法令などが制定され、日本各地の葬制に混乱と変化がもたらされた。洗骨改葬という習俗があり、また仏教が庶民に根付いていないといわれる沖縄県では、大きな混乱と変化が生じたことはいうまでもない。さらに、日露戦争が始まると、戦死者の葬儀規定が葬儀のあり方に大きな影響を与えた。本書では、戦死者の葬儀を行うにあたって、従来の葬儀のあり方が迷信とされ、島では葬儀の「迷信打破」を余儀なくされたことを波照間島の事例から報告した。そして、同島では葬儀の引導者として僧侶の代わりに念仏者が受容されたと考えられることを論じた。しかし、八重山離島の島々で必ずしも念仏者が受容されたわけではなく、与那国島では霊的職能者であるムヌチが現在でも死者を送る役割を担っている。だが、波照間島の念仏者と与那国島のムヌチの葬儀における行為を比較検討すると、念仏者の「死者の送り方」もムヌチの「死者の送り方」も、その基本には同一のものをみることができる。

葬儀の「迷信打破」以降、八重山離島の庶民の間でも、仏教式の葬具を作り、葬列を組んで墓地まで送るという葬儀のやり方が広まった。このような葬儀のやり方は、石垣島の葬儀社を利用する葬儀に変わるまで続くことになる。しかし、現在でも与那国島では龕による葬送が行われている。同島の葬儀の際の作り物をみると、従来のシマの死生観などをうかがうことができる。

また、沖縄県で広く行われていた洗骨改葬の習俗は、主に生活改善運動の動きによって、洗骨習俗を維持しながらも、「衛生的」であることを考慮して、二次葬で「焼骨」するという葬法を生み出した。その流れはやがて火葬場設置に行きつくのであるが、その間にみられる戦争体験による人々の価値観の変化を見逃すことはできない。本書では今まで注目されなかった西表島祖納の簡易火葬場である真山火葬場の設置と、その利用法について報告した。同地域では、かつて近くに西表炭鉱が存在し、様々な葬法が行われていたので、特異な事例といえるかもしれない。しかし、島の簡易火葬場が住民によってどのように利用されてきたのかを知ることができる。

高度成長期の前後から日本の葬儀は大きく変化したといわれる。近年においては、「家族葬」「無宗教葬」「直葬」という言葉までが違和感なく人々に受け入れられている。八重山離島でも石垣の葬儀社の斎場利用によって葬儀の形態は大きく変化した。現在の高齢者介護や医療システム下では、生まれ島である離島で最後を迎えることは難しく、石垣や那覇で亡くなる人がほとんどである。石垣や那覇での葬儀は火葬を意味する。帰島後の葬儀をどのように行うかは、島それぞれのやり方がある。本書では、竹富島、波照間島、与那国島の事例をあげた。

そして、忘れてならないのが島の過疎高齢化である。かつての若者たちの都市移住によって、現在、島には、高齢者の夫婦のみ、あるいは独居老人のみの家が多々みられる。島外に住む遺族は墓の移動も考慮に入れて親や家族の葬儀を行う。島に住んでいない遺族は、葬儀の簡略化と法事の省略化を求める。本書では、竹富島の布教所の僧侶の対応と、その対応のもとになると考えられるシマの死生観の存在について言及した。また、島の高齢者自身も遺族のことを考慮して、石垣の市営火葬場と斎場利用をやむをえないと考えている。そのため、改修されはしたが、祖納の簡易火葬場の利用は現在ではほとんどない。

近年において、八重山離島の葬儀を大きく変えたものが石垣の葬儀社の利用である。葬儀社の利用によって、八重山離島の葬儀は「本土なみ」の葬儀になったといわれるが、葬儀社の利用によって変わったものは葬具や葬式のやり方（形式）だけではない。従来、葬儀で肉を重要視していた習俗も廃止を余儀なくされつつある。葬儀における肉の使用の廃止は、琉球国時代から明治、大正、昭和にかけて生活改善運動の一環として言及されてきた。屠殺法の浸透も、葬儀における肉の供給を制限する要因となった。しかし、最終的には葬儀社の斎場使用によって廃止されつつある。斎場の葬儀では、葬儀における肉食をタブー視する僧侶の指導があるからである。

なお、現在の葬儀は市場経済の中に組み込まれている。そのため、葬具と墓の流通も葬儀を変化させる要因の一つであることを本書で提示した。現代における棺も墓も、洗骨改葬用に作られているわけではないからである。自然に骨化した遺体の骨を洗う洗骨という行為が、現在の棺や墓では成り立たなくなってきているのである。

そして補稿として「波照間島、戦争マラリア死者の葬り方」を収めた。ここにみられる死者の送り方は葬儀と呼べるものではない。だが、死者を送るという点から本書に収めた。本章の話者である勝連文雄氏は、「残酷な葬式さ、想像できないよ」と語ったあとで、「誰かが書いて残してくれればいいんだが」とおっしゃった。本稿は、戦争マラリア死者の続出という極限状況で、島の人々がどのように死者を葬ったのかについて焦点をあてて、非力ではあるが、報告したものである。

以上、主に八重山離島における葬儀の変化の要因から本書の内容について述べてみた。このような変化は沖縄本島地方や宮古地方の離島（これらの地域では架橋によって離島自体が少なくなってきているが）においてもいえることである。そして、それぞれの島にはそれぞれの事情があり、それぞれのやり方があるものと考えられる。

「はじめに」でも述べたが、本書の調査は筆者が八重山調査を始めた二〇〇二年前後から二〇一八年現在までであり、この間、八重山の多くの方々から教えを受け、また調査の便宜を図っていただいた。本文の中でお名前を記さなかった方々も大勢いらっしゃる。そのような方々も含めて八重山の皆様には感謝の意を表わしたい。

最後になったが、本書のできるまでには多くの方々のご協力と御尽力を得た。本書における新聞資料の存在をご教示くださった井口学氏、写真を提供してくださった島村修氏、アウエハント静子氏、永井由起子氏、夫の古谷野昇、石垣市八重山博物館、喜宝院蒐集館、小浜島民俗資料館、与那国町史編纂委員会事務局にはこの場をかりて感謝の意を表したい。

特に、得能壽美先生には編集にご尽力いただいただけでなく、本づくりに関してさまざまな教えを受けた。校正に手間どっている筆者を励まし続けてくださったのも得能先生である。にこやかな表情で本書の完成を気長に待っていてくださった榕樹書林の武石社長にはひたすら感謝の一言である。

最後に、いつも調査に協力を惜しまず、本書の完成まで励まし続けてくれた夫と、昇平と洋平の二人の息子たちにも感謝の意を表したい。

本書が、神奈川大学の佐野賢治先生と筑波学院大学の坂本要先生から受けた学恩にわずかでも報いられれば幸いである。

二〇一八年十一月

古谷野洋子

【ら】

【わ】

【ま】

【や】

【な】

【は】

【た】

【さ】

索　引

＊八重山地方の島名、地名については省略する。

古谷野《こやの》　洋子《ようこ》
1951年生まれ
神奈川大学歴史民俗資料学研究科博士後期課程修了
歴史民俗資料学博士
神奈川大学日本常民文化研究所特別研究員

共著
『図解案内　日本の民俗』（福田アジオ他編　吉川弘文館　2012年）
『竹富町史　第七巻　波照間島』「人生儀礼　葬制と墓、特殊な葬法」（竹富町史編集委員会　竹富町　2018年）

八重山離島の葬儀　琉球弧叢書㉜

ISBN 978-4-89805-204-4 C1339
2019年9月5日　印刷
2019年9月10日　発行

著　者　**古谷野洋子**
発行者　**武石和実**
発行所　**（有）榕樹書林**
〒901-2211　沖縄県宜野湾市宜野湾3-2-2
TEL 098-893-4076　FAX 098-893-6708
Email:gajumaru@chive.ocn.ne.jp
郵便振替 00170-1-362904

印刷・製本　(有)でいご印刷　Printed in Ryukyu